基金项目

中央高校基本科研业务费专项资金资助（项目编号：2015B04014）

Legal Issues of the International Maritime Rights and Interests

国际海洋权益法律问题研究

葛勇平 / 著

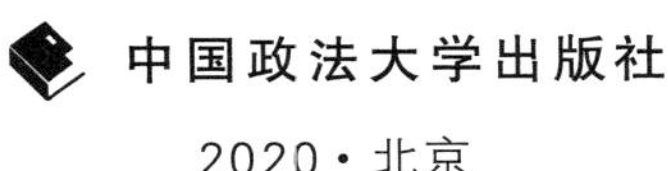

中国政法大学出版社

2020 · 北京

图书在版编目（CIP）数据

国际海洋权益法律问题研究/葛勇平著．—北京:中国政法大学出版社,2020.6

ISBN 978-7-5620-7454-0

Ⅰ.①国…　Ⅱ.①葛…　Ⅲ.①海洋法－国际公法－研究　Ⅳ.①D993.5

中国版本图书馆CIP数据核字(2020)第106231号

出版者　中国政法大学出版社

地　址　北京市海淀区西土城路25号

邮寄地址　北京100088信箱8034分箱　邮编100088

网　址　http://www.cuplpress.com（网络实名：中国政法大学出版社）

电　话　010-58908586(编辑部)　58908334(邮购部)

编辑邮箱　zhengfadch@126.com

承　印　固安华明印业有限公司

开　本　880mm×1230mm　1/32

印　张　10.75

字　数　260千字

版　次　2020年6月第1版

印　次　2020年6月第1次印刷

定　价　56.00元

目　录

CONTENTS

绪　论 / 001

第一章　海洋权益问题指导原则 / 008

第一节　和平解决原则 / 008

第二节　正义法治原则 / 013

第三节　可持续发展原则 / 018

第四节　人类共同遗产原则 / 023

第二章　海洋航行权益法律问题 / 031

第一节　航行自由及其限制 / 031

第二节　国际航行海峡及相关航行制度 / 036

第三节　俄罗斯涉东北航道法律制度 / 047

第四节　军舰在专属经济区的航行权 / 058

第三章　海洋资源权益法律问题 / 063

第一节　国家管辖范围外海洋遗传资源惠益分享制度 / 063

第二节　国家管辖范围外区域环境影响评价制度 / 079

第三节　国际海底资源开发制度及其争端解决 / 094
第四节　从全球渔业资源现状到公海渔业执法 / 102

第四章　海洋环境保护法律问题 / 111
第一节　海洋环境保护的国际法框架 / 111
第二节　特别敏感海域与海洋保护区及特殊区域制度 / 113
第三节　特别敏感海域制度在中国的适用 / 134
第四节　公海海洋保护区的制度建设和特点 / 141
第五节　南海环境共同保护的困境和制度完善 / 151
第六节　设立南海自然保护区若干问题 / 162

第五章　北极海洋权益法律问题 / 186
第一节　人类共同遗产原则与北极的法律地位 / 186
第二节　中国和平利用东北航道的法律权利和对策 / 192
第三节　中国在北极的资源利用与开发分享权问题 / 208
第四节　中国在北极的科学研究与考察权问题 / 211
第五节　北极治理的指导原则和权益维护框架 / 214

第六章　海洋权益争端解决案例 / 220
第一节　国际法院的“澳大利亚诉日本南极捕鲸案” / 220
第二节　国际海洋法法庭的“加纳诉科特迪瓦大西洋划界案” / 224
第三节　南海仲裁案仲裁庭的“南海仲裁案” / 233
第四节　中国法院的海洋生态环境损害赔偿案 / 252

结　论 / 271

附　录 / 281
附录一　《中华人民共和国政府关于菲律宾共和国所提南海仲裁案管辖权问题的立场文件》（2014 年 12 月 7 日） / 282

附录二　《中华人民共和国外交部关于应菲律宾共和国请求建立的南海仲裁案仲裁庭关于管辖权和可受理性问题裁决的声明》（2015 年 10 月 30 日）/ *309*

附录三　《中华人民共和国外交部关于应菲律宾共和国请求建立的南海仲裁案仲裁庭所作裁决的声明》（2016 年 7 月 12 日）/ *311*

附录四　本书使用和提及的主要法律法规及会议文件清单 / *314*

参考文献 / *318*

后　记 / *336*

绪 论

Preface

海洋是全球合作与发展的重要领域，从全人类共同利益出发，各国应依据国际法，携手推进海洋法治，和平解决争端，促进海洋资源的可持续利用和发展。作为国际社会中的一员，中国与世界各国一道应对挑战，维护海洋权益，分享惠益。

一、海洋权益的涵义

权利是法律和制度赋予主体的资格和能力，利益是主体依据权利享有的好处和恩惠。权利是利益的基础和依据，利益是权利的客观体现。

海洋权益是国家在海洋领域的权利和利益的总称，是国家权益的内容之一。根据《联合国海洋法公约》（United Nations Convention on the Law of the Sea，UNCLOS），在完整意义上，国家的海洋权益包括两部分：国家管辖范围内和国家管辖范围外海域的、被法律所认可的海洋权利和利益。

作为一个法律概念，海洋权益一词先后出现在中国 1992 年《领海及毗连区法》、1996 年《涉外海洋科学研究管理规定》、1998 年《专属经济区和大陆架法》和 2009 年《海岛保护法》等法律法规中。

海洋不仅是人类生存的基本空间，也是国际政治斗争的重要舞台，国际社会围绕海洋权益的争夺从未停止。当前，中国海洋经济形势和海疆安全形势面临新的情况和挑战。从维护“核心利益”的需要出发，我们必须充分认识并正视现实状况，采取切实可行的措施。[1]有学者认为，作为传统陆权国家，中国在历史上海洋意识较为淡薄。因忽视海洋而惨遭侵略的经验而警醒，作为一个海洋大国，只经营陆权是远远不够的。当前，中国与周边海上国家的海洋权益争端矛盾十分突出，这个问题关系到国家的未来发展和主权完整。[2]

胡果·格劳秀斯（Hugo Grotius）通过《论海洋自由或荷兰参与东印度贸易的权利》系统论证了每个国家都拥有进行海上航行和海外贸易的自由和天赋权利。马克思、恩格斯从社会再生产角度对海权理论进行了阐述，新航线的开辟、工业革命、航运、殖民地、世界市场是马克思主义海权思想的五个重要环节。[3]美国军官马汉提出了“海洋中心说”，认为海权决定了一个国家的兴旺和衰败，它“包括凭借海洋或通过海洋能够使一个民族成为伟大民族的一切东西”[4]。国家海上威力论的缺陷与不足给苏联的海权发展和海军建设带来了严重的后果。[5]这些对中国的海洋强国建设有着重要的借鉴意义，仅仅在海军

〔1〕 参见何兰：“中国的海洋权益及其维护”，载《思想理论教育导刊》2010年第10期，第48页。

〔2〕 参见薛桂芳：“新形势下我国海洋权益面临的挑战及对策建议”，载《行政管理改革》2012年第7期，第20~25页。

〔3〕 参见张峰：“马克思主义海权思想与马汉海权论的比较研究”，载《太平洋学报》2012年第6期，第80页。

〔4〕 ［美］马汉：《海权论》，萧伟中、梅然译，中国言实出版社1997年版，第3页。

〔5〕 杨震、杜彬伟：“论戈尔什科夫的国家海上威力论及其现实意义——以海权理论为视角”，载《东北亚论坛》2013年第1期。

建设上注重均衡发展是不够的，要全面实现海洋事业的均衡发展，重视海洋权益的维护。

二、研究依据和意义

首先，十八大报告指出，中国应“提高海洋资源开发能力，发展海洋经济，保护海洋生态环境，坚决维护国家海洋权益，建设海洋强国”。国际法保护的海洋权益涉及面甚广，至少包括国家在海洋中的自由航行权、科考权、对深海资源的开发权和获益权、对海洋环境的保护权和惠益分享权、对渔业资源的获取权、在海洋划界中的权益、在国际航道上的（共同）管理权、使用权、航行权、收益权、对国际海洋法律法规的参与制定权等。

中国要建设成为一个海洋强国就必须重视对上述权益的保障和实现；针对争端，应该运用合法、适当的解决机制，维护自身的合法权益。

其次，十九大报告强调，中国要“坚持和平发展道路，推动构建人类命运共同体”。这是“应对人类共同挑战的中国方案”[1]，对南海生态环境保护及域内国家合作具有指导意义。中国要“坚持环境友好，合作应对气候变化，保护好人类赖以生存的地球家园”。据此，本书从国内法和国际法角度出发，研究如何通过本国及国际合作，保护好南海生态环境，保护好包括中国在内的南海沿岸国的共同利益。

2016 年 7 月 12 日的“南海仲裁案”裁决与国际法治的精神背道而驰，违反了《联合国海洋法公约》的原则和精神。概括

---

〔1〕 参见黄惠康：《中国特色大国外交与国际法》，法律出版社 2019 年版，第 461 页。

而言，仲裁的提起、仲裁庭的成立、仲裁的结果三者均不合法。[1]短期内，关于南海地区的划界、开发等争议难以在国际上达成法律共识。但是，南海地区的和平稳定和生态环境保护符合南海沿岸国的国家利益，存在达成区域共识的基础。

作为“一带一路”中的“一路”，南海是整个“21 世纪海上丝绸之路”的关键节点。但是，某些国家非法开发及排放、过度捕捞、运输危险货物等行为导致南海海洋生态环境急剧恶化、航道拥堵。本书尝试在以 2017 年南极罗斯海海洋保护区为主的国际实践和规则新发展背景下，围绕海洋生态环境保护法律合作机制的构建、低敏感领域的合作、特别敏感海域的申请、海洋保护区的建设等问题进行研究，探讨如何衡量与选择最有利于南海环境保护、管理与开发的治理模式，如何实现“共商、共建、共享”的南海治理观，逐步形成南海话语体系下的合理、合法的中国方案，对于化解南海困局、平衡资源养护与开发问题具有重要意义。

再次，2018 年 12 月 11 日，中国常驻联合国副代表吴海涛大使在第 73 届联合国大会关于“海洋和海洋法”议题的发言中指出，中国致力于实现渔业的可持续发展，中国支持于 2019 年举行 1995 年《联合国鱼类种群协定》缔约国第 14 轮非正式磋商，围绕“区域渔业管理组织和安排的绩效评估”这一主题交流看法。鉴于深海资源和渔业资源并非取之不尽、用之不竭，其获取、利用和保护必须在可持续发展和人类共同遗产原则的

〔1〕 详见张文显：“关于菲律宾提起的‘南海仲裁案’的法理分析”；马新民：“‘南海仲裁案’裁决缘何非法无效”；吴慧：“‘南海仲裁案’有关岛礁的裁决与法律和事实不符”；邹立刚：“‘南海仲裁案’最终裁决研判与我国的对策”；傅崐成：“对‘南海仲裁案’的反思：中国如何为国际法治做出贡献”；管建强：“‘南海仲裁案’后续法律应对的关键问题研究”。上述六篇论文载于《中国法学》2016 年第 5 期，以及中国国际法学会编：《南海仲裁案裁决之批判》，外文出版社 2018 年版。

指导下，依法进行。

例如，全球渔业活动攸关粮食和营养安全、防治海洋污染和保护生态环境，需要各方的通力合作。由于人类对渔业资源的需求激增以及渔业技术的空前进步，引发诸如渔业资源过度捕捞、海洋生态破坏、国际协定约束力不足及执行不力、国际与国内法规衔接失调等亟待解决的问题。负责任渔业是手段，可持续渔业是目标。

最后，《中国的北极政策》指出，“中国是北极事务的重要利益攸关方”，北极的自然状况及其变化关系到中国在农业、林业、渔业、海洋、运输等领域的经济利益。〔1〕例如，若能实现合作利用北极北部海航道，鉴于目前中国一半以上的货物进出口需要通过海运完成，该航道的开通将大大缩短通航时间，使中国航道选择更加多元化。

此外，中国致力于维护各国和国际社会在北极的共同利益，推动北极的可持续发展；主张合理利用、倡导依法治理北极。〔2〕据此，本书设立专章，探讨北极相关法律问题，特别是中国在北极的航道利用权、资源开发权和分享权、科考权等权益，为其建言献策。

三、基本思路

《联合国海洋法公约》前言第四段提到，该公约希望达成的几项具体目标是：“通过本公约，在妥为顾及所有国家主权的情形下，为海洋建立一种法律秩序，以便利国际交通和促进海洋

〔1〕 参见中华人民共和国国务院新闻办公室编：《中国的北极政策》，人民出版社 2018 年版，第 4 页。

〔2〕 参见中华人民共和国国务院新闻办公室编：《中国的北极政策》，人民出版社 2018 年版，第 7、10 页。

的和平用途，海洋资源的公平而有效的利用，海洋生物资源的养护以及研究、保护和保全海洋环境。”据此，本书聚焦海洋权益中的指导原则、航行、海洋资源、海洋环境、北极和相关案例。

本书的基本思路是，以顾及和维护中国国家主权为前提，以海洋权益维护和争端解决的指导原则为出发点，以研究诸如海洋航行自由及其限制、深海及渔业资源开发和保护、海洋环境治理、海洋划界和极地问题为核心内容，以《联合国海洋法公约》等法律文件和相关案例为依据，目的是探索和完善法律机制，提出维护海洋权益的对策，助力中国建设海洋强国。

四、主要内容

首先，在绪论之后，第一章探讨海洋权益维护及争端解决问题的指导原则，论证和确定和平解决、正义法治、可持续发展、人类共同遗产等原则的依据、地位和影响。

其次，第二章研究海洋航行权益中的航行自由及其限制、国际海峡的航行制度、俄罗斯涉北极东北航道的法律制度等；第三章阐述海洋资源权益中的遗传资源、环境影响评价、海底资源及渔业资源的开发与保护等相关问题；第四章分析海洋环境保护中的国际法框架、特别敏感海域与海洋保护区及特殊区域制度、南海环境共同保护制度、设立南海自然保护区问题等；第五章探讨北极权益中的中国利用东北航道的权利和对策、中国对北极资源的利用权和开发分享权、科学研究和考察权、北极治理等问题。

再次，第六章依据《联合国海洋法公约》等国际和国内法律文件，分析国际法院、国际海洋法法庭、仲裁庭、国内法院等司法机构的相关案例，例如，“澳大利亚诉日本南极捕鲸案”

“加纳诉科特迪瓦大西洋划界案”“南海仲裁案”“海洋生态环境损害赔偿案”等，论证相关法律机制的构建和完善。

最后，在结论中总结和提炼全文的重要观点和建议。

五、研究方法

本书的研究遵循从实践问题到理论研究，再回归实践应用的思路。针对不同研究对象分别或者综合使用历史分析、比较分析、规范分析、案例分析、实证分析等方法。

例如，对南海具体问题的解决需要在实践探索基础之上，注重理论联系实际，将问题进行细化分析，形成规律性认识，故采用实证分析法。对《联合国海洋法公约》等国际条约和俄罗斯《关于北方海航道水域商业航运的俄罗斯联邦特别法修正案》等国内法规文本主要采用规范分析法。对北极地区的特殊性主要采用历史分析法。对北部海航道的法律地位主要采用比较分析法。用案例分析法分析国际法院、国际海洋法法庭等司法机构的相关案例。

第一章 Chapter 1 海洋权益问题指导原则

依据《联合国海洋法公约》，国家在完整意义上的海洋权益包括两部分：国家管辖范围内的和国家管辖范围外的被法律所认可的海洋权利和利益。这些权益在受到侵害时需要得到维护；权益之间发生冲突时需要解决争端。根据《联合国宪章》，解决国际争端，“以和平方法且依正义及国际法之原则”。由此，海洋权益维护及争端解决的指导性原则应该包括但不限于和平解决国际争端、正义法治、可持续发展、人类共同遗产等原则。

第一节　和平解决原则

维护各国的国际海洋权益，解决国际海洋权益争端，应该依据和平解决原则，采用非强制性解决方法。

一、国际海洋权益争端

国际争端（international disputes），一般指国际法主体之间，主要是国家之间，由于在法律或事实方面意见不一致或政治利益的冲突所产生的争执。一国与他国的自然人或法人发生的争端，不属于国际争端的范畴，但这种争端往往会引发国际争端，破坏国际和平。因其多属国际私法、国际经济法范畴，在此不作讨论。

传统的国际争端，按其性质划分，若某项争端由“权利”的争执引起，则被定性为“法律性质的争端”，适用仲裁或司法程序，故又被称为“可裁判的争端”；若某项争端由“政治利益”的冲突引起，则被定性为“政治性质的争端”，适用政治或外交的方式，故又被称为“不可裁判的争端”。〔1〕但国际实践表明，法律性质的争端和政治性质的争端很难被截然分开，法律性质的争端往往和政治利益密切相关，而政治性质的争端又常以法律形式出现。所以，关于争端的解决方法，国际社会可能会兼采上述两种方式，例如1969年的“北海大陆架案”。

涉及海洋权益的各类争端为国际海洋权益争端。

二、和平解决国际争端原则

和平解决国际争端是现代国际法的一项基本原则，即一切国家均应以和平方法解决争端。《联合国宪章》把“以和平方法且依正义及国际法之原则，调整或解决足以破坏和平之国际争端或情势”〔2〕列为第一项宗旨，并把“各会员国应以和平方法解决其国际争端，避免危及国际和平、安全及正义”〔3〕列为联合国及其会员国都应遵守的原则。1970年《关于各国依联合国

---

〔1〕 参见邵津主编：《国际法》（第4版），北京大学出版社、高等教育出版社2011年版，第410~411页。

〔2〕《联合国宪章》第一章“宗旨与原则”第1条第1句：“to bring about by peaceful means, and in conformity with the principles of justice and international law, adjustment or settlement of international disputes or situations which might lead to a breach of the peace.”

〔3〕《联合国宪章》第一章“宗旨与原则”第2条第3句：“All Members shall settle their international disputes by peaceful means in such a manner that international peace and security, and justice, are not endangered.”

宪章建立友好关系及合作之国际法原则之宣言》发展了该原则。[1]可见，按照《联合国宪章》，解决国际争端的重要原则是"以和平方法且依正义及国际法"。其中包括三个不可或缺的要素：第一是和平的方式和方法（peaceful means），第二是正义原则，第三是国际法原则（the principles of justice and international law）。其中第一点就是和平解决国际争端原则。

什么是和平的方式和方法？传统国际法将解决国际争端的方式和方法分为强制的和非强制的两大类。

欧美学者所指的强制方法包括：战争和非战争武装行动、反报（又称还报）、报复、[2]平时封锁和干涉（严格禁止）。但显然，战争和武力不是和平的方式和方法，用战争和武力行动解决国际争端不符合联合国宪章的宗旨和原则。

非强制方法分为外交的解决方法和法律的解决方法。外交的解决方法主要包括谈判与协商、斡旋、调停、和解（调解）和国际调查；法律的解决方法包括仲裁和司法解决。另有实践表明，在国际或区域组织的指导下解决国际争端也是一种有用的方法。

《联合国宪章》第六章"争端之和平解决"第33条规定："任何争端之当事国，于争端之继续存在足以危及国际和平与安全之维持时，应尽先以谈判、调查、调停、和解、公断、司法解决、区域机关或区域办法之利用，或各该国自行选择之其他和平方法，求得解决。"

---

〔1〕 1970年10月24日《关于各国依联合国宪章建立友好关系及合作之国际法原则之宣言》："各国因此应以谈判、调查、调停、和解、公断、司法解决、区域机关或办法之利用或其所选择之他种和平方法寻求国际争端之早日及公平之解决。"

〔2〕 还报针对的是不友好、不公正的行为，不构成国际不法行为。通常用于国家之间的贸易、关税、航运等领域，例如收回关税优惠待遇、禁止入境等。报复针对的是国际不法行为或侵权行为。

三、国际争端的非强制性解决方法

表 1-1　非强制性解决方法之外交解决〔1〕

非强制性解决方法		所涉内容及典型案例	所涉公约
外交解决	谈判与协商	当事方直接接触，是最简单和最有用的方式，在谈判是一项义务的场合，该义务即暗含着尽可能寻求通过谈判以达成协议的义务。例如"北海大陆架案"〔2〕。	①《联合国海洋法公约》第 283 条第 1 款；〔3〕②《不扩散核武器公约》第 6 条；〔4〕③《联合国宪章》第 33 条。
	斡旋与调停	涉及第三方介入；斡旋者或调停者所提建议只具有劝告性质，没有法律拘束力，当事国可以拒绝接受。例如在法国与泰国关于法国保护国柬埔寨的领土争端中，美国作为斡旋者。	1899 年海牙第一公约、1907 年海牙第一和第二公约〔5〕

〔1〕 本表内容来源于梁西主编，曾令良修订主编：《国际法》(第 3 版)，武汉大学出版社 2011 年版，第十七章；［英］马尔科姆 · N. 肖：《国际法》（第 6 版），白桂梅等译，北京大学出版社 2011 年版，第十八、十九章。

〔2〕 国际法院在"北海大陆架案"中指出："当事方有义务进行谈判以便达成协议，而不能把谈判作为某种形式上的先决条件而仅仅走个过场。"

〔3〕《联合国海洋法公约》第 283 条"交换意见的义务"规定："如果缔约国之间对本公约的解释或适用发生争端，争端各方应迅速就以谈判或其他和平方法解决争端一事交换意见。"

〔4〕《不扩散核武器公约》第 6 条规定："每个缔约国承诺就及早停止核军备竞赛和核裁军方面的有效措施，以及就一项在严格和有效国际监督下的全面彻底裁军条约，真诚地进行谈判。"

〔5〕 1899 年《海牙和平解决国际争端公约》第二编规定了"斡旋与调停"，第2~8 条。根据这几项公约，各缔约国承担了"和平解决国际争端"和"尽量避免诉诸武力"的一般性义务，并确定以斡旋、调停、国际调查委员会和国际仲裁等方式达到这一目标，这对限制传统国际法上的"诉诸战争权"做出了重要贡献。

续表

非强制性解决方法		所涉内容及典型案例	所涉公约
	调查	弄清事实；实践较少。例如1904年多格尔海岸事件。	①1899年《海牙和平解决国际争端公约》；[1]②1907年《海牙公约》；③1913年一系列《布莱恩和平条约》。[2]
	调解（和解）	调查是和解的前提，和解需第三方提出建议，但也无法律拘束力；例如冰岛与挪威关于冰岛与扬马延之间大陆架划界的争端采用了和解程序。	①1928年《日内瓦和平解决国际争端总议定书》（1949年修订）②1969年《维也纳条约法公约》第66条及有关附件；③1982年《联合国海洋法公约》第284条及有关附件；④1985年《保护臭氧层的维也纳公约》

〔1〕 1899年《海牙和平解决国际争端公约》第三编“国际调查委员会”第9条规定：“凡属既不涉及荣誉，也不影响基本利益，而仅属对于事实问题意见分歧的国际性争端，各缔约国认为，由未能通过外交途径达成协议的各方在情势许可的情况下，成立一国际调查委员会，通过公正和认真的调查，以澄清事实，从而促进此项争端的解决，将是有益的和可取的。”

〔2〕 根据当时美国国务卿布莱恩的建议同其他国家签订的一系列关于国际调查的双边条约，统称为《布莱恩和平条约》。

表 1-2 非强制性解决方法之法律解决

<table>
<tr><th colspan="2">非强制性解决方法</th><th>所涉内容及典型案例</th><th>所涉公约</th></tr>
<tr><td rowspan="2">法律解决</td><td>仲裁</td><td>以自愿管辖为基础，裁决对当事国具有拘束力；依据1899年海牙第一公约，常设仲裁法院1900年在荷兰海牙正式宣告成立。[1]例如1872年，“英美‘阿拉巴马号’仲裁求偿案”及1893年“白令海仲裁案”。</td><td>①1899年海牙第一公约、1907年海牙第一和第二公约；②1949年《和平解决国际争端修订总议定书》第三章；③1958年《仲裁程序示范规则》</td></tr>
<tr><td>国际法院的裁判</td><td>1922年国际常设法院在海牙宣告成立；1946年联合国国际法院成立，管辖权包括诉讼和咨询管辖权。例如1949年“科孚海峡案”。</td><td>①《联合国宪章》第十四章；②《国际法院规约》</td></tr>
</table>

近百年来，解决国际争端，非强制性解决方法之外交解决和法律解决是国际社会和国际法最倡导、最有效、最常用的解决方法。

第二节 正义法治原则

根据《联合国宪章》第一章“宗旨与原则”第1条第1句，解决国际争端，除了应该采用和平方法之外，还应该符合正义原则和国际法原则（in conformity with the principles of justice and international law）。此处称为“正义法治原则”。

---

〔1〕 还有根据1982年《联合国海洋法公约》第287条及附件七成立的解决海洋争端的仲裁法庭等。

一、正义释义

正义的意思是公正的、有利于人民的道理。[1]在汉语里，正义与公平、公道、正直、正当相联系。在西方语言中，“正义”一词源于拉丁语“justitia”，由拉丁语中“jus”演化而来。“jus”是个多义词，具有公正、公平、正直、法、权利等多种含义。法文中的“droit”、德文中的“recht”、意大利文中的“diritto”等，都兼具正义、法、权利的含义。在英文中，“justice”有公平、公正、公道、合理、公平合理的意思。[2]

正义是对政治、法律、道德等领域中的是非、善恶作出的肯定判断。对正义的理解千差万别，但多数观点认为，公平即是正义。

在专著《正义论》中，美国学者罗尔斯对正义分理论、制度和目的三编进行了细致研究。其在第一编中探讨了作为公平的正义、正义的原则、原始状态；在第二编中阐述了平等的自由、分配的份额、义务和职责；在第三编中分析了作为合理性的善、正义感、正义的善。

罗尔斯相信，在原初状态下，正义的两个原则将被选择。第一个原则，每个人对于其他人所拥有的最广泛的基本自由体系相容的类似自由体系都应有一种平等权利。第二个原则，社会的和经济的不平等应这样安排，使它们①被合理地期望适合于每一个人的利益；并且②依系于地位和职务向所有人开放。[3]对

---

〔1〕 中国社会科学院语言研究所词典编辑室编：《现代汉语词典》，商务印书馆 1978 年版，第 1462 页。

〔2〕 张文显主编：《法理学》，高等教育出版社、北京大学出版社 2003 年版，第 251 页。

〔3〕 ［美］约翰·罗尔斯：《正义论》，何怀宏、何包钢、廖申白译，中国社会科学出版社 2006 年版，第 60~61 页。

于这两个原则，罗尔斯在第46节“优先性的进一步论据”中进行了论证和评价。他提出了一条一般的正义观：所有的社会价值——自由和机会、收入和财富及自尊的基础——都应被平等地分配，除非对一些或所有社会价值的一种不平等分配有利于最不利者。〔1〕当然，由于问题太过复杂，根本不存在满意的答案。

综上，加之依据《联合国海洋法公约》前言第五段的措辞，此处的正义可以被解释为“公正和公平”（just and equitable）。

二、正义与法治

英文“justice”还有司法制度、法律制裁、审判的意思。相比于法与道德、法与政治的密切联系，法与正义更加密不可分。法律与正义是相互联系、相互促进的。正义对法律的进化有极大的推动作用，正义推动法律精神的进化，促进法律地位的提高，推动法律内部结构的完善，并提高了法律的实效。〔2〕法促进和保障了分配的正义及诉讼的正义。〔3〕法律应当是正义的，但不存在抽象的利益和抽象的正义。〔4〕

对正义问题可以进行理性的怀疑，但不能把这种怀疑误解为解决方法任意性的托词。〔5〕通过法规，法律明确规定适当的

---

〔1〕［美］约翰·罗尔斯：《正义论》，何怀宏、何包钢、廖申白译，中国社会科学出版社2006年版，第303页。

〔2〕参见张文显主编：《法理学》，高等教育出版社、北京大学出版社2003年版，第255~256页。

〔3〕参见张文显主编：《法理学》，高等教育出版社、北京大学出版社2003年版，第258~259页。

〔4〕参见公丕祥主编：《法理学》，复旦大学出版社2002年版，第62页。

〔5〕［德］伯恩·魏德士：《法理学》，丁小春、吴越译，法律出版社2003年版，第180~181页。

程序、参与人的权利和义务，实现确定性，并运用国家强制力量，保护社会主体的合法利益，惩治非正义的违法行为，实现社会正义。这就是法治的路径。

根据正义涉及的不同领域的标准，我们可以把正义分为制度正义、执行形式正义和程序正义。其中，程序正义是保证实现制度正义和执行形式正义的具体步骤和方法。

三、《联合国海洋法公约》的争端解决机制

在正义法治原则的语境下，除了1945年《联合国宪章》的原则性规定外，海洋权益维护及争端解决应该遵循1982年《联合国海洋法公约》。

《联合国海洋法公约》包含着详细和复杂的解决海洋争端的规定。第十五部分第一节是一般规定。第279条规定了按照《联合国宪章》第2条第3项和以第33条第1项所指方法和平解决争端的基本义务，但当事方可以选择公约规定以外的其他方法。[1]第283条规定，如果发生争端，争端各方应"迅速就以谈判或其他和平方法解决争端一事交换意见"。第284条规定，如果争端各方愿意，可以诉诸调解程序，此时应建立调解委员会，但其报告没有拘束力。

如果当事各方自由选择的方法未能解决争端，则第十五部分第二节规定的强制程序开始运作。一国在签署、批准或加入公约时，或在其后任何时间，可以选择下列一种争端解决方法：国际海洋法法庭、国际法院、按照附件七组成的仲裁庭、[2]按

〔1〕 例如，欧盟国家已经同意将它们之间的渔业争端按照《欧洲经济共同体条约》提交欧洲法院。

〔2〕 该程序既适用于国家间的争端，也适用于有关国际组织，例如欧盟的争端。

照附件八组成的特殊争端的特别仲裁庭。[1]

若无争端各方自由选择的解决程序，将争端提交以上机制的义务存在以下例外的情形：第 297 条规定的三款内容，涉及沿海国在专属经济区内的主权权利和管辖权争端，海洋科学研究的争端；关于渔业的争端。此外，还有三种情况国家可以不选择强制解决程序，即关于划界和涉及历史性水域主张的争端；有关军事和法律执行活动的争端；正由联合国安全理事会执行其职务的争端。如前所提，中国已于 2006 年 8 月 25 日发表声明，中国政府不接受《联合国海洋法公约》第十五部分第二节项下的任何强制争端解决程序，包括强制仲裁。

公约还规定，国际海洋法法庭的海底争端分庭根据第 187 条对有关海底和国际海底管理局的事项有管辖权。而根据第 188 条，国家间有关开发国际海底的争端只能提交海底争端分庭。

如果争端涉及一个以上的公约，而其中又包括 1982 年《联合国海洋法公约》，由于《联合国海洋法公约》第 281 条第 1 款[2]规定的核心是争端各方协议的程序优先，因此，只有在诉诸当时各方协议的其他方法而仍未得到解决，以及争端各方间的协议并不排除任何其他程序的情形下才可适用 1982 年《联合国海洋法公约》的规定。

《联合国海洋法公约》第十五部分的争端解决制度比较完整，其中的“强制争端解决程序”曾经一度被称为国际法治的

---

〔1〕 即有关渔业、保护和保全海洋环境、海洋科学研究和航行，包括来自船只和倾倒造成的污染。

〔2〕《联合国海洋法公约》第 281 条关于“争端各方在争端未得到解决时所适用的程序”：“1. 作为有关本公约的解释或适用的争端各方的缔约各国，如已协议用自行选择的和平方法来谋求解决争端，则只有在诉诸这种方法而仍未得到解决以及争端各方间的协议并不排除任何其他程序的情形下，才适用本部分所规定的程序。2. 争端各方如已就时限也达成协议，则只有在该时限届满时才适用第 1 款。”

一大创举。但是，这部分程序选择的规定设立了四个不同的机构供成员国选择。后两者遵循“一事一设”原则，这在扩大了当事国选择自由度的同时，造成了法出多门，增加了公约碎片化的风险。[1]

权威国际公约和国际裁判机构都努力采用“公平的解决方法”追求“公平的结果”。《联合国海洋法公约》第74条第1款和第83条第1款以相同的条文规定，“应根据国际法院规约第38条所述的国际法，以达成一项公平的解决办法”来划定界线。国际海洋法法庭在对孟加拉湾（孟加拉国/缅甸）海上边界划定的判决中强调指出：“实现公平结果的目标必须是指导法庭在这方面采取行动的首要考虑。”[2]

可见，正义法治原则是维护海洋权益和解决争端的指导性原则。

第三节　可持续发展原则

可持续发展是个多元概念，包含至少七个元素，具有越来越广泛的国际法基础，并在海洋权益维护活动中发挥重大作用。

一、可持续发展概念包含的要素

可持续发展（sustainable development）概念可追溯到1893年“白令海仲裁案”（Behring Sea Arbitration）中关于海豹保护

---

〔1〕 参见郑志华：“菲律宾南海仲裁案与国际关系法治化”，载《亚太安全与海洋研究》2016年第5期，第22页。

〔2〕 As the Tribunal stated in Delimitation of the maritime boundary in the Bay of Bengal (Bangladesh/Myanmar): “Each case is unique and requires specific treatment, the ultimate goal being to reach a solution that is equitable.” (Judgment, ITLOS Reports 2012, p. 4, at p. 86, para. 317).

的问题。在该案中，美国主张其有权在3海里领海以外采取行动，保护经常“光顾”美国岛屿的海豹。依据“公海自由”原则，仲裁庭裁定，美国对3海里以外的海豹业没有任何保护权或财产权。但是，为保护海豹，仲裁庭根据仲裁协定的授权制定了一项保护和保全海豹的规章，规定在环绕白令海普里比洛夫群岛60海里的区域内禁止远洋捕猎海豹；同时还规定了禁止捕猎的季节和捕猎方法。该规章对英美两国有拘束力。[1]这些反映了对自然资源的可持续利用思想，并对国际社会日后制定关于保护海洋生物资源的条约产生了重要影响。

可持续发展概念源自可持续利用自然资源的规定，特别是渔业和林业资源的有关规定。该概念于1987年出现在《我们共同的未来》研究报告中，此报告由挪威首相布伦特兰（Brundtland）领导的世界环境与发展委员会出版，并于同年被第42届联合国大会所接受。在报告中，可持续发展指“既满足当代人的需要，又不危及后代人满足其需要的能力的发展”。[2]它包括两个重要的概念：第一个是“需要”的概念，尤其是世界贫困人民的基本需要，应将此放在特别优先的地位来考虑；第二个是“限制”的概念，技术状况和社会组织对环境满足眼前和将来的需要的能力施加的限制。[3]

1987年5月，第15届联合国环境规划署理事会通过的《关于可持续的发展的声明》指出：“可持续的发展，系指满足当前

---

〔1〕 参见王铁崖主编：《中华法学大辞典·国际法学卷》，中国检察出版社1996年版，第21页。该案涉及美国和英国之间关于捕猎白令海海豹的纠纷，由7人组成的国际仲裁庭于1893年8月15日作出仲裁。

〔2〕 World Commission on Environment and Development, *Our Common Future*, Oxford University Press, 1987, p. 43.

〔3〕 参见王曦：“论国际环境法的可持续发展原则”，载《法学评论》1998年第3期，第69页。

需要而又不削弱子孙后代的满足其需要之能力的发展，而且绝不包含侵犯国家主权的含义。”[1]

2002 年，国际法协会《与可持续发展有关的国际法原则的新德里宣言》把可持续发展的要素扩展为 7 个：自然资源可持续利用、经济合理发展、发展和环境因素的融合、代内与代际公平、时间要素、尊重人权和公众参与。可持续发展概念至少具有七项构成要素，它们是可持续利用自然资源，健全的宏观经济发展，环境保护，时间要素中的暂时性、长久性和及时性，公众参与及人权，善治，一体化与相互联系。[2]

二、可持续发展原则的法律地位

鉴于可持续发展原则已在大量国际法律文件中得到直接或间接的确认，拥有广泛的国家实践基础，加之，该原则在 1997 年“国际法院匈牙利诉斯洛伐克的盖巴斯科夫·拉基马洛（Gabcikovo-Nagymaros）项目案”中得到分析，[3]可持续发展原则已取得国际习惯法地位。[4]

但是，有学者将可持续发展原则视为一般法律原则，认为它是一项新的、正处于形成和发展中的原则，该原则目前尚未获得国际习惯法的法律效力和地位。然而，其在国际环境法领

---

〔1〕 参见石磊：“可持续发展与现代国际法”，载《武汉大学学报（社会科学版）》2002 年第 4 期，第 459~463 页。

〔2〕 详见［荷］尼科·斯赫雷弗：《可持续发展在国际法中的演进：起源、涵义及地位》，汪习根、黄海滨译，社会科学文献出版社 2010 年版，第 186~196 页。

〔3〕 在“Gabcikovo-Nagymaros 项目案”的判决中，法院认为当事双方“应当对 Gabcikovo 发电站的运营对环境产生的影响进行重新考虑”，使经济发展与环境保护协调一致。在该案中，两国同意将可持续发展原则作为已经确立的国际法原则。

〔4〕 参见徐祥民等：《国际环境法基本原则研究》，中国环境科学出版社 2008 年版，第 52~57 页。

域具有普遍指导意义，有越来越多的国际环境法律文件承认它和重申它。[1]

还有学者从条约法、国际判例和国内宪法的角度分析认为："可持续性是实现可持续发展之基础的一般法律规范，即在各种文化和文明内普遍建立的其他规范（例如尊重人的生命、自然界的动植物、正义和发展）的基础上形成的一种规范。"与和平、安全、人道主义等相比，可持续性并没有获得同样程度的认可。[2]

判断国际习惯的两个标准是形成通例和法律确信。通例需要被各国确认，具有法律约束力才可以确认国际习惯法的形成。[3]就目前的情况而言，毫无疑问，可持续发展是一项法律原则。但是，它仍处于向国际习惯法演进的过程中。

三、可持续发展原则与海洋权益维护

1946 年《国际捕鲸管制公约》指出："保护鲸类及其后代丰富的天然资源，是全世界各国的利益。"

1958 年《捕鱼及养护公海生物资源公约》前言和第 1 条第 2 款均表达了对海洋生物资源可持续利用的关注。

1982 年《联合国海洋法公约》虽然没有使用可持续发展概念，但其条文却综合了前述七个要素中的前三个，即可持续利

〔1〕 参见王曦："论国际环境法的可持续发展原则"，载《法学评论》1998 年第 3 期，第 69 页。

〔2〕 "一般法律规范" 的英文表述是 "a general norm on international law"，可参阅 "盖巴斯科夫 · 拉基马洛项目案" 法官 Weeramantry 的 "个别意见"，第 96～111 页。参见［荷］尼科 · 斯赫雷弗：《可持续发展在国际法中的演进：起源、涵义及地位》，汪习根、黄海滨译，社会科学文献出版社 2010 年版，第 196～197 页。

〔3〕 参见《国际法院规约》第 38 条第 1 款（丑）项和国际法院 "北海大陆架案" 判决。

用自然资源、健全的宏观经济发展和环境保护。首先，在该公约第五部分关于专属经济区和第七部分关于公海生物资源——尤其是鱼类——的规定中，“可捕量”[1]、“过度开发”、[2]“最高持续产量”[3]、“剩余量”[4]等概念非常突出地显示了可持续发展理念的存在。其次，在该公约第十一部分中，特别是第136条和第137条，适用于深海海床及其矿物资源的人类共同遗产原则体现了代际公平。[5]再次，该公约第十二部分首次规定了保护海洋环境的一般义务，要求各国在开发利用海洋的过程中保护和保全海洋环境，防止污染。[6]这些规定表现出了对后代利益的关注。

1995年粮农组织通过的《负责任渔业行为守则》将渔业资源长期养护和可持续利用作为渔业管理的首要目标。1995年《执行1982年12月10日〈联合国海洋法公约〉有关养护和管理跨界鱼类种群和高度洄游种群的规定的协定》针对海洋生物资源洄游的特性对其养护和管理作出特别规定。这些规定弥补了《联合国海洋法公约》生物资源养护制度在制度安排、合作机制、实施能力等方面的不足，完善了海洋生物资源养护制度。[7]

伴随着国际环境法的演变，可持续发展原则在涉海洋生物资源养护的国际法律文件中得到了吸收和采纳。海洋生物资源

---

〔1〕《联合国海洋法公约》第61条第1款。

〔2〕《联合国海洋法公约》第61条第2款。

〔3〕《联合国海洋法公约》第61条第3款。

〔4〕参见《联合国海洋法公约》第62条第3款。

〔5〕Nico Schrijver, *The Evolution of Sustainable Development in International Law: Inception, Meaning and Status*, Martinus Nijhoff Publishers, Leiden/Boston, 2008, pp. 212~213.

〔6〕《联合国海洋法公约》第192条。

〔7〕参见王建廷：“海洋生物资源养护国际法的新发展”，载《当代法学》2010年第4期，第143页。

具有再生性、有限性、洄游性和整体性，这些特性要求可持续发展原则在海洋生物资源争端中发挥作用。在处理海洋生物资源争端时，国际法院和国际海洋法法庭对可持续发展原则持更开放的态度。可持续发展原则有望进一步被国际社会认可，并逐渐发展成为国际习惯法。

第四节　人类共同遗产原则

"人类共同遗产"原则不仅是人类在月球和其他天体上活动的最重要原则，同时也是保护和开发其他诸如公海海底资源和人类文化遗产等有限资源的重要原则。[1]该原则拥有深刻的理论渊源和特定的法律属性。

本书使用的"人类共同遗产"一词与"人类共同继承财产"同义。

一、"人类共同遗产"原则的提出过程

把人类遗产概念运用到海洋，在很早之前就有人尝试过。例如，1609年，荷兰国际法学家胡果·格劳秀斯在《论海洋自由或荷兰参与东印度贸易的权利》一书中首先提出了海洋不能成为任何国家财产的主张。19世纪末，拉丁美洲国际法学家A.贝洛提出，海洋中的货物可以属于人类的承袭财产，而不标上个人所有的记号。法国国际法学家拉普拉德尔认为，海洋资源应由国际社会管理。在1958年联合国第一次海洋法会议上，泰国代表旺亲王说："海洋是人类的共同继承财产。"1966年7月6日，美国总统约翰逊在"海洋学者号"海洋考察船下水典礼

---

〔1〕参见葛勇平："'人类共同遗产'原则与北极治理的法律路径"，载《社会科学辑刊》2018年第5期，第129页。

上称："我们必须保证深海和洋底是，而且仍然是一切人的遗产。"[1]

最引起关注的是在1967年，马耳他常驻联合国代表帕多（Arvid Pardo）提出了关于"人类共同遗产"的建议。1969年，联合国设立了联合国和平利用国家管辖范围以外海床洋底委员会（简称"联合国海底委员会"）。1970年12月17日，第25届联合国大会通过了《国家管辖范围以外海床洋底及其底土的原则宣言》。宣言声明：国家管辖范围以外的国际海底区域及其资源是全人类的共同继承财产，不允许任何国家和个人以任何方式据为己有。[2]第2750号决议重申："各国管辖范围以外海床洋底和底层及其资源是人类的共同财产。"[3]

"人类共同遗产"原则被明文规定在两项国际公约中。首次出现的国际公约是1979年的《月球协定》。其第11条第1款宣告："月球及其自然资源均为全体人类的共同财产，这将在本协定的有关条款，尤其是本条第5款中表现出来。"之后，1982年通过的《联合国海洋法公约》规定了一系列制度，并决定设立国际海底管理局来代表全人类管理国际海底的勘探与开发。[4]

具体而言，适用于月球和其他天体及其资源的"人类共同遗产"原则的概念首先由阿根廷大使考卡（Cocca）于1967年提出。这个概念后来被移植到海洋法中，适用于不在任何国家

---

〔1〕 王铁崖："论人类的共同继承财产的概念"，载邓正来编：《王铁崖文选》，中国政法大学出版社2003年版，第70~71页。

〔2〕 参见联合国大会第2749号决议，中文本见北京大学法律系国际法教研室编：《海洋法资料汇编》，人民出版社1974年版，第116~119页。

〔3〕 参见联合国大会第2749号决议，中文本见北京大学法律系国际法教研室编：《海洋法资料汇编》，人民出版社1974年版，第120~125页。

〔4〕 "人类共同遗产"原则被编撰入1982年12月10日在牙买加的蒙特哥湾签订的《联合国海洋法公约》中，主要涉及第1条、第十一部分及部分附件。

管辖之下的海底资源。[1]在太空时代初期，很多国家希望外层空间应仅被用于和平目的和全人类的利益，而1967年《外空条约》所给予他们的是相当有限的。1967年8月17日，马耳他常驻联合国使团代表帕多大使提出，联合国大会第22届会议应列入这样一项议程，其题目为“关于专为和平目的保留目前国家管辖范围外海洋下海床洋底及为全人类福利而使用资源的宣言和条约”（简称“为全人类福利而使用资源的宣言和条约”）。一份备忘录解释了宣布海床和洋底为“全体人类的共同财产”以及为实施这一理念起草一项条约的必要性的理由。对此，联合国大会于1969年12月15日以62票赞同（主要是发展中国家）、28票反对（工业化国家）和28票弃权通过了2574D号决议，决议宣布暂停海床开发活动。[2]

1970年12月17日，在2749（XXV）号决议中，联合国大会庄严宣布：“国家管辖范围以外的海床和洋底及其底土（以下称区域），包括区域的资源，属于全体人类的共同财产。”[3]然而，根据《联合国宪章》第10条，联合国大会决议仅仅是建议，不具有法律拘束力。起草一项条约以把这一概念转化为条约性法律，以及建立机构来组织和控制“区域”内的活动的工作被留给了第三次联合国海洋法会议。

二、“人类共同遗产”概念的法律涵义

虽然“人类共同遗产”的理念源于斯多葛主义中的世界主义、自然法、平等思想，但是，它并不是一个玄妙的哲学概念，也不是一个空洞的政治口号。“人类共同遗产”是一个法律概

[1] 联合国文件：A/RES/2749（XXV），10 ILM（1971），220.

[2] 联合国文件：A/RES/2574D（XXIV），9 ILM（1970），422.

[3] 联合国文件：A/RES/2749（XXV），10 ILM（1971），220.

念，拥有特定的法律规则和实践，形成新型海洋法律制度的重要基础。

从英文原文“common heritage of mankind”的修辞方式来看，其相当于中文的偏正短语，结构是修饰语加中心语，此处表现为双定语加名词，中心语是“heritage（遗产）”，用定语“common（共同的）”加以第一次修饰和限定，用定语“of mankind（人类的）”进行第二次限定。从含义上看，主体是“人类”，其附属对象或标的是“遗产”，用“共同”来描述人类对特定遗产的拥有方式。由于“遗产”〔1〕本身是一个财产权范畴内的法律概念，存在特定的法律规则和制度，所以，“人类共同遗产”是一个法律概念。

就其法律涵义而言，各界理解不一。1967 年 8 月，马耳他常驻联合国代表团提出建议，在联合国大会第 22 届会议议程中增加一项“为全人类福利而使用资源的宣言和条约”，并附备忘录称，宣告海床洋底为人类共同遗产的时机已经到来。同时提出四项原则，作为人类共同遗产的四个组成要素：第一，国家管辖范围外海洋下海床洋底不得由国家据为己有。第二，对上述对象的开发探索应该遵循联合国的原则和宗旨。第三，对上述对象的使用和开发应为全人类利益，优先用于促进贫穷国家的发展。第四，上述对象应专门保留用于和平目的。〔2〕有学者指出，“人类共同遗产”应包含三项原则：发展中国家分享利益；根据普遍接受的海洋法公约建立国际海底制度；禁止国家对海底资源主张排他性权利。另有学者提出，该概念包括五个

〔1〕 指被继承人死亡时遗留的个人所有财产和法律规定可以继承的其他财产权益。《继承法》第 3 条中的定义是：遗产是公民死亡时遗留的个人合法财产。

〔2〕 参见联合国文件，A/6695，1967 年 8 月 18 日。

原则要素：所有权、开发、安全、科研和生态。〔1〕还有学者提出，“人类共同遗产”原则还应包括可持续发展和人类共同关切事项。〔2〕

综上可见，各种理解不完全一致。但是，毫无疑义的是，该概念具有特定的内容，不可随意解释；其中的共同点，更应得到重视和遵守。

三、“人类共同遗产”原则的相关法律规则

1970 年，联合国大会通过《国家管辖范围以外海床洋底及其底土的原则宣言》宣告了“人类共同遗产”等若干原则，涉及即将建立的国际制度、国际机构和科研防污等活动。〔3〕

作为解释和具体实施活动的法律保障，1979 年《月球协定》第 11 条规定：“月球及其自然资源均为全体人类共同的继承财产。”

1982 年《联合国海洋法公约》规定了数十项具体条款和规则。其第 136 条规定：“‘区域’及其资源是人类共同遗产。”根据该公约第 1 条的规定，“区域”指“国家管辖范围以外的海床和洋底及其底土”。该公约第十一部分是关于“区域”的专门规定，从第 133 条到第 191 条，共分五节，包括一般规定、支配“区域”的原则、“区域”内资源的开发、管理局、争端的解决和咨询意见。此外，还涉及部分附件。

---

〔1〕 参见王铁崖：“论人类的共同继承财产的概念”，载邓正来编：《王铁崖文选》，中国政法大学出版社 2003 年版，第 93 页。

〔2〕 Kemal Baslar, *The Concept of the Common Heritage of Mankind in International Law*, Martinus Nijhoff Publishers, London, 1998, p. 84.

〔3〕 参见葛勇平：“‘人类共同遗产’原则与北极治理的法律路径”，载《社会科学辑刊》2018 年第 5 期，第 130 页。

四、"人类共同遗产"原则的法律实践和影响

关于"人类共同遗产",《月球协定》和《联合国海洋法公约》虽然作出了上述一系列规定,但是,这两项国际公约均未载明完整、精确的定义;加之各国及其学者对其内涵存有分歧,导致对其是否构成国际法原则意见不一,[1]对其适用领域的范围存有争议。在实践中也遇到了困难和阻碍。

第一,出于本国利益的考量,一些大国不接受或不完全认同"人类共同遗产"原则,导致相关条约存在效力风险。例如,《月球协定》被拖延到1979年才缔结的主要原因之一就是空间大国苏联反对"人类共同遗产"概念。[2]而海洋最强国美国至今仍未批准《联合国海洋法公约》,构成对"人类共同遗产"原则有效性的重大挑战。

第二,"人类共同遗产"原则需要通过开发制度实现,鉴于技术和资金上的欠缺,月球的开发制度尚未建立;国际海底开发制度正在运行之中。在海底开发制度谈判过程中,从单一开发模式到平行开发制度,再到1994年《执行协定》的达成,过程颇费周章。当前,开发规章的制定已进入关键阶段,中国应继续对开发规章的制定保持高度关注,积极参与开发规章的制定,发挥更加重要的作用。开发规章应明确、清晰地界定"国际海底区域"内资源开发活动中有关各方的权利、义务和责任,

---

〔1〕 例如,有学者认为,"人类共同遗产"是国际法原则。参见赵理海:"'人类的共同继承财产'是当代国际法的一项重要原则",载《北京大学学报(哲学社会科学版)》1987年第3期,第76页。另有学者指出,人类共同继承财产不构成国际法原则。参见李强:"论《月球协定》中'人类共同继承财产'概念的法律地位",载《兰州学刊》2009年第6期,第135页。

〔2〕 See Bin Cheng, *Studies in International Space Law*, Clarendon Press, Oxford, 1997, p. 365.

确保国际海底管理局、缔约国和承包者三者的权利、义务和责任符合《联合国海洋法公约》及《执行协定》的规定，确保承包者自身权利和义务的平衡。[1]

第三，在实践中，"人类共同遗产"原则如果过度强调公平则有可能损害效率，从而导致开发制度难以落实。如果少数有能力开发的国家不支持，有可能抛开约束而独自开发，这种情况将削弱该原则的实效性。"人类共同遗产"原则下形成的开发制度能否真正有利于资源公平开发和合理分配是一个现实问题，其解决只能通过协商一致（而非对抗）的方式来达到。[2]

诸多不足和困境并不能影响"人类共同遗产"原则的法律属性。许多法律原则都经过了从无到有、从有到发生争议、从争议到逐步完善，直至最终获得广泛认同的过程。上述问题可以通过逐步将"人类共同遗产"定义具体化、原则明确化、使用区域固定化、开发制度完善化等途径解决。同时，从人类命运共同体角度看，国际社会面临的国家管辖外地域的资源开发和收益分配问题必须以此原则为基础和出发点，才更能加强国际合作，更能体现国际公平和正义，更能支持发展中国家的健康发展。所以，"人类共同遗产"原则已成为海洋法的重要原则，也是国际法的重要原则，在维护海洋权益和解决争端中起指导作用。

事实上，在现代国际社会，相互依存与合作日益成为人类的共同需要。人类命运共同体理念和海洋命运共同体理念必然对海洋权益维护和争端解决有一定启发作用。此外，"人类共同

---

〔1〕 中国自然资源部海洋发展战略研究所编写组："中国海洋发展报告（2019）"，载《中国海洋报》2019年8月19日。

〔2〕 参见张志勋、谭雪春："论人类共同继承财产原则的适用困境及其出路"，载《江西社会科学》2012年第12期，第156页。

利益”[1]和“人类共同关切事项”等原则或概念也非常值得关注。[2]

---

〔1〕 参见《联合国海洋法公约》第140条第1款。

〔2〕 参见王明远、陈予睿：“公海生物资源保护与公海自由的相对化——基于‘南极捕鲸案’的分析”，载《中州学刊》2018年第2期，第70页。

第二章 Chapter 2 海洋航行权益法律问题

《联合国海洋法公约》前言第四段提及："认识到有需要通过本公约，在妥为顾及所有国家主权的情形下，为海洋建立一种法律秩序，以便利国际交通，促进海洋的和平用途，……"可见，基于海洋是天然的国际贸易与交往通道的事实，"便利国际交通"顺理成章地成了该公约法律秩序追求的第一目标。

第一节 航行自由及其限制

事实上，航行自由的理论随着历史和实践的发展而不断演进。"航行自由制度是当代海洋法的基石之一，但其核心思想和主旨仍是格劳秀斯提出的'每个国家都有在海上自由航行的权利'。"〔1〕

一、格劳秀斯的海洋自由论

航行自由和捕鱼自由是公海自由的最初内容，而公海自由

〔1〕［荷］雨果·格劳秀斯：《论海洋自由或荷兰参与东印度贸易的权利》，马忠法译，上海世纪出版集团2013年版，第27页。

源于海洋自由。[1]一般认为，海洋自由论的提出者是荷兰的胡果·格劳秀斯。

基于文艺复兴运动、宗教改革以及16世纪新航线的开辟与新大陆的发现，欧洲社会的政治和经济状况发生了巨大变化，西班牙和葡萄牙的海外殖民主义得以扩张就是一例。西班牙将“新大陆”划为己有，赋予该区域专属管辖权；葡萄牙占据马六甲海峡，切断了欧洲各国同亚洲的贸易往来。原属西班牙的尼德兰因反抗封建专制统治而宣布独立，是为后来的荷兰。16世纪下半叶，荷兰与东印度之间贸易频繁，并成立了东印度公司。葡萄牙认为，荷兰的海上贸易行为侵犯了其海洋主权。为开展全球贸易，荷兰必须打破葡萄牙、西班牙对海上航线的垄断，寻求合法、合理的理论支持。

在此历史背景下，格劳秀斯提出了“海洋自由”的概念，指出“上帝赐予人类环抱整个地球，且在其上可到处航行”。[2]在1609年出版的《论海洋自由或荷兰参与东印度贸易的权利》一书中，格劳秀斯指出，海洋是一种公共财产，它是人类共有的财产，不存在以占有为方式的实际控制；任何人都可以自由使用。

当时，领海、公海的概念尚未明确存在，只能被统称为海洋自由。但是，基于后来公海、领海的划分，可以推断，格劳秀斯当时所称的海洋自由应该更偏向于当今的公海航行自由和使用自由。

---

〔1〕 参见邵津主编：《国际法》（第4版），北京大学出版社、高等教育出版社2011年版，第147页。

〔2〕［荷］雨果·格劳秀斯：《论海洋自由或荷兰参与东印度贸易的权利》，马忠法译，上海世纪出版集团2013年版，第9页。

二、塞尔顿的海洋闭锁论

格劳秀斯的海洋自由主张未得到欧洲国家的认可，相反，西班牙、英国、威尼斯等国家纷纷声称，自己国家对海洋的大部分地区享有支配权，包括限制航行权。同时，各国政府纷纷寻求学者的理论支持。

1635 年，英国人约翰·塞尔顿（John Selden）发表了《海洋闭锁论》，系统反驳了《论海洋自由或荷兰参与东印度贸易的权利》，论证了英国君主占有围绕英国四周海洋的合法性。[1]塞尔顿认为，英国君主有权对其周围的海洋予以占有并享有专属管辖权，海洋和私人财产一样，可以成为被主张权利的对象，海洋不能成为被全人类所共有的对象。

在当时的社会环境下，塞尔顿的海洋闭锁论一度成为主流观点。但是，18 世纪末，欧洲国家对海外贸易和殖民地的开拓风靡一时，航行自由和贸易自由更符合欧洲国家的利益。[2]由于军舰的自由航行有利于使用武力、保护贸易和维持殖民地，欧洲各国纷纷摒弃海洋闭锁论，格劳秀斯的海洋自由论逐渐成为主流观点，并演变成了国际法的基本原则。

三、自由和航行自由有限论

“自由是做法律所许可的一切事情的权利；如果一个公民能够做法律所禁止的事情，他就不再有自由了，因为其他的人也

〔1〕 参见马得懿：“海洋航行自由的制度张力与北极航道秩序”，载《太平洋学报》2016 年第 12 期，第 2 页。

〔2〕 张小奕：“试论航行自由的历史演进”，载《国际法研究》2014 年第 4 期，第 25 页。

同样会有这个权利。”[1]自由是社会主体的内在属性之一，意味着主体自发自主地采取行动。自由体现的关系是人的行为与法律之间的关系，是一种约束与被约束的简单关系。自由的边界是违法与合法的边界。[2]可见，自由是一种权利，是法律赋予公民行为的权利，法律的禁止是自由的边界，权利人不得恣意妄为。

同理，海洋自由及航行自由是法律赋予国家和公民在海洋上行为的权利，该自由必须受到限制和约束，否则将出现他人的自由被非法侵犯的情况，导致海洋秩序的混乱。无限自由必将带来混沌的秩序，处于无序状态的个体自由必然会影响或侵犯他人的自由。无论是自由还是航行自由，都是有限的。

通过出台关于标准、条件及程序的法律法规，人们尝试保障自由的实现。同样，国际公约通过设定各个国家的权利和义务，确定航行自由的边界，争取实现航行自由法治化。

四、航行自由的法律规制

针对航行自由，不同种类的船舶在不同类别的海洋范围内航行，受到相应的法律限制。此处仅以专属经济区的航行问题为例。

（一）《联合国海洋法公约》的规制

专属经济区的航行自由受到《联合国海洋法公约》的规制。专属经济区是领海以外并邻接领海的一个区域；[3]专属经济区

---

〔1〕［法］孟德斯鸠：《论法的精神》（上册），张雁深译，商务印书馆 1997 年版，第 154 页。

〔2〕参见张文显主编：《法理学》（第 3 版），高等教育出版社 2007 年版，第 315 页。

〔3〕参见《联合国海洋法公约》第 55 条。

从测算领海宽度的基线量起，不应超过 200 海里。〔1〕可见，专属经济区既不属于领海，也不属于公海，而是不同于领海与公海的一块具有独立性质的水域。〔2〕沿海国在该区域享有主权权利和管辖权，沿海国在专属经济区行使权利和履行义务时，应该适当顾及其他国家的权利和义务。〔3〕其他国家在专属经济区的航行等活动必须适当顾及沿海国的权利和义务。〔4〕

在不触及“不相抵触”红线的前提下，《联合国海洋法公约》第 88~115 条有关公海的航行制度也适用于专属经济区的航行。〔5〕例如，其第 88 条规定：“公海只用于和平目的。”又例如，根据该公约第 110 条的规定，任何国家的军舰经条约授权均可以登临根据公约规定享有完全豁免权以外的船舶；即使未经条约授权，也可登临从事海盗行为、贩卖奴隶行为及未经许可的广播行为的船舶。第 111 条规定，沿海国当局在外国船舶违反沿海国法律和规章，且“有充分理由”时，可以对外国船舶进行符合要求的紧追。这些规定彰显了《联合国海洋法公约》对维护航行自由、保障海道通畅的力度和决心，对其他国家行使权利的范围作了限制。〔6〕

（二）其他相关法律规定

一般而言，沿海国会在勘探、开发、养护和管理自然资源，规范海洋科学研究，保护和保全海洋环境等方面制定详细的法律和规章。比较典型的是在污染防治与资源养护领域，在沿海

---

〔1〕 参见《联合国海洋法公约》第 57 条。

〔2〕 参见《联合国海洋法公约》第 86 条。

〔3〕 参见《联合国海洋法公约》第 56 条。

〔4〕 参见《联合国海洋法公约》第 58 条第 3 款。

〔5〕 参见《联合国海洋法公约》第 58 条第 2 款。

〔6〕 参见杨显滨：“专属经济区航行自由论”，载《社会科学文摘》2017 年第 8 期，第 81 页。

国的推动下，现代海洋法对海洋自由作出了更进一步的限制。[1]有关污染防治、资源养护等方面的国际条约为沿海国海洋环境保护提供了执法依据，同时也在一定程度上限制了专属经济区的航行自由。

根据1969年《国际干预公海油污事故公约》的规定，缔约国可以在公海上采取必要措施，以防止、减少对其海岸造成严重损害的危险。1973年《防止船舶造成污染国际公约》及其1978年议定书涵盖了所有由船舶排放的废弃物，并将船舶的适用范围扩大到在海上航行的任何船舶。在资源养护方面，例如作为《联合国海洋法公约》的执行性文件，1995年《执行1982年12月10日〈联合国海洋法公约〉有关养护和管理跨界鱼类种群和高度洄游鱼类种群的规定的协定》产生的实际效果是，将沿海国组成的区域性渔业组织对专属经济区和公海渔业资源安排的管辖效力扩大适用于非组织成员。

第二节　国际航行海峡及相关航行制度

两个水域之间的狭窄水上通道被称为海峡。在地理学上，“海峡”通常指位于两块陆地之间天然形成的两端连接广阔水域的一条狭窄水道。[2]在法律上，“海峡”通常指“用于国际航行的海峡”（straits used for international navigation），主要用于国际通航。该概念出现在“科孚海峡案”中，此案的判决为其判断标准和航行制度提供了参考。

---

〔1〕 张磊：“论国家主权对航行自由的合理限制——以‘海洋自由论’的历史演进为视角”，载《法商研究》2015年第5期，第179页。

〔2〕 参见王泽林：《北极航道法律地位研究》，上海交通大学出版社2014年版，第73页。

一、“科孚海峡案”

科孚海峡位于阿尔巴尼亚和希腊两国之间，两端分别与地中海和亚得里亚海相连。1946 年 5 月 15 日，英国海军的两艘军舰在通过该海峡时受到了来自阿尔巴尼亚炮兵的打击。在互换照会中，英国政府宣布，英国通过这个海峡不需作出任何通知或者得到任何许可。阿尔巴尼亚则明确表示，外国船舶的通行，需要满足以下条件：事先的通知和通行的请求得到许可。为探明阿尔巴尼亚的立场，1946 年 10 月 22 日，英国派出舰队通过该海峡，途中，两艘驱逐舰触雷爆炸，造成英国海军人员伤亡及舰艇毁损。1946 年 11 月 13 日，英国舰队单方在海峡进行排雷活动，发现并收走了德国制造的水雷。这一活动是经过事先通知的，但引起了阿尔巴尼亚的强烈反对。1947 年，国际法院开始受理双方的争端，于 1949 年 4 月 9 日判决。[1]

争议双方在特别协定中向国际法院提出了两个问题：第一，阿尔巴尼亚对爆炸负有责任吗？有支付赔偿的义务吗？第二，英国因其海军在阿尔巴尼亚水域的行为，第一次在 1946 年 10 月 22 日发生爆炸，第二次在 1946 年 11 月 12 日和 13 日，事后又在该海峡进行扫雷活动，是否违反国际法？

在判决中，对第一个问题，国际法院以 11 票对 5 票判定，阿尔巴尼亚负有责任。对第二个问题，国际法院以 14 票对 2 票判定，英国在 1946 年 10 月 22 日没有侵犯阿尔巴尼亚的主权。但法院一致宣告，英国在 1946 年 11 月 12 日和 13 日侵犯了阿尔

〔1〕《国际法院判决、咨询意见和命令摘要（1948－1991）》，联合国，纽约，1993 年版，第 6 页。

巴尼亚的主权，并且这一宣告本身构成了适当的赔偿。[1]

争端的法律焦点在于用于国际航行的海峡及其无害通过。英国主张，科孚海峡是用于国际航行的海峡，其军舰可以自由通过，无需经过阿尔巴尼亚政府批准。阿尔巴尼亚认为，该海峡不是用于国际航行的海峡，英国舰队的两次行为均未经阿尔巴尼亚批准，侵犯了其主权。国际法院认定，科孚海峡是国际海峡，依据国际习惯，在非战争期间，国家派遣军舰通行公海两部分之间供国际航行的海峡，其有权不经沿海国的预先授权，只要该通过无损害沿海国之目的。[2]除非在专门性条约中有所具体说明和规范，否则沿海国无权在非战争期间阻止此类通过海峡的行为。[3]

二、用于国际航行的海峡的法律规定

“科孚海峡案”确立的判断国际海峡的标准被 1958 年《领海及毗连区公约》和 1982 年《联合国海洋法公约》所继承。

《联合国海洋法公约》第三部分用三节的篇幅规定了“用于国际航行的海峡”制度，包括第 34~36 条的“一般规定”，第 37~44 条的“过境通行”，第 45 条的“无害通过”。

第一节解释并说明了三项内容：第一，涉及供国际航行海峡的水域的法律地位，沿岸国的主权或管辖权的行使不受通过制度的影响，但受限于本节内容及其他国际法规则相应的限制。第二，本部分的规范内容不影响①海峡内任何内水水域，除采直线基线法使未被认为是内水的区域归入内水；②沿岸国领海

---

〔1〕《国际法院判决、咨询意见和命令摘要（1948－1991）》，联合国，纽约，1993 年版，第 6 页。

〔2〕 Corfu Channel Case（U. K. v. Albanian），1949 I. C. J. 4，p. 28.

〔3〕《国际法院判决、咨询意见和命令摘要（1948－1991）》第 7~8 页。

范围之外的被划归为专属经济区或公海的法律地位；③已被长期存在、现行有效的国际公约所规范的某些海峡；[1]④缔约国根据与公约相符合的其他条约产生的权利和义务。[2]第三，穿越某一被作为国际航行之用的海峡有在航行和水文特征上同样的一条航线穿过公海或专属经济区，则适用公约的其他相关部分（包括航行和飞越自由）的规定。

在1949年"科孚海峡案"的判决中，国际法院第一次明确了地理标准与功能标准，法院将海峡连接公海两部分的地理位置，以及它被用作国际航行之用的事实作为判断是否属于"用于国际航行的海峡"及给予通行权的必要条件。

第二节规定了关于过境通行的内容。其第37条规定："本节适用于在公海或专属经济区的一个部分和公海或专属经济区的另一部分之间的用于国际航行的海峡。"[3]其采取了与1958年《领海与毗连区公约》对于"国际海峡"的相同解释，同时，对不同类型的海峡进行区分，并且适用不同的通行制度。

第三节规定了无害通过制度的适用范围，强调"在这种海峡中的无害通过不应予以停止"。[4]

三、用于国际航行的海峡的航行制度

据不完全统计，地球上可能有海峡1000多个，其中适于航行的超过100个，而具有世界意义且频繁用于国际航行的约30个~40个。例如介于欧洲大陆与大不列颠岛之间的英吉利海峡

---

〔1〕参见《联合国海洋法公约》第35条。

〔2〕参见《联合国海洋法公约》第311条第2款。

〔3〕《联合国海洋法公约》第37条："This section applies to straits which are used for international navigation between one part of the high seas or an exclusive economic zone and another part of the high seas or an exclusive economic zone."

〔4〕《联合国海洋法公约》第45条第2款。

和多佛尔海峡、被称为波斯湾油库“阀门”的霍尔木兹海峡、中国东部的“海上走廊”台湾海峡、沟通南大西洋和南太平洋的航道麦哲伦海峡以及作为地中海“门槛”的直布罗陀海峡等。

《联合国海洋法公约》第三部分对用于国际航行的海峡明确了以过境通行为核心、以无害通过和自由航行为辅助的通过制度。而对某些重要海峡已有专门缔结的国际多边条约或双边条约来规定其通行制度，例如马六甲海峡、丹麦海峡、白令海峡等。

（一）过境通行中海峡使用国和海峡沿岸国的义务

过境通行指所有国家的船舶和飞机在两侧是公海或专属经济区的国际海峡中以继续不停和迅速过境为目的的航行和飞越行为。[1]过境通行权是介于无害通过权和自由航行权之间的一种航行权利，过境通行制度则是介于无害通过制度和自由航行制度之间的一种航行制度。[2]

海峡使用国在过境通行时负有法定义务。这些义务主要包括按《联合国海洋法公约》第 39 条的规定，毫不迟延地通过或飞越海峡，除不可抗力或遇难；尊重海峡沿岸国的主权及领土完整，不以武力相威胁或使用武力。按第 40 条的规定，任何研究或测量活动均需要得到事先的批准。按第 41 条和第 42 条的规定，遵守沿岸国颁行的关于过境通行的法律和相关规范性文件，尊重相应的海道及分道通航制度，以及有关海上安全的国际条约与惯例。按第 43 条的规定，和海峡沿岸国共同应对下列各项，通过协议进行合作：①在海峡内建立并维持必要的助航和

---

〔1〕 参见郭红岩：“论西北航道的通行制度”，载《中国政法大学学报》2015 年第 6 期，第 89 页。

〔2〕 参见薛桂芳编著：《〈联合国海洋法公约〉与国家实践》，海洋出版社 2011 年版，第 13 页。

安全设备或帮助国际航行的其他改进办法；②防止、减少和控制来自船舶的污染。

海峡沿岸国在海峡使用国过境通行时也负有法定义务。除了第 43 条关于助航和安全设备及其他改进办法以及污染的防止、减少和控制的规定外，根据第 44 条，海峡沿岸国不应妨碍过境通行，并应将其所知的海峡内或海峡上空对航行或飞越有危险的情况妥为公布。过境通行不应予以停止。

（二）国际海峡过境通行制度的例外情况

用于国际航行的海峡一般适用过境通行制度。但是，并非所有的用于国际航行的海峡都适用过境通行制度。

其适用存在三种例外情况：

第一，根据《联合国海洋法公约》第 35 条的规定，如果已有长期存在、现行有效的国际公约对某一海峡的通行制度专门作出具体规定，则过境通行制度的产生不影响该海峡既存的法律制度。[1]例如土耳其海峡。

第二，根据《联合国海洋法公约》第 36 条的规定，如果穿过某一用于国际航行的海峡有可替代的、航行同样便利的、穿过公海或专属经济区的航道，则该海峡不适用过境通行制度。该海峡的通行制度，适用该公约其他相关部分关于航行和飞越自由的规定。也就是说，此类海峡的通行制度应该以该海峡的水域性质划分：在该类海峡的领海部分，适用无害通过制度；在该海峡的专属经济区或公海海域，适用在专属经济区或公海的自由航行制度。例如台湾海峡。

第三，根据《联合国海洋法公约》第 38 条以及第 45 条的规定，如果某一海峡介于某国岛屿与其所属国大陆之间，且在

〔1〕 例如土耳其海峡、丹麦海峡、麦哲伦海峡、阿兰岛海峡等。参见王泽林：《北极航道法律地位研究》，上海交通大学出版社 2014 年版，第 119 页。

岛屿面向海的一侧存在一条可替代的、航行同样便利的、穿过公海或专属经济区的航道，该海峡适用无害通过制度。[1]例如科孚海峡。

（三）过境通行与自由航行及无害通过制度比较

过境通行制度与自由航行制度、无害通过制度在基本含义、权利主体、适用范围、通行限制等方面存在区别。

表 2-1 基本含义

自由航行	无论是沿海国还是内陆国，其船舶都有在公海和专属经济区内自由航行的权利。自由航行意味着，公海和专属经济区对所有国家开放，所有国家平等地享有航行自由的权利。
过境通行	在两端均连接公海或专属经济区的用于国际航行的海峡，外国飞机和船舶以继续不停和迅速过境为目的进行航行和飞越。过境通行制意味着，用于国际航行的海峡沿岸国需要让渡部分自身享有的权利，为整个国际社会的航运提供便利条件。
无害通过	外国船舶在不对沿海国和平、安全、秩序造成威胁或损害的前提下，继续不停地迅速通过其领海，或为驶入内水或自内水驶出。无害通过制度在承认沿海国领海主权的同时，又对其行使领海主权加以一定限制，要求其为国际社会提供一定通行便利。

〔1〕［英］伊恩·布朗利：《国际公法原理》，曾令良等译，余敏友、曾令良审校，法律出版社2003年版，第299页。

表 2-2　权利主体

自由航行	适用于所有船舶，包括商用和军用船舶及潜艇等航行器。
过境通行	适用于一切船舶和飞机，既包括商用船舶、飞机，也包括军用船舶、飞机。对潜艇通过时是否需要浮出水面未做限制。
无害通过	适用于在水面上航行的船舶。不适用于飞机。军舰是否享有无害通过权具体依各国实践。潜艇须浮出水面，并出示旗帜。

表 2-3　适用范围

自由航行	适用于公海和专属经济区水域，不及于水域上空。各国船舶在公海享有自由航行权；在专属经济区享有受限制的自由航行权。
过境通行	适用于两端均连接公海或专属经济区的海峡，三种例外情况除外。过境通行权适用于水域表面、水域下方和上空。
无害通过	适用于领海、以直线基线划法获得的内水、群岛水域、部分用于国际航行的海峡。只涉及水域表面及下方，不涉及水域上空。

表 2-4　通行限制

自由航行	通行船舶必须采取保障海上安全的必要措施，配备合格的船员和航行装备、仪器等。各国船舶应承担海难救助、合作打击海盗等义务。外国船舶在专属经济区应该尊重沿海国的权利，遵守沿海国制定的不违背公约的相关法律法规。
过境通行	外国船舶和飞机应以继续不停且迅速过境地通过用于国际航行的海峡为目的，除非遭遇不可抗力或灾难而有必要外，不得实施过境通行及其附带发生活动以外的其他活动。不得使用武力或以武力威胁。遵守国际法和普遍接受的各种海上规则和义务。

续表

无害通过	外国船舶航行时，不得做出损害或威胁沿海国的和平、秩序、安全的行为。无害通过制限制船舶的通行目的，只许可为了穿越领海但不驶入内水，或为了驶入或驶离内水。不得实施与通过没有直接关系的任何活动。

四、“21 世纪海上丝绸之路”沿线海峡的通行制度

“一带一路”是“丝绸之路经济带”和“21 世纪海上丝绸之路”的简称。2015 年，中国国家发展和改革委员会、外交部和商务部联合发布了《推动共建丝绸之路经济带和 21 世纪海上丝绸之路的愿景与行动》，宣告“一带一路”进入了全面推进阶段。“一带”指“丝绸之路经济带”。“一路”指“21 世纪海上丝绸之路”，其重点方向有两条：一是从中国沿海港口过南海到印度洋，延伸至欧洲；二是从中国沿海港口过南海到南太平洋。

“21 世纪海上丝绸之路”是“一带一路”建设的核心组成部分，它主要包括 6 条近洋航线和 6 条远洋航线及一些重要节点。具体而言，近洋航线指从中国各港口到南海周边国家重要港口的航线，例如中国—越南，中国—菲律宾，中国—新加坡、马来西亚，中国—泰国、柬埔寨，中国—印度尼西亚，中国—北加里曼丹。远洋航线指从中国各港口到孟加拉湾、阿拉伯海、波斯湾、红海、地中海等沿岸重要港口的航线，例如中国—孟加拉湾，中国—斯里兰卡，中国—阿拉伯海、波斯湾，中国—红海，中国—东非，中国—地中海。这些航线所经的重要节点有台湾海峡、马六甲海峡、巽他海峡、霍尔木兹海峡、曼德海峡、苏伊士运河和奥特朗托海峡。〔1〕

〔1〕 参见郑崇伟等：“经略 21 世纪海上丝路：重要航线、节点及港口特征”，载《海洋开发与管理》2016 年第 1 期，第 5~8 页。

这些海峡是否属于用于国际航行的海峡？如果是，分别实行哪种通行制度？

台湾海峡位于中国东海和南海之间，南北长约 200 海里，东西宽约 70 海里至 220 海里。台湾海峡满足用于国际航行的海峡的地理要件和功能要件，是用于国际航行的海峡。[1]在中国领海海域适用无害通过制度，在专属经济区海域适用受到限制的自由航行制度。

马六甲海峡位于马来西亚与印度尼西亚的苏门答腊岛之间，与东面的新加坡相连，两端连接印度洋与太平洋，属于马来西亚、印度尼西亚和新加坡三国共同管辖海域。马六甲海峡西北部最宽处约 200 海里，东南部最窄处宽度约 20 海里。马六甲海峡满足用于国际航行的海峡的地理要件和功能要件，是用于国际航行的海峡。依据 1977 年《关于马六甲海峡、新加坡海峡安全航行的三国协议》，各国在马六甲海峡的通行须遵守马来西亚、印度尼西亚和新加坡建立的通行制度；船舶在马六甲海峡有无害通过权；飞机飞越时需经有关沿岸国事先同意；军舰通过时要事先通知印度尼西亚和马来西亚。[2]

巽他海峡位于印度尼西亚苏门答腊岛和爪哇岛之间，长约 65 海里，宽约 12 海里~60 海里，是沟通太平洋与印度洋的狭窄水道。同时，其也是西北太平洋沿岸国家经爪哇海至东非和绕道好望角去西非、欧洲的海上要冲。一般认为，巽他海峡满足用于国际航行的海峡的地理要件和功能要件，属于用于国际航行的海峡，根据《联合国海洋法公约》和印度尼西亚法律通行。

---

〔1〕 参见徐鹏："台湾海峡海上交通管理措施研究——国际法的视角"，载《台湾研究》2017 年第 2 期，第 79 页。

〔2〕 参见于昕："马六甲海峡法律环境初探"，载《中国海洋大学学报（社会科学版）》2010 年第 3 期，第 45 页。

霍尔木兹海峡位于亚洲西南部，介于伊朗和阿拉伯半岛的阿曼角之间，是波斯湾通往印度洋的唯一出口，亦是阿拉伯海进入波斯湾的唯一水道。海峡北岸是伊朗，南岸是阿曼，中间偏近伊朗有格什姆岛和霍尔木兹岛，皆属于伊朗。霍尔木兹海峡东西长约 81 海里，最狭处约 21 海里；南北宽 30 海里~67 海里。被誉为西方的“海上生命线”“世界油阀”“石油海峡”。霍尔木兹海峡满足用于国际航行的海峡的地理要件和功能要件，属于用于国际航行的海峡。适用《联合国海洋法公约》规定的通行制度。但是，伊朗在《伊朗伊斯兰共和国关于波斯湾和阿曼海海洋区域的法令》中规定，军舰通过其领海需事先取得许可。〔1〕

曼德海峡位于阿拉伯半岛与非洲大陆之间，连接红海和亚丁湾，其沿岸国为也门共和国和吉布提共和国。曼德海峡长约 27 海里，宽约 14 海里~17 海里。曼德海峡满足用于国际航行的海峡的地理要件和功能要件，是用于国际航行的海峡。从曼德海峡的具体特征来看，应该适用过境通行制度。

苏伊士运河连通红海和地中海，是地球上最重要的通洋运河，但是，它不属于用于国际航行的海峡。其通行制度受特别的国际条约支配。〔2〕

奥特朗托海峡两端连接亚得里亚海和爱奥尼亚海，其沿岸国为意大利和阿尔巴尼亚，最窄处有 40 海里，是“21 世纪海上丝绸之路”必经的最后一个重要节点。奥特朗托海峡满足用于国际航行的海峡的地理要件和功能要件，是用于国际航行的海

---

〔1〕 参见赵建文：“论《联合国海洋法公约》缔约国关于军舰通过领海问题的解释性声明”，载《中国海洋法学评论》2005 年第 2 期，第 8 页。

〔2〕 详见［英］詹宁斯、瓦茨修订：《奥本海国际法》（第 1 卷第 2 分册），王铁崖等译，中国大百科全书出版社 1998 年版，第 183 目和第 184 目。

峡。在海峡沿岸两国 12 海里领海范围内适用无害通过制度，在领海以外海峡中部的专属经济区海域适用受到限制的自由航行制度。

第三节　俄罗斯涉东北航道法律制度

苏联和俄罗斯对北极东北航道（包括北部海航道）的航行制度进行了多次立法，其中，最重要的是 1991 年的《北部海航道航行规则》和 2013 年正式生效的《关于北部海航道水域商业航运的俄罗斯联邦特别法修正案》。俄罗斯涉北极东北航道法律制度与现行国际法存在诸多冲突，例如，俄罗斯国内法律违背无害通过制度、过境通行制度、责任承担制度和沿海国限制性原则等，这些冲突亟待解决。

一、俄罗斯涉北极东北航道的主要立法

关于北极东北航道（包括北部海航道）的航行制度，苏联和之后的俄罗斯进行了多次专门立法。1971 年，苏联海运部颁布《苏联海运部北方航道管理局法令》。1984 年，苏联颁布《保护苏联经济区法》，并正式宣布，苏联的海岸及临近的岛屿将采用直线基线的做法，基线内的水域既不适用无害通过制，也不适用过境通行制。1991 年，苏联颁布了《北部海航道航行规则》[1]（以下简称《NSR 航行规则》），规定了俄罗斯在北极地区领海、专属经济区以内以及这些水域以外公海上各国船舶

〔1〕 Northern Sea Route Administration, "Regulations for Navigation on the Seaways of the Northern Sea Route", 1991, http://www.arctic-lio.com/nsr_legislation, accessed on 10 September 2014.

(包括俄罗斯本国船舶) 的航行规则。[1]《NSR 航行规则》是适用于“北部海航道”的主要法规。1993 年，俄罗斯颁布了《船只在海港及其附近航行和抛锚的一般规则》。1996 年，俄罗斯发布《北部海航道航行指南》《北部海航道破冰船领航和引航员引航规章》和《航行北部海航道的船只的设计、装备和补给要求》。[2]1998 年，俄罗斯通过《俄罗斯联邦内水、领海和毗连区法》(On internal seas, territorial seas and contiguous zone of the Russian Federation)，其中再次要求通过北方海运航道的外国船只遵守俄罗斯联邦法律、国际条约和《NSR 航行规则》等法律法规。

2013 年正式生效的《关于北方海航道水域商业航运的俄罗斯联邦特别法修正案》(简称《2013 修正案》) 是最新法规，涉及北部海航道定义和破冰船强制领航两个重要的争议问题，可以看出，俄罗斯北方海航道政策出现了较大变化，有进一步向国际开放的倾向。[3]

从上述法律法规我们可以看出，对于船舶在北部海航道的安全航行、船舶航行引起的北部海海洋环境污染及相关处罚，苏联时期已经开始了管制。苏联解体后，俄罗斯继承了其对于航行于北部海航道船只的要求、如何对外国船舶在冰封地区进行引水、这些船舶违反苏联法律应该承受的法律后果等方面的法律制度，这些制度的主要规定已被 1990 年颁布的《NSR 航行规则》吸收。

---

〔1〕 参见阎铁毅、李冬：“美、俄关于北极航道的行政管理法律体系研究”，载《社会科学辑刊》2011 年第 2 期，第 75 页。

〔2〕 参见刘惠荣、董跃：《海洋法视角下的北极法律问题研究》，中国政法大学出版社 2012 年版，第 141 页。

〔3〕 参见张侠等：“从破冰船强制领航到许可证制度——俄罗斯北方海航道法律新变化分析”，载《极地研究》2014 年第 2 期，第 268 页。

二、《NSR 航行规则》的主要内容

《NSR 航行规则》由苏联制定，其颁布于 1990 年，正式实施于 1991 年。该规则专门界定了“北部海航道”，从中可看出，苏联已将这条航线从内水延伸到了领海或专属经济区。俄罗斯政府继续适用《NSR 航行规则》，它是俄罗斯政府关于北部海航道船舶航行的专门性规定。据此，在非歧视的基础上，俄罗斯向所有国家开放北部海航道。

俄罗斯航运管制所是俄罗斯的航运服务机关，隶属于俄罗斯北冰洋航路局。《NSR 航行规则》规定了包括俄罗斯船舶在内的各国船舶在俄罗斯北极地区领海、专属经济区以内以及这些水域以外的公海上的航行规则。根据该规则，俄罗斯的航运管制所对航行于北部海航道上的本国和外国船舶进行管制。主要管制措施包括以下几个方面：

第一，对船舶、船长、船员的要求。船舶必须拥有适合于北极航行的技术条件，特别是破冰装备和技术。此外，对船长或承担船长责任、相当于船长地位的船员的要求非常重要。对船长而言，除了具备一般的航海知识和技能外，他们必须具有在冰封海域航行的经验和技术。否则，该船舶必须接受俄罗斯当局提供的冰封海域船舶驾驶员为其领航、引水。

第二，对船舶航行的事先报备要求。俄罗斯政府要求，在北部海航道上航行的船舶或者船长必须在该船舶通行于该航线之前告知俄罗斯当局，并按照要求提供必要的文件。只有在审查批准后，该船舶才能在北部海航道航行。未经批准而依然进行航行的，俄罗斯当局会以危害国家安全和利益为由，禁止该船舶的航行，并视情况对其采取强制措施。

第三，对船舶航行收费的要求。《NSR 航行规则》规定，外

国船只不仅在俄罗斯领海中通行时要向俄罗斯政府缴纳通行费，而且，在其专属经济区内也需要缴纳通行费；除了通行水域收费范围的扩大以外，这种通行费针对的船舶范围也有所扩大，其收费制度针对的是所有的通行船舶，不论该船舶是否需要并接受俄罗斯政府提供的航行协助。有关要求在《2013 修正案》中有所修改。

第四，对船舶航行所产生的责任承担要求。《NSR 航行规则》规定，外国船舶必须能够保证其有能力支付由其自身原因所导致的海洋污染所引起的民事赔偿。此外，还将在专属经济区内航行的外国船舶作为刑事处罚的对象。[1]

综上，与国际立法相比，《NSR 航行规则》是比较严格的。

三、《2013 修正案》介评

《2013 修正案》[2]于 2013 年 1 月 28 日正式生效，据此，俄罗斯重新制订了《北部海航道水域航行规则》[3]（简称《2013 航行规则》），以替代 1991 年的《NSR 航行规则》。重点涉及北部海航道定义和破冰船强制领航规则两个争议问题。

---

〔1〕 参见刘惠荣、董跃：《海洋法视角下的北极法律问题研究》，中国政法大学出版社 2012 年版，第 140~142 页。

〔2〕 Federation Council of Russia, "The Russian Federation Federal Law on Amendments to Specific Legislative Acts of the Russian Federation Related to Governmental Regulation of Merchant Shipping in the Water Area of the Northern Sea Route", 2012, http://www. arctic-lio. com/nsr_ legislation. 该法案对《俄罗斯联邦商船航运法》《俄罗斯联邦自然垄断法》《俄罗斯联邦内水、领海和毗连区法》作了重要增补或修订。

〔3〕 Northern Sea Route Administration, "Rules of Navigation in the Northern Sea Route Water Area", 2013, http://www. arctic-lio. com/nsr_ legislation, accessed on 10 September 2014.

（一）北方海航道定义的变化

直到《2013 修正案》生效前，涉及北部海航道定义和定位的法律主要是 1991 年的《NSR 航行规则》。在此次修改中，《2013 修正案》实际上拆分了 1991 年的《NSR 航行规则》，把该规则中涉及法律层面的内容放入了 1999 年的《俄罗斯联邦商船航运法》，形成了新的《俄罗斯联邦商船航运法》。据此，在实施层面，北方海航道管理局制订了新的航运规则，即《2013 航行规则》。〔1〕

根据 1991 年的《NSR 航行规则》，俄罗斯提出了关于东北航道的正式官方定义，即“北部海航道——位于苏联内水、领海（领水）或者毗连苏联北部沿海的专属经济区内的苏联国家交通干线，它包括适宜船舶破冰航行的航段，西端是新地岛海峡的西部入口和沿子午线向北航行绕过新地岛北端的热拉尼亚角，东到白令海峡北纬 66°与西经 168°58′37″处”。〔2〕经过《2013 修正案》的增补，1999 年《俄罗斯联邦商船航运法》第 5 条第 1 款的规定是：“北部海航道水域的概念是指毗邻俄联邦北方沿岸的水域，由内水、领海、毗连区和专属经济区构成，东起与美国的海上划界线及其到杰日尼奥夫角的纬线，西至热拉尼亚角的经线，新地岛东海岸线和马托什金海峡、喀拉海峡

〔1〕 张侠等：“从破冰船强制领航到许可证制度——俄罗斯北方海航道法律新变化分析”，载《极地研究》2014 年第 2 期，第 269 页。

〔2〕 1991 年的《NSR 航行规则》第 1 条第 2 款英文为：“Northern Sea Route-national transportation route of the USSR, which is situated within the inland waters, territorial sea (territorial waters), or exclusive economic zone adjoining the USSR northern coast, and includes seaways suitable for guiding ships in ice. The extreme points of which in the west are the western entrances to the Novaya Zemlya straits and the meridian running from Mys Zhelaniya northward, and in the east, in the Bering Strait, by the parallel 66°N and the meridian 168°58′37″W.”

和尤戈尔海峡西部边线。”[1]

另外，关于北部海航道的定位，1998年《俄罗斯联邦内水、领海和毗连区法》第14条规定：“……北部海航道，历史形成的俄联邦在北极的统一国家交通干线，其中包括维利基茨基海峡、绍卡利斯基海峡、德米特里·拉普捷夫海峡和桑尼科夫海峡。”[2]经过《2013修正案》修订的1998年《俄罗斯联邦内水、领海和毗连区法》第14条则规定：“……北部海航道水域，历史形成的俄联邦国家交通干线。”[3]相比之下省略了一些具体列举。

对比分析可知，《NSR航行规则》与经过《2013修正案》增补的1999年《俄罗斯联邦商船航运法》都将北部海航道定性为俄罗斯“历史上形成的国家交通干线”，没有任何变化。“航道”变成“航道水域”，没有增加任何引起争议的内容。但在范围的定义上，后者更加清晰，明确划分了北部边界，统一到了200海里专属经济区边界上。

（二）破冰船强制领航规则的变化

直到《2013修正案》生效前，涉及北极航道破冰船强制引

〔1〕 新1999年《俄罗斯联邦商船航运法》第5条第1款英文为：“The water area of the Northern Sea Route shall be considered as the water area adjacent to the Northern coast of the Russian Federation, comprising the internal sea waters, the territorial sea, the adjacent zone and the exclusive economic zone of the Russian Federation and confined in the East with the Line of Maritime Demarcation with the United States of America and Cape Dezhnev parallel in Bering Strait, with the meridian of Cape Mys Zhelania to the Novaya Zemlya Archipelago in the West, with the eastern coastline of the Novaya Zemlya Archipelago and the western borders of Matochkin Strait, Kara Strait and Yugorski Shar.”

〔2〕 1998年《俄罗斯联邦内水、领海和毗连区法》第14条英文为：“…the Northrn Sea Route, the historical national unified transport line of communication of the Russian Federation in the Arctic, including the Vilkitsky, Shokalshy, Dmitry Laptev and Sannikov straits.”

〔3〕 1998年《俄罗斯联邦内水、领海和毗连区法》第14条英文为：“…the water area of the Northern Sea Route, the historically emerged national transportation route of the Russian Federation.”

航问题的法律主要是1991年的《NSR航行规则》。在实施层面，《2013航行规则》第2条规定："在北部海航道水域中实施基于许可的船舶航行规则。"该表述意味着俄罗斯实行许可证制度。

关于俄罗斯破冰船强制领航，1991年的《NSR航行规则》第7条第4款规定："在维利基茨基海峡、绍卡利斯基海峡、德米特里·拉普捷夫海峡和桑尼科夫海峡，航行条件和冰情复杂，为确保航行安全，规定强制破冰领航。在其他区域，为确保航行安全和提供最佳航行条件，海上作业指挥部根据情况规定以下类型引航服务，包括：①沿建议航线航行至某个地理点的引航；②飞机或直升机引航；③引航员引航；④破冰船领航；⑤破冰船领航和引航员引航并行。海上作业指挥部有权更换引航类型。"《2013航行规则》中无《NSR航行规则》中强制性破冰船领航的表述。

关于俄罗斯籍引航员登船引航，《NSR航行规则》第4条第2款规定："如缺乏冰区航行经验，管理局（海上作业指挥部）可根据船长的请求派遣一名国家引航员登船协助航行。"《2013航行规则》中无《NSR航行规则》中有条件提供冰区引航员引航服务的表述。

《2013航行规则》中有关破冰船领航和引航员引航部分的规定，由其中的"北部海航道水域破冰船服务规则"和"北部海航道水域船舶冰区引航服务规则"构成，去掉了强制性的规定，代之以按照"船舶载重、船舶冰级、引航距离、航时"（《2013航行规则》第24条和第32条）具体服务内容收取差别化费用。[1]《2013航行规则》第10条第6款规定，北部海航道管理局在发放许可证时，在认为需要破冰船护航服务的情况下，

[1] 参见张侠等："从破冰船强制领航到许可证制度——俄罗斯北方海航道法律新变化分析"，载《极地研究》2014年第2期，第272页。

须给出根据本规则附件2列出服务的必要信息，例如北部海航道水域不同航区、航季、冰情信息等。根据这一条款，结合具体申请内容、程序分析，船主向该管理局申请通过北部海航道水域时，并无是否申请相关领航服务的内容选择，服务的选择权仍然属于许可证发放方（即该管理局）。此处带有一定程度的强制性痕迹，但服务的选择必须依据规则中公开明示的许可条件，因此，发放方的许可权受到了很大限制。[1]此外，发放许可证的等待时间被大大缩短，从《NSR航行规则》规定的至少4个月缩短到了《2013航行规则》规定的25天，审批过程也因规定必须上网公示而更加透明。

综上所述，俄罗斯仍然坚持北部海航道属于俄罗斯国家历史性交通干线的立场，其范围更加清晰，与内水、领海及毗连区和200海里专属经济区水域相一致，消除了北部海航道可能延伸到公海的疑虑。从破冰船强制领航制度改变为许可证制度，给出了具体的、可操作和可预期的独立航行许可条件，使得外国船只独立航行成为可能。发放许可证过程更加透明，缩短了等待时间。

四、俄罗斯涉东北航道法律制度与国际法的冲突

1982年，联合国第三次海洋法会议通过了《联合国海洋法公约》，它除了关于内水、领海、毗连区、群岛水域、用于国际航行的海峡、专属经济区、大陆架、公海、国际海底区域这九大水域的规定外，还规定了一些水域通行制度，例如无害通过制度、过境通行制度。同时，对于海域通行所引发的法律责任

〔1〕 参见张侠等："从破冰船强制领航到许可证制度——俄罗斯北方海航道法律新变化分析"，载《极地研究》2014年第2期，第272页。

也有较为具体的规定。然而，作为该公约的缔约国，俄罗斯关于北部海航道的许多国内法律制度均与该公约的规定相悖，这些俄罗斯国内法的效力受到了质疑。

（一）俄罗斯国内法律违背无害通过制度的有关规定

伊恩·布朗利认为，作为一个政策问题，无害通过权是海洋交通必要性和沿海国利益之间融合的一种合理形式。[1]该公约第二部分第3节第17~32条——特别是第19条——规定，无害通过权包含“无害”和“通过”两个方面。“无害”是指外国船舶通过一国领海时，不得损害沿海国的和平、良好秩序或安全。如果船舶在通过领海时从事《联合国海洋法公约》中所列明的任何一种与通过无直接联系的活动，都会被认为是非无害的。“通过”是指船舶为了穿过领海但不进入内水，或者为了驶往或驶出内水而经过领海时应该继续不停、迅速地进行。作为北极域内国家，俄罗斯北部海航道水域中有部分水域属于其领海范围，因此，《联合国海洋法公约》的无害通过制度适用于俄罗斯。

第一，俄罗斯国内法对于船舶无害通过的收费制度违反了《联合国海洋法公约》在适用范围和对象上的规定。《联合国海洋法公约》第26条规定：“对外国船舶不得仅以其通过领海为由而征收任何费用；对通过领海的外国船舶，仅可作为对该船舶提供特定服务的报酬而征收费用。征收上述费用不应有任何歧视。”由此可见，《联合国海洋法公约》所规定的无害通过权征收通行费的对象仅仅是沿海国提供特定服务的船舶，而且收费所针对的水域也仅仅是领海。根据俄罗斯现行的国内法《NSR航行规则》，只要外国船舶经过其北部海航道的领海，俄

〔1〕参见［英］伊恩·布朗利：《国际公法原理》，曾令良等译，余敏友、曾令良审校，法律出版社2003年版，第209页。

罗斯就对其强制性地征收费用，而不论是否为外国船舶提供了特定的服务；即使提供特定服务，其征收费用的范围也已不仅仅是领海，而是扩张到了其北部海航道的专属经济区内；俄罗斯在专属经济区内为外国船舶提供破冰和引水等服务也要收取由此而产生的服务费用。由此可见，俄罗斯关于收费的现行规定已经在对象和范围上违反了《联合国海洋法公约》第 26 条的规定。〔1〕《2013 修正案》及相关法律推行许可证制度，但未涉及对收费制度的修改。

第二，俄罗斯国内法对于船舶无害通过的限制已经超出了《联合国海洋法公约》所赋予沿海国的保护权。为防止领海内的非无害通过，《联合国海洋法公约》第 25 条（1）规定："沿海国可在其领海内采取必要的步骤以防止非无害的通过。"该条规定的立法宗旨在于弥补第 21 条（1）所列举情形的不足，旨在赋予沿海国"更大范围的管辖权"，从而更好地保护沿海国对领海的专属管辖权，维护沿海国的主权。但是，《联合国海洋法公约》所规定的"更大范围的管辖权"不是没有限制的。这种限制一方面体现在必须是在沿海国主权受到威胁而该公约第 21 条没有明确规定的时候才能加以适用；另一方面，在适用的时候，沿海国应该在形式上或事实上不加歧视地对待外国船舶，在其领海的特定区域内暂时停止外国船舶的无害通过，这种停止仅应在正式公布后方能发生效力。

《联合国海洋法公约》第 25 条的规定仅仅是一种个案的保护，而并没有形成一种普遍的政策。〔2〕在领海领域，俄罗斯国

〔1〕 参见刘惠荣、董跃：《海洋法视角下的北极法律问题研究》，中国政法大学出版社 2012 年版，第 143 页。

〔2〕 参见刘惠荣、董跃：《海洋法视角下的北极法律问题研究》，中国政法大学出版社 2012 年版，第 143~144 页。

内法在对待外国船舶时，已将该公约所赋予的“更大范围的管辖权”作为“一般的标准”加以适用，无视公约将该管辖权作为一种个案保护的手段，对他国合法航行产生了不利影响。

（二）俄罗斯国内法律违背过境通行制度的有关规定

过境通行指专门为在连接公海或者专属经济区一个部分与公海或者专属经济区另一部分之间的海峡继续不停和迅速过境的目的而行使航行和飞越自由。[1]这种通行制度适用于《联合国海洋法公约》创设的“用于国际航行的海峡”和“群岛水域”这两个新海域。沿海国不应妨碍和停止外国船舶和飞机的过境通行。[2]目前，俄罗斯国内法相关相悖的规定主要体现在以下几个方面：

第一，根据《联合国海洋法公约》第 41 条，分道航行制度应当符合一般接受的国际规章，这些措施不能由一国单独制定，应当在妥为公布前提交国际海事组织。目前，俄罗斯国内法的一些针对外国船舶的分道航行制度仅仅是该国单独制定的，未得到国际海事组织的批准。

第二，《联合国海洋法公约》第 42 条明确规定了海峡沿岸国关于过境通行的法律和规章应如何制定的问题，沿海国只可以在出现《联合国海洋法公约》该条规定的情况下制定过境通行的制度。而俄罗斯目前国内法却有允许暂停、妨害、拒绝《联合国海洋法公约》过境制度的规定。[3]

（三）俄罗斯国内法律违背责任承担制度的有关规定

在责任承担制度方面，俄罗斯国内法要求外国船舶承担刑

---

〔1〕参见邵津主编：《国际法》（第 4 版），北京大学出版社、高等教育出版社 2011 年版，第 136 页。

〔2〕参见《联合国海洋法公约》第 44 条。

〔3〕参见刘惠荣、董跃：《海洋法视角下的北极法律问题研究》，中国政法大学出版社 2012 年版，第 145 页。

事责任，例如《NSR 航行规则》将在专属经济区内航行的外国船舶作为刑事处罚的对象，明显与《联合国海洋法公约》第 230 条“罚款和对被告的公认权利的尊重”第 1 款和第 2 款的规定相悖，《联合国海洋法公约》对污染海洋环境的外国船舶仅规定了罚款这一民事责任，而没有针对刑事责任的规定。

（四）俄罗斯国内法律违背沿海国限制性原则的有关规定

最后，俄罗斯于 2013 年开始生效的有关北部海航道的新法并不能完全消除国际争议。根据新法的规则，外国船只在北部海航道水域上的商业航行仍然需要事先得到俄罗斯有关主管当局的批准。在世界其他海洋中的专属经济区均执行自由航行制度，但在北冰洋，俄罗斯却执行类似基于内水法律制度的通行制度，此举尽管出于“航行安全和环境保护目的”，但忽视了“适当顾及航行”和“可靠科学证据”的限制性原则，[1]仍与现行国际法相冲突。

俄罗斯北部海航道法律制度与《联合国海洋法公约》的冲突本质上是国内法与国际法的冲突。一方面，依据《维也纳条约法公约》第 19 条、第 26 条和第 27 条，俄罗斯国内法与《联合国海洋法公约》相违背的规定应被视为无效。另一方面，现实是，国内法与国际法的关系尚无明确统一的规定，国际法不必然优于国内法而适用。因此，虽与国际条约有诸多冲突之处，一些俄罗斯国内法仍然限制着各国船舶在北部海航道航行。

第四节　军舰在专属经济区的航行权

专属经济区是各国海洋权益争议的集中地之一。例如，在

〔1〕《联合国海洋法公约》第 234 条规定，沿海国出于航行安全和环境保护目的，对 200 海里专属经济区中的冰封区域有权制定和执行非歧视性的法律和规章，但对沿海国这一权利有“适当顾及航行和以现有最可靠的科学证据为基础”的限制。

中国专属经济区发生的2001年中美撞机事件、2009年中美之间的“无暇号”事件、美国海洋测量船“鲍迪奇”号数次闯入南海进行情报收集、多年来美国军舰在台湾海峡的通行等。

一、中国学者的观点

国际社会关于军舰在专属经济区的航行权存在争议。

专属经济区是自成一体的海域，它既不属于一国领海，也不属于公海，沿海国在其专属经济区中对特定的事项享有管辖权。根据《联合国海洋法公约》第58条第1款的规定，在专属经济区内，所有国家，无论为沿海国或内陆国，在本公约有关规定的限制下，享有第87条所规定的航行与飞越自由权。可见，军舰在他国的专属经济区享有航行自由权。但是，这种航行自由权是受到限制的权利，它不同于公海上的绝对的航行自由。

专属经济区的“航行和飞越自由”是受限制的自由，它与“公海自由”并不等质。〔1〕中国方面认为，专属经济区的航行与飞越自由不等同于公海自由。〔2〕沿海国在专属经济区内享有安全利益，未经沿海国的许可，他国不得借军事测量为名在沿海国的专属经济区内从事危害其国家安全的活动。这种军事测量活动与《联合国海洋法公约》中的“和平利用海洋”宗旨相悖，中国可以对此进行必要的拦截。〔3〕

---

〔1〕 参见李广义等：“论专属经济区军事活动的权利与义务”，载《中国海洋法学评论》2011年第1期，第134~136页。

〔2〕 参见罗保华：“论平时海上军事行动中《联合国海洋法公约》的运用”，载《法学杂志》2011年第3期，第125页。

〔3〕 参见郑雷：“论中国对专属经济区内他国军事活动的法律立场——以‘无暇号’事件为视角”，载《法学家》2011年第1期，第140页。

二、外国学者的观点

国外学者对于军舰在专属经济区享有的权利持有两种观点。一种观点认为，军舰享有无害通过权，例如美国承认军舰在专属经济区的无害通过权，该权利的行使无需事先通知或向沿海国取得许可。[1]另一种观点认为，军舰享有绝对的航行自由权，该自由权与在公海上享有的自由权没有区别。《联合国海洋法公约》支持所有国家在外国专属经济区内的军事活动，这不需要另行通知或取得沿海国同意。[2]沿海国在专属经济区没有主权权利，《联合国海洋法公约》第56条没有给予沿海国超越其领海主权的权利来限制其他国家的航行自由。[3]

三、关于军事航行制度的思考

1982年《联合国海洋法公约》对军事船舶与飞机在领海与专属经济区的航行活动作出了限制，但这种限制的范围和程度并不明确，且各国解读也不相同。美军军舰“鲍迪奇”号闯入中国黄海专属经济区、南海地区进行海底地形绘图，并用拖曳式声呐实施水下监听作业，引起了中美双方的争议。从法理上讲，未经中国允许，美国无权擅自在中国专属经济区进行所谓

---

〔1〕 Erik Franckx, “American and Chinese View on Navigational Rights of Warship”, *Chinese Journal of International Law*, 2011, 10 (1), 202~204.

〔2〕 Raul (Pete) Pedrozo, “Preserving Navigational Rights and Freedom: The Right to Conduct Military Activities in China's Exclusive Economic Zone”, *Chinese Journal of International Law*, 2010, 9 (1), 9.

〔3〕 Jonathan G. Odom, “The True ‘Lies’ of the Impeccable Incident: What Really Happened, Who Disregarded International Law, and Why Every Nation (Outside of China) Should be Concerned”, *Michigan State International Law Review*, 2010, 18 (3), 441.

的“军事测量”。[1] 2014年7月，中国的军事测量船出现在美国夏威夷海域附近，对此，美国国防部宣称，中国军舰在美国夏威夷专属经济区内的航行并不违反国际法。中国国防部发言人在回答记者提问时也强调了中国海军活动符合国际法上的航行自由制度。

事实表明，军舰航行国为通行的需要，主张自由航行权；沿海国为了国防安全和环境保护，主张国家主权，特别是管辖权。沿海国的生态安全、资源安全与其他国家基于航行自由而关切的经济安全之间出现了利益冲突和对立。现行的航行自由制度不能完全解决这两者之间的冲突。

海洋强国认为，专属经济区内的军事船舶和飞机等活动，适用公海上的“航行与飞越自由”以及允许军事测量和侦察活动，观点支撑来源于《联合国海洋法公约》第58条以及与领海“无害通过权”的立法限制进行比较。这种观点忽视了沿海国对自身国防军事安全的关切。

沿海国主张，外国军事船舶和飞机在专属经济区内的测量和侦察活动不符合和平目的，危及国家主权，违反国际法。出发点为近海防御为主的海洋安全观，但忽视了沿海国发展海洋经济、“走出去”的需求。

在专属经济区，同时适用航行自由原则和主权原则。但是，其二者的适用目的不同。国际法既不全面禁止外国军事船舶和飞机在专属经济区内航行，也不禁止沿海国为维护自身安全而采取预防或者自卫措施。[2]

---

〔1〕详见管建强：“美国无权擅自在中国专属经济区进行‘军事测量’——评‘中美南海摩擦事件’”，载《法学》2009年第4期。

〔2〕Ivan Shearer, “Military Activities in the Exclusive Economic Zone: The Case of Aerial Surveillance”, *Ocean Year Book*, 2003, 17, 561.

中国应该倡导何种航行制度？

根据中国国情的发展，应该考虑如下事项：第一，在存在主权争议的中国海域，通过海军航行捍卫主权，例如南海海域。[1] 第二，在打击海盗和海上恐怖主义方面，依法实施登临、检查、扣押等强制性措施。第三，通过国际合作和多边谈判，广泛达成一致意见，要求航行船舶向国际海事组织报告信息。第四，对于中国经济发展而言，海上通道安全的重要性与日俱增，应该充分利用航行自由制度。[2]

同时，下列问题尚待研究：要求航行船舶向国际海事组织报告信息的法律基础是什么？现行的国际海事组织架构中是否有相关机构负责？如何具体操作？

---

〔1〕 参见袁发强："国家安全视角下的航行自由"，载《法学研究》2015年第3期，第202页。

〔2〕 参见袁发强："国家安全视角下的航行自由"，载《法学研究》2015年第3期，第205~206页。

第三章 Chapter 3 海洋资源权益法律问题

海洋资源涵盖广，分类多。根据自然属性，可分为海洋生物资源、海洋化学资源、海洋矿产资源、海洋空间资源和海洋能源资源等；根据社会经济属性，可分为港口资源、航道资源、旅游资源和其他传统海洋资源等；根据储存地点，可分为沿海资源、近海资源、远海资源、海底资源。

本章主要研究国家管辖范围外海洋遗传资源惠益分享制度、区域环境影响评价制度、国际海底资源开发制度、公海渔业执法制度的构建和完善。

第一节 国家管辖范围外海洋遗传资源惠益分享制度

自 20 世纪 90 年代，国际社会便开始关注国家管辖范围外（Area Beyond National Jurisdiction，ABNJ）海洋遗传资源（Marine Genetic Resources，MGRs）的保护与可持续利用问题。从联合国大会秘书长的报告阐述对其法律地位以及与之有关的科学研究问题进行研究的必要性，到根据联合国大会（以下简称“联大”）54/33 号决议成立的有关海洋和海洋法的非正式协商进程；从联大专门成立保护和可持续利用国家管辖范围外生物多样性临时工作组到联大第 69 次大会根据国家管辖海域外生物多样性（BBNJ）工作组的提议通过了 A/69/L. 65 * 号决议，再到由专门的委员会筹备谈判，[1]联合国有关机构为达成有法律拘束力的国际协议进行了多年的努力。

2004 年，联大决定就 BBNJ 问题开展研究和协商，历经十一年九次特设工作组会议和两年四次预备委员会会议，协定谈判进程于 2015 年正式启动。谈判预备委员会于 2017 年 7 月完成了两年期工作计划，向联大提出了一份包括协定实质性要素建议的报告。该建议包括两份清单，一份列出各方意见趋同的内容，另一份列出各方存较大分歧的事项。第 72 届联大决定将 BBNJ 国际协定谈判正式转入政府间大会阶段，从 2018 年 9 月到 2020 年上半年安排四次会议，聚焦海洋遗传资源及其惠益分享、海洋保护区等划区管理工具、环境影响评价、能力建设和海洋技术转让等议题。[2]

一、国家管辖范围外海洋遗传资源的定义

何为 MGRs 以及 ABNJ 的 MGRs 的地位在国际法上是如何规定的，这两个基本问题是国家之间展开对话和谈判、保护和可持续利用 ABNJ 的 MGRs 的先决问题。同时，国家之间在建立实施协定的相关问题上还存在许多争议，尤其是在 MGRs 法律地位问题、获取与惠益分享问题上争议较大。

（一）“国家管辖范围外”的界定

1982 年《联合国海洋法公约》将海洋划分为国家管辖范围内的海域和国家管辖范围外的海域，国家管辖范围内的生物资

---

〔1〕 参见李晓静：“国家管辖范围外海洋遗传资源的定义及其法律地位探析”，载《中国海商法研究》2017 年第 2 期，第 61 页。

〔2〕 参见黄惠康：“国际海洋法前沿值得关注的十大问题”，载《边界与海洋研究》2019 年第 1 期，第 8 页。

源都处在主权国家的管辖之下，保护和可持续利用问题也都由国家自主决定。因而，区域外的生物资源处于无法可依的状态，这不利于对 MGRs 的保护。目前，国家在 ABNJ 区域活动的主导原则是"公海自由"原则。但是，公海并不包括在国家的专属经济区、领海或内水或群岛国的群岛水域内，而《联合国海洋法公约》中的区域指国家管辖范围以外的海床和洋底及其底土，所以，本章探讨的 ABNJ 的 MGRs 应是分布于公海、"区域"的海床、洋底及其底土上的海洋遗传资源。

（二）海洋遗传资源的定义

《生物多样性公约》(Convention on Biological Diversity，CBD) 第 2 条将"遗传资源"界定为"具有实际或潜在价值的遗传材料"。而《名古屋议定书》第 2 条扩大了遗传资源的范围，使之包括"衍生物"，即"由生物、遗传资源的遗传表达、新陈代谢产生抑或自然生成的生物化学化合物，不论其是否具备遗传功能单位"。同时，《名古屋议定书》将"利用遗传资源"定义为：对遗传资源的遗传或生物化学组成开展的开发与研究，并且包含对《生物多样性公约》第 2 条定义的"生物技术"〔1〕的利用。〔2〕相较于《生物多样性公约》，《名古屋议定书》扩大了"遗传资源"的定义，将不具备遗传功能单元的衍生物纳入了遗传资源的范围。并同时对"利用遗传资源"进行了定义。〔3〕

可是，国际社会对"海洋遗传资源"尚无明确的定义。有观点认为，海洋遗传资源是"位于国家管辖外国际海底区域的植物、动物、微生物或其他来源的，具有实际或潜在价值的遗

〔1〕 1992 年《生物多样性公约》第 2 条将"生物技术"定义为：使用生物系统、生物体或其衍生物的任何技术应用，以制作或改变产品或过程以供特定用途。

〔2〕 2010 年《名古屋议定书》第 2 条（c）款。

〔3〕 参见林欢："国家管辖范围外海域海洋遗传资源获取与惠益分享机制之构建"，中国政法大学 2017 年硕士学位论文，第 3 页。

传材料”。[1]也有观点认为，海洋遗传资源是指“能够从生活在国际海底区域内的底栖生物、微生物体内提取出的，任何在当前存在实际价值或将来具备开发潜力的遗传材料”。[2]但是，鉴于2004年以来，欧美一些国家便已批准源于海洋自然产物的药物进入市场，还有学者认为，在定义海洋遗传资源时应考虑涵盖海洋生物代谢生成的海洋天然产物，以适应当今科学技术发展的需要。[3]

综上，海洋遗传资源包括海洋中任何在当前或未来具有开发价值的遗传材料、衍生物及海洋天然产物。把海洋天然产物等纳入海洋遗传资源概念范畴，符合其可利用性的特点，对“海洋遗传资源”进行扩大理解有利于对其惠益分享的规范。

二、国家管辖范围外海洋遗传资源的法律地位

海洋遗传资源的法律地位问题是对其进行保护与可持续利用的先决问题，而国家间对ABNJ中的MGRs的争议也集中于对MGRs法律地位的定性。只有明确了MGRs的法律地位，才能有序地在ABNJ开展MGRs开发和利用活动。对此，“公海自由派”认为，ABNJ承载MGRs的遗传物质（包括植物、动物、微生物及其他生命单位）分布在水体和海床上，《联合国海洋法公约》第十一部分规定的国际海底区域属于“人类共同遗产”的资源指的是矿产资源，水体和海床上的其他生物资源应当按照缺省

---

〔1〕 马慧：“国家管辖外深海遗传资源惠益分享问题研究”，大连海事大学2017年硕士学位论文，第4页。

〔2〕 金林：“国际海底区域遗传资源利用与惠益分享之法律制度研究”，外交学院2017年硕士学位论文，第3页。

〔3〕 徐靖等：“国家管辖范围外海域遗传资源获取和惠益分享机制构建建议”，载《生物多样性》2016年第1期，第112页。

模式（即默认的模式）依据“公海自由”原则来规制。[1]但“人类共同遗产派”则主张从ABNJ的遗传物质中提取出的MGRs应当属于人类共同所有，应用MGRs所产生的收益也应当在国家之间进行分享。还有国家主张，对于ABNJ的MGRs法律地位的判定应当依据MGRs所处的地理位置做出不同的区分，公海上适用“公海自由”原则，国际海底区域适用“人类共同遗产”原则。

笔者认为，前两种观点虽然不够完善，但仍有一定道理。第三种观点有些想当然，因为如果严格解释海洋法，应该是水体中的MGRs适用公海自由原则[2]，国际海底区域内的MGRs适用人类共同遗产原则[3]。况且，承载着MGRs的遗传物质的物种的生活场所，有的固定，有的则不定期变换，那么，对这类非定栖物种便难以区分其是公海内，还是国际海底区域的海洋生物。可见，根据地理位置的不同适用不同国际规则是不合理的。

在公海的水体和海底区域内共同选择适用哪种制度将直接影响保护与可持续利用的制度构建，若支持“公海自由派”，则不涉及惠益分享的问题，但可能也会阻碍对这部分资源的管理；若赞同“人类共同遗产派”，则在ABNJ采集的MGRs就不能申请专利，同时要对收益进行分享。

因此，一方面，要通过制定合理的规定加以界定，例如

---

〔1〕 United Nations General Assembly Ad Hoc Open-ended Informal Working Group to Study Issues Relating to the Conservation and Sustainable Use of Marine Biological Diversity Beyond Areas of National Jurisdiction. Scope, parameters and feasibility of an international instrument under the United Nations Convention on the Law of the Sea. New York: United Nations General Assembly, 2014: 12.

〔2〕 UNCLOS, Part XI, Art. 135 规定，区域的制度不影响海洋法对区域上覆水域以及水域上空的法律地位的规定。

〔3〕 UNCLOS, Part XI, Art. 136 规定，区域和区域内的资源属于人类共同继承财产。

BBNJ 的国际协定在规定 MGRs 的法律地位的时候，可将存在于国际海底区域的 MGRs 与存在于公海的 MGRs 统一规定；另一方面，由于 MGRs 同时表现为遗传材料和遗传信息，具备资产的多维属性的特征，所以，可参照经济学家巴泽尔提出的资产的多维属性，从经济上和法律上两个层面分别界定产权。〔1〕

三、国家管辖范围外海洋遗传资源惠益分享制度分歧

国家管辖范围外海洋遗传资源惠益分享的分歧主要集中在以美国和日本等发达国家为代表的“公海自由派”与以中国和 77 国集团等发展中国家和不发达国家为代表的“人类共同遗产派”之间。正如前文所述，其分歧的焦点即为国家管辖范围外海洋遗传资源的法律地位。

笔者更赞同后者，理由如下：

第一，公海自由制度存在弊端。首先，自由获取海洋遗传资源，就易过度使用而造成资源枯竭，将不可避免地导致公地悲剧的产生；其次，船旗国管辖权并不能有效阻止这一悲剧的发生。

第二，海洋资源的获取应当公平公正。虽然在现有国际法框架下，根据习惯法规则以及《联合国海洋法公约》的规制，理论上任何国家都有权自由获取海洋遗传资源〔2〕，但对海洋基因资源的探测需要大量的资金和最先进的技术，发展中国家及不发达国家在短时间无疑是难以做到的，那么发达国家对相关

〔1〕 参见［美］Y. 巴泽尔：《产权的经济分析》，费方域、段毅才译，上海人民出版社 1997 年版，第 3~19 页。

〔2〕 David Kenneth Leary, “Law, Technology and Science for Oceans in Globalisation: IUU fishing, Oil Pollution, Bioprospecting”, in: *International Law and the Genetic Resources of the Deep Sea*, Martinus Nijhoff, Leiden/Boston, 2010, p. 362.

活动便会进行垄断，由此导致两方在海洋基因资源获取上极不平等。而实际上，作为人类的共同财产，各国均有权利对 MGRs 所获利益进行公平分享。

第三，“人类共同遗产”有充分的国际法为依据。《联合国海洋法公约》第 136 条指出，“区域”及其资源是人类的共同继承财产。对《联合国海洋法公约》第 136 条的内容进行严格的法律解释，这是认为人类共同继承财产原则不应当适用于深海遗传资源领域的主要理由。但值得注意的是，《联合国海洋法公约》第 133 条的“资源”，只是为了第十一部分的目的进行界定的。人类共同继承财产不应简单地被认为与“区域”制度相同。人类共同继承财产原则不仅仅适用于“区域”制度，其适用范围较“区域”制度来讲，更为宽泛。人类共同遗产原则是保护和开发公海海底资源的重要原则。为了保证开发的福利在所有国家之间公平分配，应该对所有的使用有限自然资源的国际管理制度的创设活动进行规范。[1]同时，为了确定深海遗传资源是否属于人类共同遗产，应当结合多种原因，综合考察国家管辖范围外深海遗传资源所处的地理环境、《联合国海洋法公约》中的有关条款、前言和缔约背景等相关内容。

第四，符合全人类的共同利益。基于为全人类所共有的本质特征，一切在人类共同遗产之上的各种利用活动均应从全人类的共同利益出发。其勘探、开发需考虑全人类的利益，其利用也需考虑全人类的利益。不仅要考虑当代人的眼前利益，也要考虑后代人的长远利益。不仅要考虑经济利益，也要考虑环境保护利益、气候变化利益、生物多样性利益等多方面的利益。从全人类的角度进行资源的开发和利用。

---

〔1〕 参见葛勇平：“论‘人类共同遗产’原则与相关原则的关系”，载《河北法学》2007 年第 11 期，第 122 页。

四、国家管辖范围外海洋遗传资源惠益分享制度构想

“惠益”（benefits）通常用来形容某一主体对某一对象付出一定努力或做出一定贡献后而获得的回报，它与该主体所付出的成本和代价相对应。同时，惠益也经常用于指称一方主体给另一方主体带来的好处，它强调了至少两方以上主体的关系。[1] CBD 将“遗传资源获取与惠益分享”作为其目标之一，其使用的是“惠益”一词，而非“利益”，这是合理的。从 CBD 对于“分享”（sharing）的有关规定出发，可以将该“分享”视为一种契约。

国家管辖范围外海洋遗传资源惠益分享制度的实质是使遗传资源提供国从遗传资源的开发和利用中获益，以扭转接受国单方获益的局面。同时，在双方商定基础上，惠益分享的方式是灵活多样的。[2]

（一）以知识产权制度为基础的惠益分享制度

TRIPS 第 27 条第 3 款允许将植物、动物、生物学方法排除在可获专利之外，但是微生物、非生物方法和微生物方法是应该得到专利的。知识产权具有四个特征，即必须是无形财产；必须由国家根据其法律授予，否则无效；作为一项具有垄断性和排他性的权利，具有一定的专有性和地域性，只在授予其知识产权的国家或地域发生效力；在时间上仍然有一定限制，超过法律规定的有效期限，相关智力成果即成为全社会的共同智力财富，可以为全人类共同使用。同时，CBD 对于专利的规定

〔1〕 参见秦天宝：《遗传资源获取与惠益分享的法律问题研究》，武汉大学出版社 2006 年版，第 422 页。

〔2〕 参见纪晓昕：“国家管辖范围外深海底生物多样性法律规制研究——以人类共同遗产属性为基础”，中国海洋大学 2011 年博士学位论文，第 79~80 页。

与 TRIPS 协议是一致的，没有对遗传资源的知识产权保护加以限制。[1]可见，以知识产权制度作为构建惠益分享制度的基础具有可行性。

（二）惠益分享的主体

查阅相关国际法规定可知，有两类主体对惠益分享的主体有借鉴作用。

第一类，《波恩准则》中遗传资源的利益相关者。在获取、商定条件、惠益分享的每一个步骤中，都应征求并考虑利益相关者的意见，并提出建立协商机构，以代表和帮助利益相关者。但是，此处的“利益相关者”在国家管辖范围外海域很难确定，因其不属于任何国家管辖，没有遗传资源的主权国。MGRs 的法律地位是人类共同继承财产，真正的惠益分享主体应为全人类（包括当下和未来的）。这就直接要求惠益分享机制的构建能够使得全人类都有惠益分享的机会。但是，如果使地球上的所有个人都作为惠益分享制度的主体又不切实际，且在制度设计和实际操作上过于复杂。

第二类，《粮农条约》的遗传资源的缔约方滚动式受益。《粮农条约》根据多边惠益分享系统，所有缔约方按照滚动式[2]《全球计划》实现滚动式受益（始终有一个较为切合实际的长期计划作指导，且定期补充调整，从方法上解决了各阶段计划的衔接和符合实际问题）。所以，该条约的惠益分享主体

---

〔1〕《与贸易有关的知识产权协定》（《TRIPS》）第 27 条第 3 款：“各成员可拒绝对下列内容授予专利权：（a）人类或动物的诊断、治疗和外科手术方法；（b）除微生物外的植物和动物，以及除非生物和微生物外的生产植物和动物的主要生物方法。但是，各成员应规定通过专利或一种有效的特殊制度或通过这两者的组合来保护植物品种。”

〔2〕滚动式计划即按照计划的执行情况和环境变化，调整和修订未来的计划，并逐期向后移动，把短期计划和中期计划结合起来的一种计划方法。

为所有缔约方。《粮农条约》的所有缔约方均为惠益主体，应处于《联合国海洋法公约》的框架之下，故而，惠益分享的主体应该是《联合国海洋法公约》的所有缔约国。只有明确作为缔约国的国家为惠益分享的主体，才能规范和调整利益格局。

（三）国家管辖范围外海洋遗传资源惠益分享制度可借鉴的相关规则

1.《生物多样性公约》的相关规则

CBD 对国家管辖范围外海底生物多样性的养护和可持续利用作了规定，因此，相关规则也可适用于“区域”遗传资源的管理。根据 CBD 第 3 条的规定，CBD 的三个目标是：养护生物多样性，可持续利用生物多样性的组成部分以及公正合理地分享利用遗传资源所产生的惠益，包括通过适当获得遗传资源、适当转让相关技术以及适当提供资金等方法。[1]

CBD 对其管辖权适用的两个方面做了重要区分：一个是“生物多样性组成部分”与“活动和进程”之间的区别，另一个是国家管辖范围内地区和国家管辖范围外地区之间的区别。[2]在国家管辖内的海域，CBD 均可适用。但在国家管辖范围外地区，按第 4 条的规定，CBD 的规定仅仅适用于在缔约方管辖或控制范围内开展的可能对生物多样性产生不利影响的活动和进程。这意味着，CBD 不适用于国家管辖范围外海洋生物多样性的组成部分。

由于缔约方对国家管辖范围外地区的资源没有主权或管辖权，它们对这些地区的生物多样性具体组成部分的养护和可持

〔1〕 United Nations. Oceans and the Law of the Sea: Report of the Secretary－General, A/60/63/Add. 1, 15 July 2005, para. 185.

〔2〕 国家管辖海域外生物多样性管理问题政策和法律框架，第 8 页。

续利用没有直接义务。尽管如此，根据第 5 条，CBD 的缔约国必须直接合作，或通过主管国际组织合作养护和可持续利用国家管辖范围外的生物多样性。

CBD 最大的贡献之一是提出了事先知情同意原则。其内涵由 CBD 第 15 条第 5 款规定，即“遗传资源的取得须经提供这种资源的缔约国事先知情同意，除非缔约国另有规定”。事先知情同意原则是整个遗传资源获取和利益分享的一个重要部分。事先知情原则包括两项内容，首先是知情如否，其次才是同意的表示。知情权的实现以对方履行告知义务为前提，只有在全面知情的前提下，主体才可能做出同意与否的选择。[1]在获取遗传资源之前，使用者将相关信息以及申请提供给资源提供者，这是一种必须履行的义务，也是合法获得遗传资源的先决条件。

CBD 要求每一个缔约国都必须根据共同商定的条件，与提供遗传信息的相关缔约国家，共同建立一个相对比较公平的机制和平台，以分享此种资源的研发成果和商业上所获的相关利益。[2]

2.《波恩准则》的相关规则

可以说，《波恩准则》进一步细化了 CBD 的惠益分享机制。共同商定条件应当包括拟议分享惠益的条件、义务、程序、类型、时间以及分配办法和机制。[3]

3. 国家管辖范围内海洋遗传资源的惠益分享机制

各国的管制机制既具有共同性，又呈现差异性。其共同性表现在：第一，除了个别国家外，几乎所有国家都采取了国家

〔1〕 张弛：“国家管辖范围外深海遗传资源获取与惠益分享法律问题研究”，中国海洋大学 2009 年硕士学位论文，第 31 页。

〔2〕 参见《生物多样性公约》第 19 条第 2 款。

〔3〕 参见《关于获取遗传资源并公平和公正分享通过其利用所产生惠益的波恩准则》第 45 条。

和利益相关者双重事先知情同意的制度。事先知情同意被各国确定为核心的管制程序。各国的事先知情同意程序都包括三个要素：遗传资源获取申请者应在其生物开发活动开展之前的合理期限内寻求相关主体的同意；获取申请者以合理方式提供信息以使相关主体全面知情；相关主体以规定格式就获取申请者的获取与惠益分享安排作出明确的、肯定的授权。〔1〕第二，虽然类似于国家公法管制下的格式合同，为获取与惠益分享的各方主要是获取申请者确定了必须遵守的最低法定条件，但是，共同商定条件却是各国管制立法采用的另一项核心制度。只是在实践中，因为不同性质的获取活动需要采取不同的最低要求，所以，各国对用于科学目的和用于商业目的的遗传资源获取，大多规定了不同的共同商定条件。

而各国管制机制的差异性主要体现在各国的国家主管部门与利益相关者在管制中的作用和相互关系上。由此，各国的管制机制可被大致划分为“国家主导型管制机制”“利益相关者主导型管制机制”“国家与利益相关者协调型管制机制”，但值得注意的是，前两者并不是绝对意义上的，而是相对意义上的，而且，不同国家的管制机制也存在着很大区别。一国遗传资源与惠益分享管制机制的特点与该国的管制导向密切相关，在很大程度上取决于该国遗传资源开发利用状况、法律传统、社会经济制度与传统、生物技术水平等国情因素。〔2〕

由于以上所述均是对国内遗传资源的调整，而本书讨论的是对国家管辖范围外深海遗传资源的获取与惠益分享的管理设

〔1〕 参见张弛：“国家管辖范围外深海遗传资源获取与惠益分享法律问题研究”，中国海洋大学 2009 年硕士学位论文，第 46 页。

〔2〕 参见张弛：“国家管辖范围外深海遗传资源获取与惠益分享法律问题研究”，中国海洋大学 2009 年硕士学位论文，第 47 页。

计，所以，可以从中参考的只可能是原则和机制上共同的部分，适当吸收各国管制模式和机制所呈现出的共性。同时，对于模式和机制中的差异部分，可以参考其区别对待的思路，充分考虑遗传资源开发利用的状况、不同的利益主体、各国的经济实力、生物技术水平等因素，以便设计出全面、有效的管理方案。

五、中国参与谈判的主要历程及立场和对策

有关谈判是当前海洋法领域最重要的立法进程，中国对此进行了积极的参与。

（一）中国参与谈判的主要历程

2017 年 3 月 27 日至 4 月 7 日，BBNJ 谈判预备委员会第 3 次会议在纽约联合国总部举行，中国代表团在会上就 BBNJ 所涉海洋遗传资源、划区管理工具、环境影响评价、能力建设和技术转让以及跨领域问题系统阐述了观点和立场，建设性地参与了磋商。[1]

2018 年 9 月 4 日至 17 日，BBNJ 政府间谈判第一次会议（IGC-1）在纽约联合国总部召开，来自 120 余个国家和近 70 个国际组织派代表出席会议。中国代表团全面、系统地阐述了中国在相关问题上的政策立场，并就协定“零案文”的起草和谈判下步工作提出了看法和建议。[2]

2019 年 3 月 25 日至 4 月 5 日，BBNJ 政府间谈判第二次会议（IGC-2）在纽约联合国总部召开，是自联大启动 BBNJ 讨论

---

〔1〕“中国代表团出席 BBNJ 国际协定谈判预备委员会第三次会议”，载 http://www.fmprc.gov.cn/web/wjb_673085/zzjg_673183/tyfls_674667/xwlb_674669/t1452691.shtml，访问日期：2018 年 1 月 28 日。

〔2〕“中国代表团出席海洋生物多样性国际协定谈判政府间大会第一次会议”，载 https://www.mfa.gov.cn/web/wjbxw_673019/t1597082.shtml，访问日期：2019 年 9 月 3 日。

以来的第 35 次会议。公海生物多样性制度的各种选项越来越具体，各国的态度越来越明确。中国代表团希望，BBNJ 国际协定是渐进发展的、公平合理的和普遍参与的新协定。由于各方意见分歧较大，谈判未取得实质性进展。[1]

BBNJ 政府间谈判第 3 次会议在 2019 年 8 月 30 日结束，会议将依据联大第 72/249 和 69/292 号决议制作的谈判文本草案[2]提交联合国 BBNJ 政府间谈判，协商推进制定执行《联合国海洋法公约》的第三个协定。该协定的地理适用范围是国家管辖范围外的公海和国际海底区域，约占全球海洋面积的 70%。该协定被视为《联合国海洋法公约》的第三份执行协定[3]，有望创设一套新的国际海洋法律制度。

BBNJ 政府间谈判第 4 次会议将于 2020 年 3 月召开。

(二) 中国参与谈判的主要立场和对策

在第一次政府间谈判会议上，中国代表提出了四点主张：第一，BBNJ 国际文书谈判应以协商一致为原则，应避免采取投票方式决定有关事项。第二，应以《联合国海洋法公约》为依据，不能偏离《联合国海洋法公约》的原则和精神，不能破坏《联合国海洋法公约》建立的制度框架，不能与现行国际法以及现有的全球、区域和部门的海洋机制相抵触。第三，应以维护共同利益为目标，既要维护各国的共同利益，特别是顾及广大

---

〔1〕 参见黄惠康："国际海洋法前沿值得关注的十大问题"，载《边界与海洋研究》2019 年第 1 期，第 8 页。

〔2〕 "Draft text of an agreement under the United Nations Convention on the Law of the Sea on the conservation and sustainable use of marine biological diversity of areas beyond national jurisdiction", note by President, 25 June 2019 (corr.).

〔3〕《联合国海洋法公约》框架下的第一份执行协定是《1994 年执行协定》，第二份执行协定是《1995 年鱼类种群协定》。截至 2019 年 1 月，1994 年协定有缔约国 150 个，1995 年协定有缔约国 89 个。

发展中国家的利益，也要维护国际社会和全人类的整体利益，致力于实现互利共赢的目标。第四，文书制度设计应以合理平衡为导向，在各方和各种利益之间建立合理平衡，不能厚此薄彼。[1]

BBNJ 谈判已进入实质性阶段，国家管辖外深海遗传资源惠益分享一直属于谈判的焦点问题。中国作为世界上最大的发展中国家，应在国际协定的谈判和制定过程中，既担负起大国应有的国际责任，又切实维护中国自身利益，主动采取措施和对策。

首先，中国坚持惠益分享的国际法依据为人类共同遗产原则。理由参见前文“国际分歧”部分，此处不再赘述。

其次，中国应当加强关于海洋遗传资源的法律和科学研究，加强关于国家管辖外海洋遗传资源多领域、全方位的法律研究，尤其是与海洋遗传资源惠益分享相关的国际条约和文件的研究，例如 CBD、《波恩准则》和《粮农条约》等，加快国内相关立法的进程。同时，也应加强知识产权制度，特别是专利权的研究，对惠益分享中涉及的知识产权问题进行前瞻性研究。对目前 BBNJ 谈判中的焦点问题进行前瞻性的理论研究，拥有充足的法学理论储备，以便在谈判进程中发挥与中国综合实力相称的影响力。

最后，中国应加大对国家管辖外深海遗传资源的科学研究投入，鼓励进行与深海遗传资源有关的生物勘探和技术创新，从科研基金、科研技术以及勘探设备等方面提供支持。同时，加强国内各个科研领域的沟通，进行技术和成果交流，提高深海遗传资源的科研效率。加强与其他国家在海洋遗传资源科学

---

〔1〕 参见黄惠康：“国际海洋法前沿值得关注的十大问题”，载《边界与海洋研究》2019 年第 1 期，第 8 页。

研究方面的合作，以提升对深海遗传资源的科学认识水平，为此类资源具体管理制度的构建提供科学依据。〔1〕

六、结语

深海微生物物种丰富，具有不同于陆生微生物的生长代谢调控机制和化学防御机制，其化学结构具有多样性，是新类型天然产物的最大潜在来源。〔2〕国家管辖外深海底仍是监管的盲区，没有明确的国际文件和法律规范对其进行规定。由于科技的限制，人类尚无法采集到某些资源；而有些资源一旦被破坏便难以恢复，且目前的勘探、开发和利用等各种活动都是以先占先得为基准的。故而，制定新的国际文书来规制国家管辖范围外海洋遗传资源的获取和惠益分享问题势在必行。

对于该获取和惠益分享机制的构建，首先，需要明确国家管辖范围外海洋遗传资源的定义，并考虑涵盖海洋生物代谢生成的海洋天然产物，以适应时代科技发展的需要。其次，力求明确国家管辖范围外海洋遗传资源的法律地位，在有关该类遗传资源的法律地位的讨论上，应始终坚持人类共同遗产原则，并在该原则的基础上构建获取和惠益分享机制。最后，作为发展中的人口大国，BBNJ 谈判及国际协定的制定对于中国而言既是机遇也是挑战。所以，中国应不断加强相关领域的法学研究，建立与中国安全和长远发展相适应的、符合全人类可持续发展的全球海洋战略布局。

---

〔1〕 参见黄瑶、胡长顺："国家管辖范围外区域海洋遗传资源的管理原则及措施"，载《中国国际法学会 2016 年学术年会论文集》，第 354 页。

〔2〕 参见王风平等："深海微生物多样性"，载《生物多样性》2013 年第 4 期，第 451 页。

第二节　国家管辖范围外区域环境影响评价制度

21世纪以来，人类对海洋的开发和利用程度日益增加。各国意识到，海洋及其生态系统是丰富多样的，起着维系生命的作用，因此，在2002年可持续发展问题世界首脑会议上承诺，"维持重要、脆弱的海洋和沿海地区，包括国家管辖范围以外地区的生产力和生物多样性"。联大在第59/24号决议第73段中设立了不限成员名额非正式特设工作组，以便研究在国家管辖范围以外地区养护和可持续利用海洋生物多样性涉及的问题。[1]

对于正在不断恶化的海洋环境，环境影响评价制度（environmental impact assessment，EIA）可以起到预防人类活动造成不利影响、保护海洋环境的作用。因此，国家管辖范围以外区域（areas beyond national jurisdiction，ABNJ）的环境影响评价制度成了国家管辖范围外区域海洋生物多样性（Marine Biological Diversity of Areas Beyond National Jurisdiction，BBNJ）谈判中的重要问题之一。

2017年7月，联大根据《联合国海洋法公约》的规定就国家管辖范围以外区域海洋生物多样性的养护和可持续利用问题拟定一份具有法律约束力的国际文书的第69/292号决议所设的筹备委员会召开了第4次会议，在2017年7月21日的第47次会议上，筹备委员会以协商一致的方式通过了BBNJ的最终建议性文件。文件明确了BBNJ相关活动原则上必须进行环境影响评价，规定了环境影响评价程序等具体内容，但仍未解决国家管

〔1〕参见联合国第66届大会秘书长：《关于海洋和海洋法的报告》，议程项目77（a），A/66/70，2011，第4页。

辖范围外区域环境影响评价制度（EIA in ABNJ）是应由国家开展还是应该“国际化”等问题，各方在 EIA in ABNJ 主体问题上也存在较大争议。

一、BBNJ 国际文书草案中关于 EIA in ABNJ 的要素

根据《联合国海洋法公约》第 206 条和习惯国际法，案文将规定各国有义务评估在其管辖或控制下计划开展的活动对国家管辖范围外区域的潜在影响。

（一）进行环境影响评价的义务

关于《联合国海洋法公约》下国家管辖范围外区域海洋生物多样性的养护和可持续利用的具有法律约束力的国际文书草案要素的精简说明第 153~156 段简单地介绍了进行环境评价的义务。进行环境评价的义务取决于国家对活动的管辖和控制，以许可或资助的方式对某一特定活动实行有效控制，而不是简单地通过船旗国控制活动。环境影响评价可以由第三方（例如研究机构或私营公司）在国家的指导和控制下进行。[1]

（二）指导原则和方针

环境影响评价有助于对国家管辖范围外区域海洋可持续利用生物多样性的保护。应当包括以下指导原则和方针：预防性原则、生态系统方法、国际合作、综合办法、利用现有最佳科学方法、透明度、包容性、咨询、公平、效果、代内和代际公

〔1〕 See Chair's streamlined non-paper on elements of a draft text of an international legally-binding instrument under the United Nations Convention on the Law of the Sea on the conservation and sustainable use of marine biological diversity of areas beyond national jurisdiction. （10-21 July 2017）, p. 29. http://www.un.org/depts/los/biodiversity/prepcom_files/Chairs_streamlined_non-paper_to_delegations.pdf, Vistited on 10 September 2019.

平、保护和保全海洋环境的责任、污染者付费原则、管理工作以及零净损失原则。[1]

（三）需要进行环境影响评价的活动

被要求进行环评的活动包括所有在国家管辖范围外区域提出的活动和在特定情况下进行环评，可能的阈值水平为：①根据《联合国海洋法公约》第206条（“合理理由相信拟议中的活动可能导致显著的有害变化的环境”）；②比《联合国海洋法公约》更严格的要求，包括“有害”的变化；③“轻微或短暂的影响”作为一个初步的阈值要求初步评价，确定是否为显著影响，再由正式的环评报告作出结论；④不仅仅是“次要的或暂时的效果”。

脆弱性区域（EBSAs、VMEs、PSSAs、MPAs）由特定阈值决定：①开发活动要求环评的指示清单（cf. Espoo Convention, Appendix Ⅲ），清单无法律约束力；②制定一个免除环境评价的清单，清单可指导环评责任制度的发展，缔约方会议可以审查或者更新清单，以反映新出现的用途和科学技术的发展情况。

如果国家管辖范围外地区的活动已被现有义务和协定所涵盖：①这种情形下不是必须进行环评；②但并不是说，这些活动都不必进行环评，在ABMTs应用领域或脆弱性区域，则需要进行环评。

是否会与全球进程相关（例如海洋酸化、全球变暖），这取决于许多因素，当前由有关主管国际机构开展调节。考虑累计

[1] See Chair's streamlined non-paper on elements of a draft text of an international legally-binding instrument under the United Nations Convention on the Law of the Sea on the conservation and sustainable use of marine biological diversity of areas beyond national jurisdiction. (10-21 July 2017), p. 29 ~ 30. http://www.un.org/depts/los/biodiversity/prepcom_files/Chairs_streamlined_non-paper_to_delegations.pdf, accessed on 10 September 2019.

影响，包括气候变化，导致海洋酸化、脱氧等；尽可能地切实评估累计影响。[1]

（四）环境影响评价程序

一般程序步骤包括：筛查、确定范围、采用现有的最优科学资料，包括传统知识，对影响进行预测和评价、公告和协商、发布报告和向公众提供报告、审议报告、发布决策文件、获取资料、检测和审查。各国须按照《联合国海洋法公约》第 204 条对正在开展的活动的环评结果进行监管。

二、关于 EIA in ABNJ 决策主体问题的争论

出于各成员国自身国情与经济实力等相关利益的考虑，各代表团对于 EIA in ABNJ 开展和实施的主张各不相同。关于决策主体，主要存在“国际化”和国家两种主张。

（一）建立独立国际环境评估机构

欧盟及其成员国表示，目前没有国际统一的环境影响评价程序来实施《联合国海洋法公约》的相关义务（第 204、205、206 条），所以，对国家管辖范围外地区相关活动的潜在影响，特别是与活动累积效应相关的潜在影响目前难以评估。在欧盟及其成员国环境影响评价的书面意见中，主张开展国家管辖范围外区域的活动，需要在区域层面的国家间合作，即在现有的区域性制度下，或者建立全球性机构，有利于实施协定，改善

[1] Chair's streamlined non-paper on elements of a draft text of an international legally-binding instrument under the United Nations Convention on the Law of the Sea on the conservation and sustainable use of marine biological diversity of areas beyond national jurisdiction. (10-21 July 2017), p. 30. http://www.un.org/depts/los/biodiversity/prepcom_files/Chairs_streamlined_non-paper_to_delegations.pdf.

国家间合作。[1]

笔者认为，建立独立的国际环境评估机构并不有利于开展 EIA in ABNJ。首先，其成员国众多，对于环境影响评价的标准和程序等问题很难完全达成一致，导致全球化环评机构的建立进程缓慢。而当前，人类活动不断影响着海洋环境，海洋生物及生态环境压力巨大，实施有效的环评制度迫在眉睫。因此，建立独立的国际环境评估机构不利于 BBNJ 的养护和可持续发展。其次，发展中国家与发达国家在经济实力与科技实力方面差距很大，若仅依靠全球化环评机构对各国在 EIA in ABNJ 中的义务、程序等进行统一管理，可能会导致环评机制僵化。作为中央机构本身管理有效性有限，无法很好地监督各国遵守和执行，也无法采取约束性行为。[2]

（二）国家在 EIA in ABNJ 中应处主体地位

中国在提交的根据《联合国海洋法公约》的规定就国家管辖范围外区域海洋生物多样性的养护和可持续利用的具有国际法律约束力的文书草案内容的书面材料中表明：根据《联合国海洋法公约》第 206 条的规定，中国政府认为，环境影响评价机制主体应该是国家，由国家规划进行海洋活动。环境影响评价的对象应当是国家管辖或控制下的计划的“活动”，对其进行战略性的环境影响评价是不适当的。启动环境影响评价的门槛

〔1〕 Written Submission of the EU and its Member States. Environmental Impact Assessments, 15 February 2017, p. 4. http://www.un.org/depts./los/biodiversity/prepcom_files/rolling_comp/EU_Written_Submission_on_Environmental_Assessments.pdf, accessed on 22 July 2018.

〔2〕 Julien Rochette and Raphaël Billé, "Governance of Marine Biodiversity Beyond National Jurisdictions: Issues and Perspectives", *Ocean and Coastal Management*, 2008, 51 (12), 3.

是“有理由相信，这种活动”可能造成重大污染或重大有害。[1]

笔者认为，相对于国际化环评机构的效力低下，由国家来掌握和开展国家管辖范围外区域环境影响评价更加便于操作。主权国家是最核心、最有力的治理者和推动者，而政府间国际组织、全球公民社会组织往往存在权威性不足和能力不足的弊病。从现有可供参考的国家管辖范围外海域环评制度来看，主权国家是 BBNJ 环评制度最核心的治理主体。[2]各国已有国内环境评价制度，有各国自己的标准、程序以及体系，通过加强国内立法来开展 EIA in ABNJ 也较容易达成，并且具有更好的执行力和后续规范措施，也有利于更好地保护各国的国家利益。国家利益是各项国际协定必须逾越的门槛，否则，国家反对，或者不参与，会导致国际协定执行困难。

三、涉及 EIA in ABNJ 的主要国际性法律文书

涉及 EIA in ABNJ 的国际性法律文书主要有《联合国海洋法公约》《联合国环境规划署（UNEP）环境影响评价目标和原则》《生物多样性公约》《跨界领域的环境影响评价公约》和《南极条约》体系等。

---

〔1〕 Written Submission of the Chinese Government on Elements of a Draft Text of an International Legally Binding Instrument under the United Nations Convention on the Law of the Sea on the Conservation and Sustainable Use of Marine Biological Diversity of Areas Beyond National Jurisdiction. (March 7, 2017) Supplement to the Chair's non-paper on elements of a draft text of an international legally-binding instrument under the United Nations Convention on the Law of the Sea on the Conservation and Sustainable Use of Marine Biological Diversity of Areas Beyond National Jurisdiction, p. 7. http://www.un.org/depts/los/biodiversity/prepcom_ files/Supplenment. pdf, accessed on 22 July 2018.

〔2〕 参见刘惠荣、胡小明：“主权要素在 BBNJ 环境影响评价制度形成中的作用”，载《太平洋学报》2017 年第 10 期，第 3 页。

（一）《联合国海洋法公约》

1982 年《联合国海洋法公约》的第 204、205、206 条是在海洋活动中进行环境影响评价的总体框架，EIA in ABNJ 也在其规定下开展。

第 204 条规定了对污染危险或影响的检测："①各国应在符合其他国家权利的情形下，在实际可行范围内，尽可能直接或通过各主管国际组织，用公认的科学方法观察、测算、估计和分析海洋环境污染的危险或影响。②各国特别应不断监视其所准许或从事的任何活动的影响，以便确定这些活动是否可能污染海洋环境。"

第 205 条规定了报告的发表："各国应发表依据第 204 条所取得的结果的报告，或每隔相当期间向主管国际组织提出这种报告，各该组织应将上述报告提供所有国家。"

第 206 条规定了对各种活动的可能影响的评价："各国如有合理根据认为在其管辖或控制下的计划中的活动可能对海洋环境造成重大污染或者重大和有害的变化，应在实际可行范围内就这种活动对海洋环境的可能影响作出评价，并应依照第 205 条规定的方式提送这些评价结果的报告。"

（二）《联合国环境规划署（UNEP）环境影响评价目标和原则》

1987《联合国环境规划署（UNEP）环境影响评价目标和原则》进一步指出，环境影响评价的目标和原则在国家、区域和国际水平上可以进一步细化。

根据该文件的第一项原则，在拟议中的活动的范围、性质或地点可能是严重影响环境的，应进行环境影响评价。

第二项原则规定了用于确定某一活动对环境有重大影响需要进行环境影响评价的标准和程序，应该通过法律、法规或其他方式清楚地定义。这样，主体活动就能够被快速而又准确地识别，同时，环境影响评价也能够适用于这一规划中的主体活动。

第三项原则规定，在进行环境影响评价时，相关重大的环境问题应该被识别和研究。在尽可能的情形下，在环境影响评价的早期阶段应尽最大的努力识别这些问题。

第四项原则提供了环境影响评价的最低组成部分的详细清单。

第十一项原则指出，在互惠的基础上，国家应努力缔结双边、区域和多边协议，就其管辖或控制范围内对其他国家或国家管辖范围外区域产生重大影响的活动的潜在环境影响进行通知、信息交流和磋商。〔1〕

(三)《生物多样性公约》

《生物多样性公约》是一项保护地球生物资源的公约，具有法律约束力。

其第 4 条规定了管辖范围："(a)生物多样性组成部分位于该国管辖范围的地区内;(b)在该国管辖或控制下开展的过程和活动，不论其影响发生在何处，此种过程和活动可位于该国管辖区内也可在国家管辖范围外。"

第 5 条规定了加强缔约方之间的合作。

第 14 条规定了影响评价和尽量减少不利影响："(a)采取适当程序，要求就其可能对生物多样性产生严重不利影响的拟议项目进行环境影响评价，以期避免或尽量减轻这种影响，并酌情允许公众参加此种程序;(b)采取适当安排，以确保其可能对生物多样性产生严重不利影响的方案和政策的环境后果得到适

〔1〕 United Nations Environmental Programme goals and principles of environmental impact assessment, 1987.

当考虑;(c)在互惠基础上，就其管辖或控制范围内对其他国家或管辖范围以外区域生物多样性可能产生严重不利影响的活动酌情订立双边、区域或多边安排，促进通报、信息交流和磋商;(d)如遇其管辖或控制下起源的危险即将或严重危及或损害其他国家管辖的地区内或国家管辖地区范围以外区域的生物多样性的情况，应立即将此种危险或损害通知可能受影响的国家，并采取行动预防或尽量减轻这种危险或损害;(e)促进做出国家紧急应变安排，以处理大自然或其他原因引起即将严重危及生物多样性的活动或事件，鼓励旨在补充这种国家间的国际合作，并酌情在有关国家或区域经济一体化组织同意的情况下制订联合应急计划。"〔1〕

除上述几个国际性文书外，国际法院在一个 1996 年的咨询意见中指出："国家对其管辖范围内的环境存在一般义务，涉及其他国家或超出国家管辖范围外的区域现在也是与环境有关的国际法文件的一部分。"〔2〕该意见确定，对于在越境活动时可能造成重大不利影响的活动需要进行环境影响评价。

此外，还有几项特定区域性的公约涉及 EIA in ABNJ，例如《跨界领域的环境影响评价公约》《南极条约》体系和《北极环境影响评价准则》等。

(四)《跨界领域的环境影响评价公约》

《跨界领域的环境影响评价公约》（又称《埃斯波公约》）适用于可能造成重大不利影响的跨界活动。在该公约中，"跨界影响"被定义为"在某一缔约方管辖范围内由拟议活动造成的任何影响，而非全球性的任何影响，其实质来源完全或部分在

〔1〕《生物多样性公约》第 4、5、14 条。

〔2〕 Legality of the Threats or Use of Nuclear Weapons, Advisory Opinion, I. C. J. Reports 1996（Ⅰ）, 242.

另一方管辖的区域内”。[1]

《埃斯波公约》规定了措施和程序，以防止、控制或者减少可能由提议的经济活动或附件Ⅰ所列的现有经济活动的任何重大改变可能对环境造成的任何重大负面影响。[2]“缔约方必须建立环境影响评价（EIA）程序，包括公众参与和准备附件Ⅱ所规定的环境影响评价文件。在决定批准或实施附件Ⅰ所列的提议活动之前，必须完成环境影响评价。缔约方还应尽力确保环境影响评价原则应用于政策、计划和规划之中。任何国家对于在其管辖范围内的提议活动，必须尽早在不迟于通告本国公众之时，相应地通知任何其他可能受影响的国家，该起源国必须向受影响的国家提供有关提议的活动及其可能产生跨界影响的环境影响评价文件，以征求意见。”

《埃斯波公约》还规定，为确保公众（包括受影响国家的公众）有机会评论或反对所提议的活动，必须做出相关安排。在有关国家之间可以就提议活动的可能替代方案（包括不采取行动的替代方案和可能减轻不利影响的措施）进行协商。受影响的国家将被告知有关所提议活动的最终决定，及其所依据的原因和考虑。为了监督是否遵循批准活动时所确立的条件和监测减缓措施的效果，可进行项目后分析。

（五）《南极条约》体系

《南极条约》体系（The Antarctic Treaty System）是指在《南极条约》的基础上逐渐形成的一套比较完整的旨在确保南极

---

〔1〕 See Alex G. Oude Elferink, “Environment Impact Assessments In Areas Beyond National Jurisdiction”, *The International Journal of Marine and Coastal Law*, 2012, 27 (2), pp. 449~480.

〔2〕 附件Ⅰ包括17类活动，如核电站和热电站、公路和铁路建设、化工设备、废物处理设施、炼油厂、油气输送管道、采矿、钢铁生产、制浆和造纸以及堤坝和水库建设。

的和平利用以及保护南极的环境和生态系统的政治和法律的条约体系。[1]

其中，《南极条约环境保护协议》第3条2款规定了对在南极条约区域内的活动应进行环境影响评价："（a）南极条约区域内的任何活动需要进行规划实施，以限制这些活动对南极环境及其依赖或相关联的生态系统的不利影响；（b）南极条约区域内的任何活动需要进行规划实施，从而避免产生以下不利的影响；（c）南极条约区域内的任何活动应在相关先行研究的指导下进行规划实施，先行研究应就活动对南极环境及其依赖或相关联的生态系统的影响，以及对南极科学研究价值的影响做出充分的论证和评估。"

该协议还将活动的影响程度划分为几乎没有影响、轻微的或是短暂的影响和超过轻微的或是短暂的影响三个不同程度的等级。[2]附件Ⅰ将环境影响评价分为初始阶段、初步环境评价阶段和全面环境评价三个阶段。[3]该协议的第6条规定，每一个缔约国都应尽力向其他缔约国在准备环境影响评价方面提供适当的帮助。[4]

四、EIA in ABNJ现有法律框架的不足

当前的国际性法律文书虽然确定了对在国家管辖范围外区域开展的活动必须进行环境影响评价，但是，对于国家权利和义务、进行环境影响评价的标准等规定仍存在许多缺陷，在遵

---

〔1〕 参见邹克渊："南极条约体系及其未来"，载《中外法学》1990年第1期，第41~42页。

〔2〕 Article 8（1）of the Protocol on Environmental Protection to the Antarctic Treaty.

〔3〕 Article1 of Annex Ⅰ to the Protocol on Environmental Protection to the Antarctic Treaty.

〔4〕 Article 6（1）of the Protocol on Environmental Protection to the Antarctic Treaty.

守和执行方面也存在不足。

（一）缺乏一个全球性的、详细的法律约束机制

首先，《联合国海洋法公约》仅描述了一般条款和进行环境影响评价的一般义务。而对于“空间污染或海洋环境的重大变化和有害环境”以及“合理根据”等都没有详细定义和规定。《生物多样性公约》中 EIA in ABNJ 的内容仅是对《联合国海洋法公约》的补充，而《跨界领域的环境影响评价公约》《南极条约》《北极环境影响评价准则》等区域性法律文书仅适用于特定的区域，无法强制要求各缔约方在国家管辖范围外区域进行环境影响评价。

（二）未体现发达国家与发展中国家的差距

无论是《联合国海洋法公约》等国际性法律文书还是《埃斯波公约》等区域性的法律文书，都强调在国家管辖范围外区域开展环境影响评价或跨界活动开展环境影响评价要依靠国家间合作和国际交流。EIA in ABNJ 的开展在很大程度上必须依靠深度国际合作，但发展中国家与发达国家在经济实力、科技能力及环境影响评价方面的发展都存在一定差距。

现有的 EIA in ABNJ 的法律框架中对于进行环境影响评价的标准和程序等的规定过于笼统。

发展中国家的环境影响评价标准往往低于发达国家，对于一个相同的活动，发展中国家与发达国家在环境影响评价的程序、内容、对影响的结论上也往往存在差异。若采用相同的标准，发达国家可能以环境影响评价的标准为由，阻碍发展中国家的项目开发和经济发展。

（三）缺乏执行力和监督机制

当前的国际性法律文书缺乏执行力。例如《联合国环境规划署（UNEP）环境影响评价目标和原则》，该文书没有法律效

力，无法确保文件中的目标和原则可以得到各国的实施，特别是在国家管辖范围以外区域的活动。

另外，《联合国海洋法公约》第204条规定，“各国应在符合其他国家权利的情形下，在实际可行范围内，尽可能”做出环境影响评价报告，这种“尽可能”的用语实际上给不想执行EIA in ABNJ的国家提供了一个很好的拒绝理由。

虽然1994年《关于执行1982年12月10日〈联合国海洋法公约〉第十一部分的协定》（以下简称《1994年协定》）（第一部分第7款）明确将环境影响评价作为承包方的义务，但《1994年协定》在实践中的执行效果与预期有差距。因为担保国可以通过对《1994年协定》的不同解释和制定相关国内法摆脱与承包方的连带责任。[1]

《生物多样性公约》要求各国在BBNJ保护的问题上加强合作，但是没有制定具体的合作机制，各国很难有效履行、落实这一规定，并监督执行。

五、完善EIA in ABNJ的建议

可以考虑从五个方面完善国家管辖范围外区域环境影响评价制度。

（一）加快全球协议的谈判进程

应该推进具有法律约束力的国际文书的制订。鉴于目前关于《联合国海洋法公约》下国家管辖范围以外区域海洋生物多样性的养护和可持续利用的具有法律约束力的国际文书的筹备状况，BBNJ的环境影响评价制度存在许多原则性的分歧，这些

---

〔1〕 参见任秋娟：“国家管辖范围外区域生物采探环境影响评估”，载《山东理工大学学报（社会科学版）》2017年第4期，第45页。

分歧反映了各国不同的政治利益和矛盾。国际组织在法律文书的制订过程中应注重平衡各方利益，增进对各国对立冲突的调和，而不是回避争议的热点问题。全球性问题日益突出，需要提升共同治理的能力，国际社会应同舟共济，协同处理威胁人类生存的国际问题。[1]环境影响评价问题作为 BBNJ 的核心问题之一，须通过各国的共同努力，加快推进具有法律约束力的国际文书的制订与谈判。

（二）区分发达国家和发展中国家的义务

现有的 EIA in ABNJ 的法律框架对于进行环境影响评价的标准和程序等的规定过于笼统。在 BBNJ 的养护和可持续利用的具有法律约束力法律文件的制订中，对于环境影响评价应当对发达国家和发展中国家的义务进行区分，对于需要进行环境影响评价的项目和活动，应尊重和照顾发展中国家的利益，灵活地确定进行环评的标准。科技和经济实力与环境影响评价制度成熟的发达国家可承担比发展中国家相对较严格的标准和义务，这样可以防止强国对弱国的发展进行阻碍。如此体现了实质上的公平，在发展中国家的利益得到更好的维护的同时，就可以激发各国参与和推进 EIA in ABNJ 的积极性，促进相关协定的执行和实施。

（三）加强国家对 EIA in ABNJ 的主导

全球利益、价值和伦理目前仍处于生长发育的阶段，国家仍然是人类赖以生存和发展的首要政治、经济和文化空间。[2]从现有可供参考的国家管辖范围外海域环评制度看，环评启动

〔1〕 参见李海龙：“中国外交新思路：对‘命运共同体’理念的分析”，载《燕山大学学报（哲学社会科学版）》2014 年第 4 期，第 27 页。

〔2〕 参见陈志敏：“全球主义、国家路径和中国特色大国外交”，载《国际政治研究》2015 年第 4 期，第 110 页。

决定权、环评执行权、拟议活动能否继续展开的决策权等大多由主权国家掌握，“主权国家主导”是现有制度的重要特征。而美国、欧盟和77国集团在其提交的BBNJ协定草案建议中均指出，应参考现行有效的国家管辖范围外海洋环评制度，为BBNJ环评制度提供借鉴，预示着BBNJ协定中环评制度“主权国家主导”的发展趋势。[1]同时，各主权国家通过国内立法等方式，可以增强约束力，通过国内执法机构有效执行EIA in ABNJ。

（四）建立EIA in ABNJ的监督机制

建立全球化的监督机构。当前EIA in ABNJ并没有专门的监督管理机构，因而无法有效地监督和确保条约的遵守与执行。笔者认为，应通过建立一个全球化的针对EIA in ABNJ的监督机构，各国环境影响评价的开展执行等状态的信息应对该机构进行报告，促进各缔约国之间的信息交流和互相监督，发达国家也可以通过该机构对发展中国家进行资金和技术上的支持和帮助。

（五）实施国家责任制度

国家责任制度是对违反国际条约的国家采取的一种惩罚性的措施。2001年《预防危险活动的跨界损害条款草案》明确规定，一国实施国际法不加禁止的行为，若该行为有可能造成跨界环境损害时，国家负有预防义务；如果违反这一国际义务，将引起国家责任。国际社会必须通过法律，规制国家对国家管辖范围外区域活动不实施环评的行为，确定国家应履行的义务和责任。[2]

---

〔1〕参见刘惠荣、胡小明：“主权要素在BBNJ环境影响评价制度形成中的作用”，载《太平洋学报》2017年第10期，第4页。

〔2〕See “Prevention of Transboundary Harm from Hazardous Activities” 2001. Article 3 Prevention: The state of origin shall take all appropriate measures to prevent significant transboundary harm or at any event to minimize the risk thereof.

在国家管辖范围外区域的环评中确立国家责任制度，是对各国是否执行 EIA in ABNJ 的良好监督，国家因未进行环评而造成重大环境不利影响的责任，不能因主权国家而免除，而是要确立“继续履行”“停止和不重复”和“赔偿”等责任承担形式。

六、结语

国家管辖范围外区域的环境影响评价涉及不同国家的不同利益，因此，解决 EIA in ABNJ 问题将是一个漫长的过程。世界各国应共同努力，推动保护国家管辖范围外区域的生物多样性。当前，全球各国相关联的程度愈来愈深，此类全球性问题需要世界各国加强交流、加强合作。中国应一如既往，积极参与 BBNJ 问题的谈判和国际合作，在坚定不移地维护国家利益的同时，推动实现 BBNJ 的养护和可持续利用。

第三节　国际海底资源开发制度及其争端解决

2019 年 7 月 15 日，在牙买加首都金斯敦举行的国际海底管理局第 25 届会议上，北京先驱高技术开发公司提交的多金属结核勘探工作计划获得批准。〔1〕这是中国在国际海底区域获得国际海底管理局批准的第五块专属勘探区。〔2〕此次获批勘探区是目前离中国港口最近的勘探区，位于西太平洋国际海底区域，面积约 7.4 万平方公里。

---

〔1〕 参见王立彬：“我国在国际海底区域再获专属勘探区”，载新华网：http://www.xinhuanet.com/politics/2019-07/16/c_1124761504.htm，访问日期：2019 年 7 月 28 日。

〔2〕 中国在国际海底区域的调查和研究工作始于 20 世纪 70 年代，此后陆续获得两块多金属结核勘探合同区、一块富钴结壳勘探合同区和一块多金属硫化物勘探合同区。

在此之前，遵照中华人民共和国颁布实施的《中华人民共和国深海海底区域资源勘探开发法》，自然资源部许可了北京先驱公司的勘探工作申请，并出具了国家担保。这是该法颁布实施的一次重要实践。

一、区域及其资源的法律地位

《联合国海洋法公约》明确规定了国际海底资源的相关概念。

“区域”（Area）是指国家管辖范围以外的海床和洋底及其底土。[1]

“管理局”（Authority）是指国际海底管理局。[2]

“区域内活动”是指勘探和开发区域的资源的一切活动。[3]

“资源”是指区域内在海床及其下原来位置的一切固体、液体或气体矿物资源。[4]此外，还应该包括其他可以被人类利用的物质、能量和空间。

“区域”及其资源是人类的共同继承财产。[5]这意味着：第一，任何国家都不应对“区域”的任何部分或其资源主张或行使主权或主权权利，任何国家、自然人或法人都不应将“区

〔1〕《联合国海洋法公约》第1条第1款第1项：“Area” means the sea-bed and ocean floor and subsoil thereof, beyond the limits of national jurisdiction.

〔2〕《联合国海洋法公约》第1条第1款第2项：“Authority” means the International Sea-Bed Authority.

〔3〕《联合国海洋法公约》第1条第1款第3项：“activities in the Area” means all activities of exploration for, and exploitation of, the resources of the Area.

〔4〕《联合国海洋法公约》第133条（a）项。

〔5〕《联合国海洋法公约》第136条：The Area and its resources are the common heritage of mankind.

域”或其资源的任何部分据为己有。任何这种主权和主权权利的主张或行使，或这种据为己有的行为，均不予承认。第二，“区域”内资源的一切权利均属于全人类，由管理局代表全人类行使。这种资源不得让渡。但从“区域”内回收的矿物只可按照有关规定和管理局的规则、规章和程序予以让渡。第三，任何国家、自然人或法人都不应对“区域”矿物主张、取得或行使权利。否则，对于任何这种权利的主张、取得或行使均不予承认。〔1〕

二、国际海底资源开发制度演进

在1958年召开的第一次海洋法会议上，关于如何开发国际海底资源问题，美国推崇以技术为标准的自由竞争方式。当时美国的资源开发技术在全球领先，试图通过技术条件优势将更多国际深海资源纳入开发利用范围，从而获得更多的资源收益。与美国以技术作为标准开发海底资源的论调相对，发展中国家认为，该资源应当由人类共同开发。

20世纪60年代以来，随着海洋科学技术的发展，使得深海采矿成为可能。为了避免各国无序争夺，规范深海海底资源开发活动，使海底资源在为全人类共享的同时，确保资源的可持续性，需要尽快建立一套国际海底资源开发的国际法律制度。

之后，美国承认，国家管辖范围外的海底资源是属于全人类的共同财富。1970年5月，美国接受了折中方案中关于200米等深线大陆架主权界限和建立托管区域的海底建议，〔2〕作为美国主张和立场的部分内容。这一方案在一定程度上兼顾了各

---

〔1〕《联合国海洋法公约》第137条。

〔2〕参见王金强：“国际海底资源分配制度演变与美国海底政策的转向”，载《美国研究》2012年第3期，第66页。

国的利益，给予沿海国以地理优势的优先分配利益；将200米等深线到大陆架边缘深海资源开发置于托管人（沿海国）管理下，再向外延伸的区域则是属于人类共同继承的范围。但是，美国的这项提议看似照顾到了发展中国家的关切所在，实则侵犯了内陆国和技术条件落后国家的利益，是自由竞争理念的延续。

在1971年8月召开的海洋法筹备委员会会议上，智利、哥伦比亚、厄瓜多尔等13个拉美发展中国家提交了一份联合提案，主张将与海底资源开发相关的所有权力赋予国际制度和国际机构，例如国际海底管理局。如果海底管理局认为开发活动对发展中国家或原料输出国产生了不利影响，它有权采取一切必要措施，控制、减少甚至停止海底资源的勘探和开发。该提案建议成立一个企业部，这个机构将在管理局的授权下，进行海底区域勘探和开发的技术与商业活动。

1976年，美国强烈反对发展中国家倡导的由国际海底管理局全权管理海底资源分配的单一开发制，提出以“平行开发制”取而代之，主张由缔约国与采矿公司和管理局在地位平等的基础上共同开发。〔1〕

1982年，第三次联合国海洋法会议通过的《联合国海洋法公约》确立了一系列海洋法的专门用语。其中的“区域”内蕴含着丰富的自然资源，是各国竞相争夺的对象。“区域”法律制度的发展从最初的无主物原则、共有物原则到公海自由原则，最终确立了人类共同继承原则，为国际海底区域“平行开发”

〔1〕 See Laursen Finn, *Superpower at Sea: U.S. Ocean Policy*, Praeger, New York, 1983, pp. 100~101.

的国际海底资源开发体制的形成提供了前提与可能。[1]

针对开发国际海底资源的主体、程序、收益分配等问题，各国提出了多种建议。

第一种是发展中国家提出的单一开发制，主张建立国际海底管理局，一个能真正控制和从事海底资源开发的实权机构，来实现共同开发、共担风险、共享收益的目标。单一开发制从本质上符合人类共同遗产原则的实质和要求。发展中国家希望借助此种制度达到阻止发达国家霸占资源的目的，从而实现和平开发，利用海底资源来为全人类谋福祉。这种制度遭到了发达国家的反对。

第二种是国际注册制。拥有开发国际海底资源技术和资金的发达国家主张，各个国家在承认人类共同遗产原则的基础上，均有权自行勘探和开发国际海底资源。即各国只要把该国公、私营企业已经开发或预定开发的开发活动通知国际海底机构，在该机构登记注册，在不需要取得其授权或同意的前提下，便能开发国际海底的资源。这种主张极大地削弱了管理局的权力，其所承认的人类共同遗产原则也只是表面承认，实质上是另一类单一开发制。这遭到了发展中国家的反对。

第三种是国际执照制。该制度由发达国家提出。这种制度对管理局许以利益，主张申请者需要向管理局缴纳一定的申请以及生产费用，并且，在满足管理局所制定的一系列规章制度后，才能获得开发的权利。但是，这种制度实质上是国际注册制的翻版，都是在最大限度地削弱海底管理局的权限，以实现无约束的自由开发，违背了人类共同遗产原则。

第四种是平行开发制。由于发展中国家与发达国家之间在

[1] 参见金永明："国际海底资源开发制度研究"，载《社会科学》2006年第3期，第112页。

国际海底资源开发体制上存在严重分歧，为了打破僵局，双方各自作出了让步，提出了平行开发制，即“区域”资源的勘探开发由国际海底管理局的企业部进行或者由缔约国、国有企业、具有缔约国国籍或由这类国家或其国民有效控制的自然人或法人与管理局以协作方式进行，管理局享有对后者的直接控制权，且对申请者的进入具有审批权。[1]

同时，美国提出了各国接受平行开发制的条件或建议。第一，以自主、转让技术及培训人员为前提。即以美国将通过提供资金担保、转让开发技术、培训技术人员等方式，确保发展中国家能享有收益，美国将国内先进企业的技术转让给国际海底管理局以实现平行开发。第二，实施严格的审查制度的建议。即每隔 25 年，由国际海底机构举行会议，审查国际海底资源的平行开发制是否应改变或者继续。对此，发展中国家认为，上述政策与措施有利于国际海底机构尽快独立地实施国际海底资源开发制度，因而作了妥协，转而有条件地支持国家和企业进入开发领域。因此，协商结果是，将平行开发制规定于《联合国海洋法公约》第 153 条第 2 款。

平行开发制实际上是发展中国家和发达国家双方最易于接受的制度和安排，既限制了公海自由原则的泛滥，又保护了发展中国家的利益，避免了完全控制勘探开发的国际海底管理局的出现，满足了发达国家优先进行海底资源开发的要求。

三、区域内活动的争端解决

为了解决区域内活动的争端，《联合国海洋法公约》设立了

---

〔1〕 参见高健军：“国际海底区域内活动的担保国的赔偿责任”，载《国际安全研究》2013 年第 5 期，第 37 页。

国际海洋法法庭海底争端分庭，其设立及其行使管辖权的方式均应按照《联合国海洋法公约》第十一部分、第十五部分和附件六的规定。[1]

海底争端分庭对以下各类有关“区域”内活动的争端应有管辖权：

(a) 缔约国之间关于本部分及其有关附件的解释或适用的争端。

(b) 缔约国与管理局之间关于下列事项的争端：

(i) 管理局或缔约国的行为或不行为据指控违反本部分或其有关附件或按其制定的规则、规章或程序；或

(ii) 管理局的行为据指控逾越其管辖权或滥用权力。

(c) 第153条第2款 (b) 项内所指的，作为合同当事各方的缔约国、管理局或企业部、国有企业以及自然人或法人之间关于下列事项的争端：

(i) 对有关合同或工作计划的解释或适用；或

(ii) 合同当事一方在“区域”内活动方面针对另一方或直接影响其合法利益的行为或不行为。

(d) 管理局同按照第153条第2款 (b) 项由国家担保且已妥为履行附件Ⅲ第4条第6款和第13条第2款所指条件的未来承包者之间关于订立合同的拒绝，或谈判合同时发生的法律问题的争端。

(e) 管理局同缔约国、国有企业或按照第153条第2款 (b) 项由缔约国担保的自然人或法人之间关于指控管理局应依附件Ⅲ第22条的规定负担赔偿责任的争端。

(f) 本公约具体规定由分庭管辖的任何争端。[2]

---

[1] 《联合国海洋法公约》第186条。

[2] 《联合国海洋法公约》第187条。

《联合国海洋法公约》第188条就争端提交国际海洋法法庭特别分庭或海底争端分庭专案分庭或提交有拘束力的商业仲裁进行了规定。

海底争端分庭对管理局按照规定行使斟酌决定权应无管辖权；在任何情形下，均不应以其斟酌决定权代替管理局的斟酌决定权。在不妨害第191条的情形下，海底争端分庭依据第187条行使其管辖权时，不应对管理局的任何规则、规章和程序是否符合本公约的问题发表意见，也不应宣布任何此种规则、规章和程序为无效。分庭在这方面的管辖权应限于就管理局的任何规则、规章和程序适用于个别案件将同争端各方的合同上义务或其在本公约下的义务相抵触的主张，就逾越管辖权或滥用权力的主张，以及就一方未履行其合同上义务或其在本公约下的义务而应给予有关另一方损害赔偿或其他补救的要求，作出决定。〔1〕

海底争端分庭经大会或理事会请求，应对它们活动范围内发生的法律问题提出咨询意见。这种咨询意见应作为紧急事项提出。〔2〕

国际海底管理局作为“区域”开发活动的管理机关，代表全人类对“区域”内的活动进行组织和控制。“担保国责任与义务咨询意见案”即国家对所担保的自然人和企业在“区域”内活动的责任与义务咨询意见案，是国际海底管理局理事会根据瑙鲁向管理局提交的《就担保国的责任和赔偿责任问题提请国际海洋法法庭海底争端分庭提供咨询意见的提议》向国际海洋法法庭海底争端分庭提起的。〔3〕这是国际海洋法法庭第17号

〔1〕《联合国海洋法公约》第189条。

〔2〕《联合国海洋法公约》第191条。

〔3〕参见余民才：“担保国责任与义务咨询意见评述”，载《重庆理工大学学报（社会科学）》2012年第1期，第53页。

案，是海底争端分庭发表咨询意见的第一案。自 2010 年 5 月接受国际海底管理局理事会关于发表咨询意见的请求，到 2011 年 2 月 1 日正式发表关于国家担保个人和实体在“区域”内活动的责任和义务的咨询意见，分庭对第 17 号案的审理历时 8 个月。国际海洋法法庭作为最重要的国际司法机构之一，对《联合国海洋法公约》有关条款的权威解读，虽然不具有法律效力，但咨询意见作为最有力的“软法”，其影响和作用是毋庸置疑的。[1]

第四节　从全球渔业资源现状到公海渔业执法

渔业资源属于有限资源。全球渔业资源现状不容乐观。在公海渔业治理及公海渔业执法问题上，应该依据国际法律，由国家和国际组织合作推进。

一、全球渔业资源现状

海洋渔业资源是海洋生物资源中的一种形式。目前，海洋渔业仍然是人类获取海洋资源的主要途径。[2]作为传统产业，海洋渔业是中国国民经济的重要组成部分，海洋渔业经济产值在海洋经济中占有重要的比重。[3]然而，近年来，因过度追求经济产值的提升，同时，由于捕捞技术的进步以及捕鱼规模的

---

〔1〕 详见贾宇、密晨曦、张丹：“国际海洋法法庭 2010 年案件审理情况概述”，载中国国际法学会主办：《中国国际法年刊（2010）》，世界知识出版社 2011 年版，第 405~407 页。

〔2〕 参见侯芳：“分割的海洋：海洋渔业资源保护的悲剧”，载《资源开发与市场》2019 年第 2 期，第 211 页。

〔3〕 参见薛桂芳、房旭：“我国《渔业法》域外效力的强化——兼论负责任远洋渔业国家形象的维护”，载《太平洋学报》2018 年第 2 期，第 59 页。

扩大，海洋渔业资源严重衰退。这一现象遍及全球海域，严重威胁着渔业的可持续发展。

（一）海洋生物种类

全球渔业这个概念的范围覆盖整个地球。当前已知的海洋生物种类大约有 22 万~24 万种，包括海洋微生物、海洋植物和海洋动物，其中海洋鱼类约有 16 700 余种、甲壳类 50 000 多种、头足类 760 多种、海洋哺乳动物 130 多种。〔1〕

（二）鱼类种群比例

联合国粮农组织对所评估种群开展的监测显示，在生物可持续限度内的鱼类种群比例呈下降趋势，从 1974 年的 90.9%下降至 2015 年的 66.9%。相比之下，在生物不可持续水平上捕捞的鱼类种群比例从 1974 年的 10%增加到了 2015 年的 33.1%。2015 年，在最大产量上可持续捕捞的鱼类种群占总评估种群的 59.9%，未充分捕捞种群仅仅占总评估种群的 7.0%。未充分捕捞的鱼类种群从 1974 年到 2015 年持续下降，而在最大产量上可持续捕捞的种群数量从 1974 年到 1989 年是一直趋于下降的，然后在 2015 年又回升到了 59.9%。〔2〕

粮农组织报告称，2015 年，七大主要金枪鱼物种中，43%的种群估计在生物不可持续水平上捕捞，57%的种群在生物可持续限度内捕捞。〔3〕因此，光金枪鱼这类物种的种群数量处于严重的不可持续水平，需要对捕捞行为实施严格的管控，以恢复过度捕捞种群。

〔1〕 W. Appeltans et al., "The Magnitude of Global Marine Species Diversity", *Current Biology Cb*, Vol. 22, No. 23, 2012, p. 2193.

〔2〕 FAO, The State of World Fisheries and Aquaculture 2018-Meeting the Sustainable Development Goals, Rome, FAO Working Paper, 2018, pp. 39~41.

〔3〕 FAO, The State of World Fisheries and Aquaculture 2018-Meeting the Sustain-Able Development Goals, Rome, FAO Working Paper, 2018, p. 43.

以上数据显示，人类的捕捞水平不断攀升，导致鱼类种群数量减少，此种捕捞状况不可持续。在这种情况下，渔业资源难以可持续发展。

（三）过度捕捞

在《2018年世界渔业和水产养殖状况》的报告中，联合国粮农组织对“过度捕捞”和“在最大产量上可持续捕捞”给出了定义，即“过度捕捞”是指丰度低于可维持最大可持续产量的水平，而“在最大产量上可持续捕捞”是指丰度处于或接近最大可持续产量水平。

粮农组织报告显示，中东太平洋的已评估种群在生物可持续限度内捕捞的比例最高，达到86%；而地中海和黑海的已评估种群处于生物可持续水平的比例只有38%，处于各统计区域的最低水平。[1]各个区域的渔业种群状况都或多或少地正在经历着过度开发，有些区域例如东北大西洋已针对相关物种多数种群实施恢复计划。但恢复状况不佳，其主要原因可能是海洋生态环境恶化。

使种群丰度下降至维持最大可持续产量水平以下的捕捞行为被称为过度捕捞。2015年，世界海洋渔业33.1%的种群为过度捕捞，不仅会产生负面生态影响，还会产生负面社会、经济影响。

（四）产生过度捕捞的经济学逻辑

《联合国海洋法公约》重新划分了沿海国拥有管辖权的区域和公海的界限，增加了沿海国在专属经济区的专属渔业管辖权。但是，由于海洋渔业资源的跨区域流动性，划区并不能阻止渔业资源被过度开发和破坏性捕捞。

---

〔1〕 FAO, The State of World Fisheries and Aquaculture 2018-Meeting the Sustain-Able Development Goals, Rome, FAO Working Paper, 2018, pp. 43~45.

从经济学的角度来看该问题，会发现《联合国海洋法公约》背后的经济学逻辑是“公地悲剧”理论和解决“公地悲剧”的私有化之路。[1]这一悲剧的表现就是，各个国家都对处于国家管辖范围外海域的渔业资源进行大肆捕捞，认为这是每个国家均可捕捞的资源，自己的国家捕捞的水平不可落后于其他国家，因而产生了过度捕捞的恶性竞争。国家与国家之间缺少保护全球渔业资源的责任感，从而产生了全球渔业资源的“公地悲剧”。

二、国际渔业法律文件和国际渔业组织

国际渔业治理需要依据法律法规，由国际渔业组织参与实施。

（一）国际渔业法律文件

目前，规范渔业管理的法律文件主要有两大类：第一类是具有法律拘束力的多边协定，例如《联合国海洋法公约》和《联合国鱼类种群协定》；第二类是《预防、制止和消除非法、不报告和不受管制捕鱼行为国际行动计划》之前通过的无法律拘束力文书，例如《负责任渔业行为守则》。[2]

自1994年《联合国海洋法公约》生效以来，国际上有关海洋生物资源保护的公约、协定、决议等都以该公约有关海洋生物资源的规定为基本法律框架。在条文中要求缔约国，无论是在拥有管辖权的海域还是在各国不得主张管辖权的公海海域，都有对海洋生物资源进行养护管理的合作义务。

---

〔1〕 参见薛桂芳、房旭：“我国《渔业法》域外效力的强化——兼论负责任远洋渔业国家形象的维护”，载《太平洋学报》2018年第2期，第59页。

〔2〕 参见刘乃忠、唐凤仪：“渔业资源可持续发展的国际法依据”，载《黑河学刊》2017年第3期，第108页。

具体的渔业公约有1991年联合国大会通过的《关于禁止在公海使用大型流网的决议》，1993年《促进公海渔船遵守国际养护及管理措施的协定》，1995年《执行1982年12月10日〈联合国海洋法公约〉有关养护和管理跨界鱼类种群和高度洄游鱼类种群规定的协定》《北太平洋溯河性种群养护公约》《养护大西洋金枪鱼国际公约》《中西部太平洋高度洄游鱼类种群养护和管理公约》《印度洋金枪鱼国际公约》，1995年联合国粮食与农业组织通过的《负责任渔业行为守则》，1999年《在延绳捕鱼中减少附带捕获海鸟国际行动计划》《养护和管理鲨鱼国际行动计划》《管理捕捞能力国际行动计划》，2001年《预防、制止和消除非法、不报告的不受管制捕鱼行为国际行动计划》，2018年《防止北冰洋中部公海无管制渔业协议》等。

（二）国际渔业组织

国际渔业治理需要国际组织的贡献。由于海洋渔业资源具有生物特征，国家之间的合作是保证有效管理的基础，因此，需要渔业管理组织在促进养护和管理鱼类种群的国际合作方面发挥主导作用。

目前，主要的国际渔业组织有全球性的或跨大洋的，例如联合国粮农组织（FAO）、南极海洋生物资源委员会（CCAMLR）等。

有些渔业组织是在以养护和管理某个特殊种群为目标的基础上建立的，例如南方蓝鳍金枪鱼保护委员会（CCSBT）、国际捕鲸委员会（IWC）、美洲间热带金枪鱼委员会（IATTC）、印度洋金枪鱼委员会（IOTC）、大西洋金枪鱼国际委员会（ICCAT）等。

其他的一般是按照海洋区域来划分和建立的，例如中西太平洋渔业委员会（WCPFC）、北太平洋渔业委员会（NPFC）、亚太渔业委员会（APFIC）、西北大西洋渔业组织（NAFO）、地中海渔业总委员会（GFCM）等。

在国际渔业治理的实践过程中，这些通过合作建立的渔业管理组织具有不可替代的作用，是《联合国海洋法公约》以及其他专门性渔业协定实施过程中的推动力量。

三、公海及公海渔业治理的概念

全球海洋的总面积约3.6亿平方公里，其中，公海的面积约2.3亿平方公里，占全球海洋总面积60%以上，进而，公海渔业在全球渔业活动中占有重要地位。

（一）公海的概念及其法律性质

1958年2月，在日内瓦召开了第一次联合国海洋法会议，会议通过了四项公约:《领海及毗连区公约》《大陆架公约》《公海公约》《捕鱼和养护公海生物资源公约》。其中,《公海公约》第1条规定："公海"一词指不包括在国家领海和内水在内的全部海域。这是传统意义上公海的概念。

1982年12月，第三次联合国海洋法会议通过的《联合国海洋法公约》对公海进行了重新定义。公海指各国专属经济区、领海、内水和群岛水域以外不受任何国家主权管辖和支配的海洋。[1]这项规定反映了发展中国家主张扩大海洋的国家管辖权的要求，另一方面也打破了传统的公海概念。[2]

公海只用于和平目的。[3]公海属于国际水域，具有国际的性质。任何国家不得声称将公海的任何部分置于其主权之下。[4]所有国家在公海上所行使的权利和自由受国际法一般原

---

〔1〕 参见《联合国海洋法公约》第86条。

〔2〕 参见林连钱、黄硕琳："公海渔业制度浅析"，载《中国渔业经济》2006年第5期，第10页。

〔3〕 参见《联合国海洋法公约》第88条。

〔4〕 参见《联合国海洋法公约》第89条。

则和规章的调整和制约，其中，公海自由是公海制度的核心和基础，是公海自由活动的基本原则。但是，公海自由原则是受限制的、有条件的。[1]

（二）公海渔业和公海渔业资源

公海渔业一般指在公海上从事公海生物资源的捕捞活动。[2]公海渔业的作业方式和种类很多，例如捕捞金枪鱼或鱿鳍鱼的大型流刺网作业；捕捞金枪鱼、鲤鱼、鳖鱼的延绳钓作业；捕捞金枪鱼的围网作业；捕捞中底层鱼类的大型中层拖网作业等。

数百年来，海洋渔业资源曾一直被视作“取之不尽，用之不竭”的资源。但在最近五十年人类的无度索取之下，公海渔业资源危机呈现加剧态势。[3]根据相关资料，近年来公海捕获的高度洄游鱼类与跨界鱼类数量逐年呈现递增趋势。对金枪鱼的过度捕捞还引发了国际渔业争端，例如 1999 年国际海洋法法庭审理的“澳大利亚和新西兰诉日本的南方金枪鱼案”。[4]

（三）公海渔业治理

公海渔业治理指国际组织和国家为了保持公海渔业资源的可持续发展，制定并实施渔业计划和渔业法规，管理和养护公海渔业资源，调整和规范各国在公海的渔业活动的全部活动和过程。从广义上讲，公海渔业治理包括国内管理制度和国际管理制度。

---

〔1〕 参见《联合国海洋法公约》第七部分“公海”。

〔2〕 参见陈思行：“公海渔业及其管理”，载《海洋渔业》1997 年第 3 期，第 98 页。

〔3〕 参见白洋、朱伯玉：“公海渔业资源养护和利用国际法律制度研究”，载《中国人口 · 资源与环境》2014 年第 6 期，第 171 页。

〔4〕 参见施通池：“从‘南方金枪鱼案’看国际渔业争端的解决方式”，载《中国水产》2001 年第 4 期，第 22 页。

四、公海渔业执法问题及完善建议

公海渔业执法，根据执法的主体，可分为船旗国执法、非船旗国执法以及港口国执法三类。

第一，船旗国有义务维持国家和船舶之间的真正联系。[1]但是，在公海渔业实践中，更换旗帜的问题仍难以避免。对此，《1995年协定》规定，任何缔约国和相关组织成员可以在该组织管辖的公海海域登临检查另一缔约国的渔船，不管该国是不是此区域渔业组织的成员。

第二，《联合国海洋法公约》要求每个国家应对悬挂该国旗帜的船舶有效行使管辖权和控制权。[2]但未阐明可采取的措施。对此，《1995年协定》第18条与第19条详细阐述了船旗国的义务，这些义务要求船旗国修改现有的法律法规，或者制定新的法律法规，确保不遵守渔业养护和管理措施的渔船受到惩罚。

第三，1995年之前，公海上的船舶管辖权基本上属于船旗国。但是，《1995年协定》第20条和第21条首次规定了在分区域、区域和全球层面上执行养护和管理措施的合作机制。由于各成员国对执法标准与事实性质理解不一，造成成员国之间发生了执法上的争端，例如1995年“西班牙诉加拿大渔业管辖权案”。[3]

如何统一协调各成员国之间在公海上的执法行为？首先，应当要求成员国在执法上严格遵守法定程序。其次，面对渔船

---

〔1〕参见《联合国海洋法公约》第91条。

〔2〕参见《联合国海洋法公约》第94条。

〔3〕参见邵沙平主编：《国际法院新近案例研究（1990-2003）》，商务印书馆2006年版，第292~315页。

违法行为定性难的情况，应及时通知船旗国和区域渔业管理组织，在保证有船旗国、执法国和渔业管理组织三方参与的情况下，以听证会形式作出一个公认的执法决定。最后，考虑构建一个区域性或全球性渔业管理执法机构。

第四章 Chapter 4 海洋环境保护法律问题

第一节　海洋环境保护的国际法框架

就海洋问题，曾出现过“闭海论”与“海洋自由”的争辩，反映出海洋法的传统张力存在于沿海国与海洋大国的利益博弈。而国家利益的竞争必然伴随着损害的发生，为避免“公地悲剧”造成对海洋生态环境的侵蚀，在国际社会的不断努力下，传统的国际法思想——包括海洋航行自由、渔业自由以及和平使用海上通道〔1〕等——得以在《联合国海洋法公约》中被继承下来，同时对于海洋环境的保护与保全也有较为详细的规定。此外，海洋环境保护的基本国际法框架还包括国际习惯法和国际组织有关海洋环境保护的相关决议及法律文件，其另有一些制度工具。

---

〔1〕除此之外，还包括和平解决国际争端思想、和平使用港口和无害通过通道权以及人类共有财产思想。具体可参见［荷］雨果·格劳秀斯：《论海洋自由或荷兰参与东印度贸易的权利》，马忠法译，张乃根校，上海世纪出版集团 2013 年版，第 26~35 页。

一、海洋环境保护的国际条约

在全球层面，《联合国海洋法公约》建立了综合性、一般性的海洋环境保护的法律框架，除第十二部分“海洋环境的保护和保全”集中涉及了对于不同污染源的规范内容外，在专属经济区、国际海底区域等实体部分也包含了有关海洋环境保护的条款。[1]国际社会针对特定类型的海洋污染也促成了相应的全球性公约，例如 1985 年联合国环境规划署制定的《保护海洋环境免受陆地源污染的蒙特利尔准则》，但其不具有法律拘束力；规制船舶源污染的公约有《防止船舶造成污染国际公约》和《关于防止船舶造成污染国际公约的 1978 年议定书》，两者简称 73/78 防污公约，包含 6 个附则，适用于绝大多数国家的商船；专门控制海洋倾倒源污染的《防止倾倒废物及其他物质污染海洋的公约》，1996 年议定书对其进行了全面修订，以“反向名单”方式控制海洋倾倒。

在区域层面，地区具有连接独立国家和全球合作之间的灵活性与便利性，同时也是大多数区域行动发生的地方。区域海洋项目目前由 14 个海区构成，具有代表性的有波罗的海区域，1974 年波罗的海周边各国签订了《保护波罗的海海洋环境公约》，根据该公约的规定，成立了协调机构——波罗的海委员会；该公约在 1992 年经过修改，强调恢复区域的生态系统，并引入了预防原则和污染者负担原则。[2]地中海区域沿岸国于

---

〔1〕《联合国海洋法公约》第 207~212 条，涉及防控陆地源污染、海底开发活动造成的污染、倾倒源污染、船舶源污染以及来自大气层或通过大气层的污染等海洋污染最主要的来源方式的国际规则和国内立法。实体部分例如在第十一部分“区域”项下第 145 条规定了“海洋环境的保护”条款。

〔2〕 参见屈广清、曲波：《海洋法》（第 3 版），中国人民大学出版社 2014 年版，第 200 页。

1976 年缔结了《保护地中海海洋环境的巴塞罗那公约》，该公约采取“综合-分立”模式，具体操作部分分为框架公约和权利义务议定书，沿岸国可以依据自身的经济发展水平，决定推迟议定书的签署。

二、海洋环境保护的国际习惯

国际习惯法包含一些涉及海洋污染问题的规则。例如，国际法院在科孚海峡案中认为，“每个国家都有义务防止其领土被用于从事损害他国权利的行为”，但由于国际习惯法的性质，它对于海洋污染问题既无法制定出详细的排放标准，也不能发展出相应的赔偿责任制度，使得国际习惯的法律效果受到了限制。并且，许多国家认为，国际习惯法关于管辖权的规定不足以维持有效的污染防治行动。[1]所以，对海洋环境的保护需要对现有国际法框架的补充与完善，海洋保护区制度与特别敏感海域制度等就是在不断探索中得到发展的。

三、海洋环境保护的其他文件和制度

国际组织关于海洋环境保护制定和发布了多项决议及法律文件，发挥了一定的规范作用，在此不一一列举。此外，国际组织创设了多种制度来保护海洋环境，例如海洋保护区制度、特别敏感海域制度、特殊区域制度、海上世界遗产制度等，在实践中产生了积极的效果。

第二节　特别敏感海域与海洋保护区及特殊区域制度

在海运承担了全球约 90% 贸易总量的有效需求之下，各国

〔1〕 参见张晏瑲：《海洋法案例研习》，清华大学出版社 2015 年版，第 215 页。

竞相全面开发利用海洋的空间和资源，使得海洋环境受到了极大的损害。而中国海洋事业的发展也受制于海洋环境保护的预防与治理不力，导致沿海地区发展不平衡，海洋空间开发粗放、低效，海洋资源约束趋紧，海洋生态环境恶化的趋势尚未得到根本扭转。[1]

国际海事组织（International Maritime Organization，IMO）建立了特别敏感海域制度（Particularly Sensitive Sea Area，PSSA）用以保护脆弱的海洋生态系统。此外，作为一种新兴的海洋管理工具而得到沿海各国广泛关注的海洋保护区制度（Marine Protected Areas，MPAs）为减缓海洋环境恶化的危机提供了借鉴。

笔者将在本节对比研究各种制度，探讨其对中国海洋权益维护有何利弊，从而为选择契合"不断保护海洋生态环境，推进海洋生态文明"的国家长远发展战略目标提供参考思路。

一、特别敏感海域制度

日益增多的人类活动、海上航运活动带来的海洋环境污染愈演愈烈，正在严重威胁海洋生态的稳定。为了维护海洋权益、防治海洋污染，许多国家均选择特别敏感海域制度予以应对。

（一）特别敏感海域的概念及其演进

依据《特别敏感海域识别和指定修订指南》的规定，基于公认的生态、社会经济或科学的重要性，但因其易受到国际航运活动的损害，所以由国际海事组织予以提供特别保护行动的区域可被指定为特别敏感海域。有权识别和认定及决定相关保护措施是否适当的机构为海上环境保护委员会（Marine Environment

[1] 参见郑苗壮、刘岩："保护我国海洋生态环境 推动海洋生态文明建设"，载《中国海洋报》2014年4月20日。

Protection Committee，MEPC）。

概括地说，特别敏感海域的概念经过了三个阶段的演进：

第一阶段：1973 年至 1982 年。国际海事组织会议于 1973 年和 1978 年分别签订了《防止船舶造成污染国际公约》和《关于防止船舶造成污染国际公约的 1978 年议定书》。该公约弥补了特殊区域制度存在的缺陷。在之后的很长一段时间内，国际上都存在关于特别敏感海域认定制度的讨论。

第二阶段：1982 年至 1991 年。1982 年，《联合国海洋法公约》通过，该公约第 211 条赋予了沿海国可依照规定对“专属经济区特定区域内的船舶污染采取特别强制性措施”的权利。[1]

第三阶段：1991 年至今。1991 年，《关于特别海域的指定及特别敏感海域认定的指南》对特别敏感海域的概念、认定、设立及保护措施等作出了规定。1999 年，国际海事组织大会通过 A. 885（21）号决议，详细阐述了上述文件建立的工作程序。2002 年，A. 927（22）号决议更新并简化了原有的建议性指南。2005 年，《特别敏感海域识别和指定修订指南》（Revised guidelines for the identification and designation of Particularly Sensitive Sea Areas）通过 A. 982（24）号决议被采纳。[2]

2005 年 11 月至 12 月，国际海事组织大会第 24 届会议通过了《特别敏感海域识别和指定修订指南》。该指南的目的是：第一，对 IMO 成员国政府制定和提交 PSSA 的申请给予指导；第二，根据有关国际航运活动危险区域的相关科学、技术、经济

---

〔1〕《联合国海洋法公约》第 211 条第 6 款 a 项规定，沿海国基于海洋学、生态条件、航运特殊性以及资源保护、区域开发利用等考虑，可对在本国专属经济区特定区域内的船舶污染采取特别强制性措施。

〔2〕参见吴海宁、谭振庆：“关于在南海诸岛水域建立特别敏感海区的思考”，载《中国海事》2014 年第 2 期，第 38 页。

和环境信息，确保在此过程中沿海国、船旗国、海洋环境和航运团体利益的兼顾，以及对相关的防范、减少或消除风险的相关保护措施进行全面审议；第三，规定 IMO 对这类申请的评估标准。[1]

综上，根据国际海事组织的规定，特别敏感海域是指在生态、经济文化、科学教育方面具有特殊意义，同时易受国际航运影响的海域，经国际海事组织认定可给予特别保护。特别敏感海域申请必须提供合乎规定的配套保护措施，措施得到国际海事组织批准后方可实施。

（二）特别敏感海域的认定标准和设立程序

1. 认定标准

《特别敏感海域识别和指定修订指南》规定，特别敏感海域的认定需要至少符合以下三个标准之一。

第一，生态标准。[2]该指南列举了生态标准，例如具备生态独特性、稀有性，生物多样性，生态结构自然性、脆弱性、完整性等。可见，特别敏感海域制度旨在保护海洋环境，维护生态稳定。[3]

第二，社会文化和经济标准。[4]社会文化和经济标准关注人类与该海域的依存程度，即区域内经济文化发展与该海域联系紧密、不可分离。这一标准具有综合性，既能实现海域环境

---

〔1〕 International Maritime Organization, Resolution A. 982 (24), Revised Guidelines for the Identification and Designation of Particularly Sensitive Sea Areas, London: IMO, 2006. 3.

〔2〕 参见《特别敏感海域识别和指定修订指南》，IMO，Resolution A. 982 (24)，Article 4. 4. 1~4. 4. 11。

〔3〕 参见白佳玉、李玲玉、陈敬根："论特别敏感海域制度在南中国海环境保护中的适用"，载《中国海商法研究》2015 年第 4 期，第 49 页。

〔4〕 参见《特别敏感海域识别和指定修订指南》，IMO，Resolution A. 982 (24)，Article 4. 4. 12~4. 4. 14。

保护，又有利于沿海国的社会发展。

第三，科学和教育标准。〔1〕这一标准要求该海域具有独特的自然现象或者历史，可用于监测研究、科学考察，具有极高的科研和教育学价值。该标准有助于沿海国科教事业的发展进步。

申请认定特别敏感海域，只须契合三项标准之一即可。同时，该海域易于受到国际航运活动的损害。〔2〕

2. 设立程序

国际海事组织对特别敏感海域申请进行个案评估；多国共同申请时，分别对各国进行评估。特别敏感海域的设立程序如下：

海上环境保护委员会负责特别敏感海域申请的评估工作，主要审查所有申请报告有无违反《特别敏感海域识别和指定修订指南》的情形。若审查通过，海上环境保护委员会原则上同意该区域为特别敏感海域，并通知有关委员会、分委员会审查相关保护措施。在该措施被同意采用前，海上环境保护委员会不得将该区域设定为特别敏感海域。〔3〕若申请被拒，海上环境保护委员会需通知申请国拒绝的理由，也可要求申请国补充提交材料。若相关保护措施被分委员会或委员会同意采用，则海上环境保护委员会最终将会将该区域设定为特别敏感海域。

（三）特别敏感海域制度的保护措施及法律依据

一海域申请被设立为特别敏感海域，配套保护措施必不可

〔1〕 参见《特别敏感海域识别和指定修订指南》，IMO，Resolution A. 982（24），Article 4. 4. 15~4. 4. 17。

〔2〕 International Maritime Organization，Resolution A. 927 （22）. Guidelines for the Identification and Designation of Particularly Sensitive Sea Areas，London：IMO，2002，pp. 8~10.

〔3〕 参见王亚宽：“试析特别敏感海域制度（PSSA）及其在南中国海的适用”，外交学院 2013 年硕士学位论文，第 23 页。

少，申请报告中必须提供配套保护措施，对相关保护措施的审查也是海上环境保护委员会审查的重要环节。《特别敏感海域识别和指定修订指南》规定了三类限制性措施[1]：①采取 MORPOL73/78 公约附则Ⅰ、Ⅱ、Ⅴ或Ⅵ下相应的措施。②按照《国际海上人命安全公约》（SOLAS）和相关制度标准，实施指定航道和船舶通报措施。③依据法律规定适用“具体海域具体措施”“具体情况具体选择”，不同沿海国可以自由组合实施避航、引航、排放限制等措施。

PSSA 的申请确定必须与相关保护措施同时提交，相关保护措施限于海事组织已经批准或采纳的行动，包括以下选项：①根据“防污公约”指定的特别区域；②根据《国际海上人命安全公约》和《船舶航路通则》的船舶报告制度的准则和标准；③发展和采取旨在保护特定海域免受船舶污染的其他措施，只要它们具有确定的法律依据；④还应考虑将该地区列入世界遗产名录的潜力；⑤在某些情况下，提议的 PSSA 可能会在其边界内设立一个缓冲区以保护航运。[2]

申请国可根据自身情况在以上范围内决定具体提交何种相关保护措施至 MEPC 进行审议。根据前述指南的规定，相关保护措施的法律基础为：第一项，现有海事组织文书已经提供的任何措施；第二项，尚不存在但可通过修改海事组织文书或通过新的海事组织文书获得的任何措施。任何此类措施的法律依据都只有在海事组织文书经适当修改或通过后方可提供；第三项，建议在领海采用的任何措施，或根据《联合国海洋法公约》第 211 条第 6 款，现有措施或普遍适用的措施不能充分满足拟议

〔1〕 参见白佳玉、李玲玉、陈敬根：“论特别敏感海域制度在南中国海环境保护中的适用”，载《中国海商法研究》2015 年第 4 期，第 50 页。

〔2〕 A. 982（24），para. 6. 1.

区域的特殊需要。第一、二项法律基础可以通过修改现存国际公约或新增条约来实现，第三项法律基础，前述指南强调了这一规定并不减损《联合国海洋法公约》所规定的沿海国在领海的权利义务，并且在专属经济区内划定的特定区域在得到 IMO 的确认之后可制定防止船舶污染的法律和规章。〔1〕

PSSA 指南作为 IMO 的决议是不具有法律拘束力的，所以，对于 PSSA 制度及其相关保护措施法律地位的确定便不可被忽视。《联合国海洋法公约》并没有关于“特别敏感海域”的概念界定和具体规范内容，但是，其按照适用航行制度的不同将海洋分割为领海、专属经济区、用于航行的国际海峡、群岛水域和公海，并在每一海区的具体法律制度中对于需要采取较高环境保护措施的区域规定了防治海洋污染、海洋生物资源养护等内容。

以专属经济区为例，沿海国为防止来自船舶的污染而在本国专属经济区内设立特别区域的国际法依据即是《联合国海洋法公约》第 211 条。〔2〕有观点认为，第 211 条第 6 款规定，沿海国有合理依据认为一般接受的国际规则和标准不足以适应专属经济区内某一明确划定的特定区域的保护标准，要求采取防止来自船只污染的特别强制性措施，可通过主管国际组织递交相关建议。在海事领域，主管国际组织即 IMO，若将 IMO 决议纳入公约“一般接受的国际规则和标准”，就可以使 PSSA 及其相关保护措施具有法律拘束力。〔3〕“当决议作为一般原则而形成

---

〔1〕 A. 982 (24), para. 7. 5. 2. 3.

〔2〕 参见龚迎春：“专属经济区内的管辖权问题研究——特别区域、冰封区域和特别敏感海域”，载《中国海洋法学评论》2009 年第 2 期，第 2 页。

〔3〕 See Rüdiger Wolfrum, “IMO Interface with the Law of the Sea Convention”, in: M. H. Nordquist and J. N. Moore (eds.), *Current Maritime Issues and the International Maritime Organization*, Maritinus Nijhoff Publishers, 1999, p. 229.

时，它们为这种法的逐步发展和习惯规则的快速形成提供了基础，并且在有些情况下，决议作为一种权威解释和联合国宪章之原则的适用，可以直接具有法律效力。”〔1〕沿海国积极申请适用特别敏感海域制度，使得国家实践不断增加，这在一定程度上支持了 PSSA 指南及相关保护措施的法律拘束力。

（四）特别敏感海域制度的国家实践

特别敏感海域制度自出现以来便一直备受各沿海国家的重视，许多国家积极为自己国家或地区的海域申请适用特别敏感海域。截至目前，已有 16 个海域被 MEPC 确定为特别敏感海域（参见附表）。〔2〕这 16 个特别敏感海域大多位于欧洲、美洲中部、非洲西部北部水域，以及澳大利亚东部北部水域，南北极和亚洲尚无一处水域被认定为特别敏感海域。且一个或者多个申请国必须在申请的同时提交 PSSA 指南规定的具体的相关保护措施。这些相关保护措施可能包括避让水域、强制船舶航行的措施、船舶报告或关于航运如何通过某个区域的建议。

表 4-1　已批准的 PSSA 及其相关保护措施

地区	批准通过时间（年）	采取的相关保护措施	申请国
大堡礁	1990	引航系统；强制报告；双向航线	澳大利亚

〔1〕［英］伊恩·布朗利：《国际公法原理》，曾令良等译，余敏友、曾令良审校，法律出版社 2007 年版，第 10 页。

〔2〕See International Maritime Organization, “Particularly Sensitive Sea Areas”, http://www.imo.org/en/OurWork/Environment/PSSAs/Pages/Default.aspx, accessed on 16 March 2017.

续表

地区	批准通过时间（年）	采取的相关保护措施	申请国
萨瓦纳-卡马圭群岛	1997	分道通航	古巴
马尔佩洛群岛	2002	禁止通航	哥伦比亚
佛罗里达群岛海域		强制性无锚区；航行提醒	美国
瓦登海		强制性深水航道；加强现有措施	丹麦、德国和荷兰
大堡礁及托雷斯海峡	2005	强制引航和报告	澳大利亚和巴布亚新几内亚
加那利群岛		2 个区域推荐航线；500 吨及以上载重船舶在 5 个区域禁止通航；特殊船舶的强制报告	西班牙
加拉帕戈斯群岛		500 吨及以上载重船舶禁止通航；两条推荐航线；强制船舶报告	厄瓜多尔
波罗的海区域		分道通航；建议深水航道；2 个区域禁止通航；强制性报告与引航制度	丹麦、爱沙尼亚、芬兰、德国、拉脱维亚、立陶宛、波兰、瑞典
帕帕哈瑙莫夸基亚国家海洋遗址	2007	禁航水域；船舶报告制度	美国
博尼法乔海峡	2011	强制性船舶报告系统；推荐引航；双向航线推荐	法国和意大利

续表

地区	批准通过时间（年）	采取的相关保护措施	申请国
加勒比海东北部萨巴沙洲	2012	禁止 300 总吨的船舶通行；强制性禁止抛锚区	荷兰
大堡礁和托雷斯海峡延伸至珊瑚海的西南部分	2015	双向航线；船舶定线措施	澳大利亚
乔马德入口	2016	特定区域双向航线；预防区域	巴布亚新几内亚

在 2005 年全球热点聚焦于环境的保护与治理的背景之下，IMO 也在此年审议通过了 15 项海事公约规则及修正案。沿海国申请特别敏感海域较为频繁。但在亚洲区域目前却没有国家正式建立特别敏感海域。

然而，海洋保护区的整体建设正逐渐向国家管辖外海域大力推进，并呈现网络化趋势，引发了新的海洋圈地运动。鉴于此，应加强对海洋保护区制度的透析，以现状反射现有制度缺陷，并回路寻找解决方法，推动对海洋环境治理方法的优化与升级。

二、海洋保护区制度

人为活动的影响是导致海洋生物多样性减少、海水富营养化、生态功能降低、渔业资源衰退的主要原因。在此背景之下，以保护海洋生物资源、适用特殊的航行条件以及修复海洋生态环境为目的的海洋保护区制度（Marine Protected Areas，MPAs）成了众多国家保障海洋开发与管理活动的选择。

（一）海洋保护区制度概述

国际自然保护联盟（International Union for Conservation of Nature and Natural Resources，IUCN）认为，自然保护区包括陆地和海域，所以，其具体阐明了海洋保护区的概念，即“任何通过法律程序或其他有效方式建立的，对其中部分或全部环境进行封闭保护的潮间带或潮下带陆架区域，包括其上覆水体及相关的动植物群落、历史及文化属性”。联合国粮食及农业组织（Food and Agriculture Organization of the United Nations，FAO，简称“联合国粮农组织”）认为：“任何提供比周边水域生物多样性和渔业管理目的更大保护的海洋地理区域都将被视为海洋保护区。”[1]

海洋保护区有不同的分类标准，IUCN 于 1978 年出版的《保护区类型、目的和标准》依据管理目标的不同将保护区分为了 10 个类型，到 1994 年 IUCN 发行新的《保护区管理类型指南》，该指南将保护区划为 6 个类型。[2]而世界保护区委员会（World Commission on Protected Areas，WCPA）则将保护区作 7 项分类。

（二）海洋保护区制度的国际法基础

1982 年《联合国海洋法公约》首先为海洋保护区制度提供了法律依据，在赋予沿海国不同海区相应的主权权利及管辖权的同时，也在控制海洋污染、养护生物与非生物资源、海洋环境治理国际合作等方面对缔约国施加了义务。在专属经济区内，国家不仅在海洋环境的保护和保全方面拥有一般管辖权，

---

〔1〕 See Challenges for Marine Protected Areas-and examples for addressing them，http://bluesolutions.info/images/MPA-challenges_Vilm-seminar-August-20151.pdf，accessed on 17 March 2017.

〔2〕 参见王智等：“IUCN 保护区分类系统与中国自然保护区分类标准的比较”，载《农村生态环境》2004 年第 2 期，第 72~73 页。

同时还特别强调了应对于生物资源的最适度利用和正当养护管理。根据《联合国海洋法公约》第 194 条的规定，各沿海国于适当情形下可采取任何符合公约的必要措施，防止、减少和控制海洋环境污染以及避免污染对于沿海国行使主权权利以外区域的损害，并尊重其他国家关于防控海洋环境污染的正当活动。

关于 1993 年生效的《生物多样性公约》，在 1995 年巴黎第二次会议上通过的“雅加达任务”将目标明确为保护海洋及沿海生物多样性。2004 年的第 7 次一般性会议讨论了关于保护区的内容，认为海洋保护区在海洋生物多样性以及可持续利用方面发挥了重要作用，要求继续推动海洋保护区制度的实施，并基于国际合作，于国家管辖范围之外的海域建立海洋保护区。[1]公约在第 8 条中明确规定，各缔约国应尽可能（并酌情）制定准则，建立保护区系统或需要采取特殊措施以保护生物多样性地区，进而确保这些资源得到保护和持续利用，并在保护区域的邻接地区促进无害环境的持续发展，以增进这些地区的保护。[2]

（三）海洋保护区制度实施现状及域外实践

根据 IUCN 报告，全球海洋已建有 1.5 万个海洋保护区，自 2016 年 4 月以来，全球共新增 360 万平方公里的海洋保护区，覆盖面积超过 1850 万平方公里，占全球海洋面积的 5.1%，各国领海面积的 12.7%，完成了 2010 年联合国生物多样性公约缔约国第 10 次会议通过的“爱知目标 10”的要求（即在 2020 年

---

〔1〕 参见夏莹：“海洋环境保护区制度的法律分析”，载《经济视角（下）》2012 年第 10 期，第 69 页。

〔2〕 See Convention on Biological Diversity, http://biodiv.coi.gov.cn/fg/hy/05.htm, accessed on 17 March 2017.

前全球海洋保护区面积达到各国领海面积10%)。[1]

根据世界自然保护联盟、联合国环境规划署和美国国家地理学会共同发布的《保护地球报告2018》，经过实施有效的保护措施，全球已有超过2000万平方公里的陆地面积和近2700万平方公里的海洋区域被划定为保护区，约占陆地面积的15%和海洋面积的7%，距离达成联合国提出的"爱知生物多样性目标11"(即到2020年，将全球17%的陆地和内陆水域及10%的沿海和海洋区域设立为保护区)又近了一步。[2]

联合国环境规划署执行主任索尔海姆表示，不应单单追求保护区面积的扩大，而应着重考虑有关保护区位置的选择以及保护力度的强弱。[3]

在全球已建成的海洋保护区中，沿海发达国家在海洋保护区的理论研究、建设规划、法律规范等方面积累了丰富的经验，对于其海洋保护区发展过程的检视，可以为中国海洋保护区制度的完善提供借鉴。

1. 美国

美国最早基于科学兴趣推动了小型海洋科研保留区的建立，随着海洋庇护区计划的施行，促进了海洋保护区数量的增加。由于没有建立关于海洋保护区的基本法律法规体系，因此只存在一些单项法规对不同类型的海洋保护区进行规范，主要有

---

〔1〕参见周超："全球建成1.5万个海洋保护区——世界自然保护联盟发布统计报告"，载《中国海洋报》：http://www.oceanol.com/content/201701/10/c60406.html，访问日期：2017年3月18日。

〔2〕参见周超："世界自然保护联盟等发布统计报告称 全球海洋保护区面积持续扩大"，载《中国海洋报》2019年3月8日。

〔3〕参见伊民："全球20多个国家宣布将新建40个海洋保护区"，载《中国海洋报》：http://www.china.com.cn/haiyang/2016-09/22/content_39348501.htm，访问日期：2017年3月18日。

1972 年的《国家海洋庇护区法》、1976 年《渔业保全和管理法》等。美国海洋保护区多数为海岸带保护区，纯粹的海洋保护区如国家海洋庇护区，按照海域、岛屿、近海浅滩、珊瑚礁和历史遗迹存留分为五类。主要通过控制人为进入并改善可再生资源的利用方式来保护特定资源。美国各州还可根据具体情况和相关法规，在管辖海域建立地方性海洋保护区。

2. 澳大利亚

澳大利亚将基线 3 海里以内（除由联邦政府宣布的历史沉船保护区）海域的管理责任赋予州和地方政府，3 海里以外由联邦建立海洋保护区，包括大堡礁海洋公园在内。澳大利亚制定《环境保护和生物多样性保全法》作为海洋保护区的基本法律依据。1991 年出台的《2000 海洋拯救计划》明确了一个海洋与海岸带社区网络计划，并施行国家海洋保护区代表系统，主要为保护澳大利亚管辖海域内的生态系统、生境和物种在内的保留区。〔1〕除此之外，还采用类似陆地生物圈规划的方法，将海洋公园划分为 7 个区域。在不同的区域规定限制条件，对于可能影响保护区设立目的的活动需经特别许可或者直接禁止。

3. 日本

日本多数的海洋保护区只包括部分海域，且普遍面积较小。以建设国家公园内的海洋公园和自然保护区为主，自然保护区多数为陆地保护区，只有西表岛是完全的海洋保护区，并禁止公众进入。日本海洋保护区建设和管理的主要法律依据为《自然保全法》《自然公园法》等，并没有形成专门的关于海洋保护区的立法。而日本大规模的商业捕捞活动对于海洋生态环境的影响十分巨大，为此，其建立了渔业资源保护区系统，以养护

〔1〕 参见刘洪滨、刘康编著：《海洋保护区——概念与应用》，海洋出版社 2007 年版，第 186~201 页。

渔业资源。[1]

三、特别敏感海域制度与海洋保护区制度比较

特别敏感海域制度与海洋保护区制度相比既有共性，也有差异，各有利弊。

（一）共性特征

首先，特别敏感海域与海洋保护区制度具有共同的法律基础——《联合国海洋法公约》。特别敏感海域是在海洋保护区制度发展的基础之上被 MEPC 建立起来的，二者在设立目标上具有同向性，即以海洋生态环境的预防、治理、修复与可持续发展作为目的导向，维护在生态、社会经济和科学方面有重大意义的区域。

其次，两种制度在认定标准方面具有相似性。2008 年《联合国气候变化框架公约》会议采纳了一组鉴定深海重要生态和生物区域的标准，主要包括：稀有性、生物多样性、多产性、脆弱性、敏感性、难修复性等七项标准。这些标准与特别敏感海域的认定标准具有很大的相似性。[2]

再次，在措施上具有相似性，都需要主权国家主动行使管辖权，同时也是《联合国海洋法公约》所要求的对于海洋环境保全的义务。

最后，二者都以保护对象进行分类，或划定功能分区，在不违反一般国际规则和标准的基础上，分别设立不同的保护措施，且对于特别敏感海域和海洋保护区的大小和范围都没有明

---

〔1〕 参见刘洪滨、刘康编著：《海洋保护区——概念与应用》，海洋出版社 2007 年版，第 218~219 页。

〔2〕 参见王亚宽："试析特别敏感海域制度（PSSA）及其在南中国海的适用"，外交学院 2013 年硕士学位论文，第 14 页。

确的规定。

（二）差异特征

虽然特别敏感海域与海洋保护区制度在某些方面存在着共性特征，但两种制度在制度类别、制度基础、设立依据、设定程序、设定水域、海域内航运活动的影响力等方面存在差异。

第一，制度类别不同。就海洋环境保护制度而言，一类是以特定活动为基础、采取相关保护措施实现目标的制度，特别敏感海域制度属于此类。另一类是以特定区域为基础、采取保护措施实现目标的制度，代表为海洋保护区制度。海洋保护区制度是一种通过法律或其他有效方式建立的，主要保护海岸潮间带或潮下带陆架区域覆水区域、动植物资源及历史文化价值的制度。[1]

第二，制度基础不同。建立特别敏感海域的制度基础在于国际社会对于国际组织法律人格的承认，使得国际组织拥有能够作出各种法律行为的能力，例如国际组织的造法功能。但是，“法律人格的存在本身并不支持一项普遍性的缔约权，依赖于国际组织章程进行总体上的解释和诉诸隐含权力说来予以确认”。[2]所以，其最终回归至国家的部分主权及管辖权让渡，以应对国际交往的需要。

而海洋保护区制度的基础一部分在于国家主权及管辖权的自限——尊重可持续发展原则；但另一端来自国家利益的驱动，导致国家不断寻求、优化最具有经济效益的法律制度体系；在满足需求的同时，避免造成不可恢复的损害。

---

〔1〕 See Graeme Kelleher and Adrian Phillips (eds.), *Guidelines for Marine Protected Areas*, Black Bear Press, 1999, p. 11.

〔2〕［英］伊恩·布朗利：《国际公法原理》，曾令良等译，余敏友、曾令良审校，法律出版社 2007 年版，第 601 页。

第三，设立依据不同。特别敏感海域的设立依照 IMO 的决议，且具有认定资格的主体为 MEPC；而在国家管辖内海域设立海洋保护区为国家的主权行为，一般依照本国国内法即可；在国家管辖外海域建立海洋保护区已成为公海治理的新模式，但目前由于受到各国利益分配和政治理念的制衡及如何与传统公海自由原则协调等问题的存在，使得有关国家管辖外海域生物多样性养护和可持续利用的、具有法律拘束力的新协定尚未出台。

第四，设定程序不同。特别敏感海域的申请由一国或多国提供申请报告，申请报告要包含目标区域的基础描述、重要性及脆弱性描述，同时，一并提交欲执行的相关保护措施及保护措施的可行性分析；MEPC 对申请报告进行检阅，如果原则上同意该 PSSA 的申请，则将申请报告提交至相应的分委会认定，最终由 MEPC 作出是否同意的决定。若不通过 PSSA 的申请则需要书面告知申请国理由。

沿海国在国家管辖内海域设立海洋保护区的行为并不需要国际组织的同意或认可，且相关的保护措施一般针对本国船舶，若需制定和执行高于国际规则和标准的法律规范，并对国际海洋法律秩序产生实质性影响，则需要提前告知并获得认可。否则，他国是否有遵守的义务是存在疑问的。

第五，设定水域不同。特别敏感海域并没有被限定在沿海国专属经济区内，且可在其周边设定缓冲区，这意味着，其适用水域有可能包括公海海域。[1]而海洋保护区的设定水域，在不同国家管辖内海域可能存在不同的规定。例如，中国制定的《海洋特别保护区管理办法》第 3 条规定：“中华人民共和国内水、领海、毗连区、专属经济区、大陆架以及中华人民共和国

〔1〕 参见龚迎春：“专属经济区内的管辖权问题研究——特别区域、冰封区域和特别敏感海域”，载《中国海洋法学评论》2009 年第 2 期，第 14 页。

管辖的其他海域和海岛建立、建设、管理海洋特别保护区，适用本办法。”而在以上水域主要还是依照保护对象的不同，考察具体水域，来最终决定建立何种标准的海洋保护区。

第六，海域内航运活动的影响力不同。特别敏感海域的设立除满足《特别敏感海域识别和指定修订指南》中规定的三个标准之一外，还要符合一个重要因素，即该海域内船舶运输发达，海域生态环境极易受到海上航运的破坏。因此，如果该海域不存在航运活动，或是航运活动不足以对该海域独特的生态系统造成破坏，那么，特别敏感海域制度就会失去其存在或应用的基础。

海洋保护区制度则不同。海洋保护区海域内独特的生态环境、稀有的海洋资源在一段时间内是稳定存在的，海域内航运活动的减少或消失，不影响利用海洋保护区制度保护其生态和资源。

（三）特别敏感海域制度与海洋保护区制度的利弊

特别敏感海域制度和海洋保护区制度的主要做法和目标基本相同。二者都是在特定区域内，采取限制排放、禁止污染等措施，保护海洋生态系统，防止海洋环境污染。

特别敏感海域制度有助于沿海国履行《生物多样性公约》义务，积极保护海洋生物多样性；赋予沿海国采取相关保护措施的权利，有利于限制和排除海上航运对该海域的干扰和破坏；有助于保护海域内海洋生态环境和生物、经济文化资源，实现其较高的经济文化价值和科研价值。特别敏感海域配套保护措施的选择范围大，可能采纳新型措施，并能在实践中不断调整和丰富。特别敏感海域制度充分体现了生态系统管理的综合性要求，有利于实现保护海域的可持续发展。[1]

---

〔1〕参见管松：“南海建立特别敏感海域问题研究”，载《中国海洋法学评论》2012年第2期，第55页。

海洋保护区制度在保护特殊海域生物资源与生态环境方面也发挥着重要作用。海洋保护区不只是海上保护区，保护区域包括海洋区域和一定面积的海岸带、陆域或岛屿；保护对象也不仅包括上覆水体及其生物，还包括海底区域[1]。建立海洋保护区能够充分保护区域内独特的生态环境和稀有的物种资源，能够更好地实现区域的历史文化和经济价值。海洋保护区不是采取封闭式保护，更有利于保护和持续利用海洋。

两种制度也各有弊端。特别敏感海域制度是一项新制度，在其发展过程中存在诸多博弈，该制度还需要不断改进、完善。要使特别敏感海域真正得到保护，必须实现程序认定与实施保护措施相结合，如果仍停留在原有的保护基础上，没有实施更有效的保护措施，这一认定除宣示该海域具有特殊敏感性外并无任何现实意义。[2]新西兰和美国等国认为，通过国际海事组织可直接实施能达到同一目的的船舶航线措施，不必通过复杂、漫长的特别敏感海域认定程序。该观点在波罗的海特别敏感海域的申请过程中引发了激烈的争论。其核心可能就是各界对特别敏感海域制度本身是否具有内在价值的争论。特别敏感海域内的保护措施包括指定航道、分道通航、禁航、避航、强制引航等，客观上减少了海域内可航范围，增加了航行船舶的技术要求和航行限制。[3]

海洋保护区制度实践较早也较为成熟，但在其发展过程中存在一些问题。在“毛里求斯诉英国有关查戈斯群岛海洋保护

〔1〕 参见王敏敏：“国外海洋自然保护区的法律保护研究及对我国的启示”，中国海洋大学2010年硕士学位论文，第6页。

〔2〕 参见王亚宽：“试析特别敏感海域制度（PSSA）及其在南中国海的适用”，外交学院2013年硕士学位论文，第44页。

〔3〕 参见马金星：“论特别敏感海域制度在南海的适用”，载《太平洋学报》2016年第5期，第8页。

区案”中，毛里求斯请求法院判决英国建立海洋保护区违反了《联合国海洋法公约》第300条关于“缔约国应当诚意并不得滥用权利”的规定。英国在建立查戈斯群岛海洋保护区的过程中，存在权利滥用，侵犯了他国的权利。从分析类似案件我们可以看出，一些国家可能存在“恶意”利用海洋保护区制度，扭曲海洋保护区制度的真实目的。建立海洋保护区并绝对禁止区域内资源的合理开发利用，片面强调环境保护，实质上是国家权利的垄断，可能引起更多的国际冲突。

海洋保护区制度的实践中还存在环境保护与人权的价值冲突。例如，英国查戈斯群岛的原岛民是否有权返回该岛？英国建立的完全禁止型海洋保护区排除了查戈斯群岛原岛民获取生存资源的可能，实质上剥夺了岛民回归的权利，侵犯了岛民的基本人权。[1]可见，海洋保护区制度还需要在实践中不断完善。

四、特别敏感海域制度与特殊区域制度比较

特殊区域是指具有生态和航运特殊性，为防止船舶排放造成污染，通过技术认定采取特殊强制措施予以保护的区域。[2]

---

〔1〕 此案源于2017年6月22日联合国大会根据非洲组动议表决通过的71/292号决议。中国于2018年3月向法院提交的书面意见得到反映，即坚定支持联合国非殖民化进程，同时敦促法院恪守双边争端诉诸国际司法须征得当事国同意的原则。2019年2月25日，国际法院以13∶1的压倒性多数就查戈斯群岛案发表咨询意见，认定英国1965年将查戈斯群岛从毛里求斯分离“构成国际不法行为”，毛里求斯的非殖民化进程尚未合法完成，英国应尽快结束对查戈斯群岛的管理，各国应协助联合国大会尽快实现毛里求斯的非殖民化；同时强调，法院仅就非殖民化问题发表意见，并不裁决双边领土争端。International Court of Justice，Legal Consequences of the Separation of the Chagos Archipelago from Mauritius in 1965，25 February 2019，General List No. 169.

〔2〕 参见张硕慧：“特殊区域和特别敏感海域”，载《交通环保》2000年第4期，第28页。

国际海事组织在《关于 MARPOL73/78 公约中特殊区域指定指南和关于特别敏感海域鉴定和指定指南》中规定特别敏感海域制度与特殊区域制度在多个方面存在不同。

第一，制度目的。特别敏感海域制度旨在保护具有特殊生态、文化经济或科研意义，且易受航运破坏的海域，可以采取限速、强制引航等措施；特殊区域制度则禁止船舶在指定海域内排放超越 MARPOL73/78 公约限定标准的有害物质，但不绝对禁止船舶航行或排污。

第二，认定标准和程序。申请认定为特别敏感海域，只要满足《特别敏感海域识别和指定修订指南》中规定的三大标准之一即可；而被认定为特殊区域，则需要满足该指南提出的关于特别区域认定每个类别〔1〕中的至少一个要求。特别敏感海域申请以个案形式完成，申请设立成功，申请国即可实施配套保护措施。而特殊区域申请需要通过公约修正程序完成，只有在对 MARPOL73/78 公约正文或附件内容的修订生效后，申请国才能实施相关保护措施。〔2〕

第三，保护区域和保护措施。特别敏感海域的申请没有严格的空间范围限制，只要符合国际海事组织规定即可申请。特殊区域制度则只为保护封闭和半封闭海域，特殊区域的认定范围需符合《联合国海洋法公约》的规定。一海域被设立为特别敏感海域，该沿海国即可采取国际海事组织权限范围内可行的一切措施，不论该措施是否在现有的法律条文中。而特殊区域所能采取的保护措施必须是在国际海事组织专门为特殊区域设定的，在 MARPOL73/78 公约附则Ⅰ、Ⅱ、Ⅳ、Ⅴ规定的标

〔1〕 认定标准的类别有：海洋地理条件、生态条件、航行船舶的特征。

〔2〕 参见马金星："论特别敏感海域制度在南海的适用"，载《太平洋学报》2016 年第 5 期，第 4 页。

准中。

简言之，特别敏感海域制度和特殊区域制度存在诸多不同，特别敏感海域制度认定标准和程序更简单、保护范围更广、保护措施更多、限定条件更少。因此，沿海国希望采取比现有法律文书中规定的更高标准的保护措施，则可以考虑申请设立特别敏感海域。〔1〕

第三节 特别敏感海域制度在中国的适用

关于特别敏感海域制度，欧美及大洋洲国家的研究起步更早、发展更成熟，目前已设立的16个特别敏感海域绝大多数归属于欧美及大洋洲沿海国家，中国还没有建立特别敏感海域。随着日益增多的海洋开发利用活动和日趋严重的海洋环境污染，为实现海洋的可持续利用和污染防治，中国作为发展中的海洋大国，申请建立特别敏感海域的计划应该尽快被提上日程。

一、特别敏感海域在渤海海域的适用

在中国渤海海域申请建立特别敏感海域是否必要？是否可行？

（一）渤海海域建立特别敏感海域的必要性

渤海面积约7.8万平方公里，油气、港口等资源丰富。但随着人类海洋活动的日益增多，海洋污染也随之加重。渤海海域正面临着严重的环境污染，其可持续利用能力不断下降，严重威胁着环渤海地区的经济发展和人民健康，因而，采取有效的、有针对性的环境保护措施已刻不容缓。

---

〔1〕 Nihan Ünlü, "Particularly Sensitive Sea Areas: Past, Present and Future", *World Maritime University Journal of Maritime Affairs*, 2006, 3 (2), 159~169.

渤海海域航运繁忙，船舶污染和突发性溢油事故对渤海环境的影响巨大，环渤海经济的快速发展也加重了污染风险。如果将渤海海域认定为特别敏感海域，中国就可根据实际情况选择强制报告、强制引航等更有针对性的海洋环境保护措施，可以大幅减轻航运给渤海海域带来的环境压力。因此，为恢复和保护渤海海域生态环境，将该海域申请认定为特别敏感海域是十分必要的。

（二）渤海海域建立特别敏感海域的可行性

作为中国内海，渤海拥有完整且复杂的生态环境。但是，海域内水交换能力弱、自净能力差[1]，容易受到人类活动和航运活动的影响。同时，渤海是中国环渤海经济圈的基础支撑，是中国北方大部地区的重要出海口，航运发达，国际海事活动频繁。一海域只要符合《特别敏感海域识别和指定修订指南》中规定的“生态、社会文化和经济、科学和教育”三个标准之一，同时易受航运因素影响，就能够申请被认定为特别敏感海域。对照分析，渤海海域同时符合以上三个标准。申请认定渤海海域为特别敏感海域完全可行。

（三）渤海海域建立特别敏感海域的选址及建议

渤海海域有三个子海域：辽东湾、渤海湾、莱州湾。其中，申请认定为特别敏感海域最合适的海域应是北黄海西部，即山东半岛的成山角与丹东大鹿岛之间连线以西的海域，包括整个渤海湾在内。该海域人类活动频繁，海上航运繁忙，船舶排放污染物和突发性溢油事故对该海域的影响巨大。2009 年至 2015 年，渤海威海海域、天津海域因航行船舶的事故性溢油污染严重，对该海域的生态、动植物均造成了严重危害。该海域需要

[1] 参见王俊波、王菁：“渤海海域建立特别敏感海域（PSSA）的思考”，载《中国海事》2007 年第 9 期，第 27 页。

尽快采取保护措施，防止其生态污染及恶化。所以，申请认定该海域为特别敏感海域是非常适合和紧迫的。

渤海海域建立特别敏感海域具有充分的必要性和可行性。建议相关部门依据规定，积极准备申请资料，及时向海上环境保护委员会提交申请报告，以确保渤海海域建立提案的顺利通过。笔者在此针对渤海海域申请建立特别敏感海域提出以下建议：第一，根据国际海事组织的规定，组织专家调研、论证，提出应采取的保护措施。例如，禁止该海域内的航行船舶以任何形式向该海域排放污染物；对在特定区域航行的船舶采取强制报告制度；对通过重点水域附近的船舶采取避航或强制引航等措施。第二，相关部门应当积极筹备、及时申请认定渤海海域为特别敏感海域。相关人员与专家应当紧跟国际海事组织有关特别敏感海域认定的计划，看准时机，提交申请报告，尽快实现中国渤海海域成为特别敏感海域。

二、特别敏感海域在南海海域的适用

在中国南海海域申请建立特别敏感海域是否必要？是否可行？若申请，需要克服哪些困难？

（一）南海海域建立特别敏感海域的必要性

南海海域约 350 万平方公里，蕴藏着丰富多样的海洋资源；地理位置优越，东临西太平洋，西部是印度洋，南部可连接印度洋，东南部与西太平洋相通。是东南亚航运的“黄金水道”和欧、亚、非、大洋洲等地重要的海上石油运输航线，航运繁忙，海域内污染日益加重。

最主要的是，南海战略地位十分重要，美、日等域外国的干涉，周边国家的肆意争夺，导致该海域冲突不断、人类活动频繁、污染加重，但无国家对其进行治理保护。只有中国作为负责任的大国，致力于通过在南海建立特别敏感海域，以有效地保护南海海域生态环境，维护中国在南海的主权。中国申请建立南海特别敏感海域，对该海域生态稳定、资源保护、国家航运利益和战略安全的保障都具有极其重要的现实意义。[1]因此，在南海海域建立特别敏感海域的必要性显而易见。

（二）南海海域建立特别敏感海域的可行性

南海海域符合国际海事组织规定的三个认定标准，建立南海特别敏感海域完全可行。

第一，符合生态标准。南海海域生态环境符合国际海事组织关于申请特别敏感海域规定的生态学标准。[2]例如，南海珠江口水域，拥有丰富的生物资源，种类繁多，并且珠江口水域具有独特、完整的海洋生态系统。该水域的红树林、珊瑚礁等生物群落与生态环境具有极高的依存性。同时，该水域人为破坏和船舶航运污染日益严重，若不尽快采取措施进行保护，该水域的生态环境破坏将不断加剧、难以恢复。

第二，符合社会文化和经济标准。社会文化和经济标准即要求该海域生态环境对人类社会的经济、文化等方面具有非常重要的作用。南海海域的经济价值体现在该海域蕴藏丰富多样的资源（例如渔业资源和油气资源），其经济价值日益凸显、不可估量。同时，南海地理位置优越，风景独特，古遗址、石刻岩画等人文旅游资源集聚，具有较高的旅游价值。

第三，符合科学和教育标准。即该海域具有很高的科研价值，或对历史研究具有重大意义。南海拥有许多宝贵的海洋文

---

〔1〕参见石春雷：“南海建立特别敏感海域问题研究”，载《南海学刊》2015年第3期，第45页。

〔2〕生态学标准：该海域生态系统具有唯一性、依存性、代表性、多样性、多产性、自然性、完整性和脆弱性。

化资源，例如珠海宝镜湾摩崖石刻画、宋代沉船“南海 1 号”等都具有重要的科研价值，可为海洋考古、海洋文学史等研究提供参考。

（三）南海海域建立特别敏感海域的难点及建议

关于具体选址，南海海域最适合建立特别敏感海域的区域应当是生物多样性最丰富的区域、受人类活动影响最大的区域和船舶航运量最大的区域。范围大约是东经 106°～109°，北纬 3°～9°，中心位于东经 107°，北纬 6°，面积约 4.7 万平方公里的区域，其三项指标均居世界各海洋水域之榜首，符合建立特别敏感海域的各项标准。[1]

在建立特别敏感海域必要性、可行性均已满足，选址也可基本确定的情况下，其具体实施仍困难重重，主要有以下几个难点：

难点一是政治共识阙如。众所周知，南海主权争端从未休止，近年来更是愈演愈烈，主权争端使得区域内合作困难重重，因而南海海域环境保护的区域合作长期未达成共识。而南海海域建立特别敏感海域必然会涉及一些尚未得到国际公约和法律规定的问题，例如管辖划分、法律执行和违法认定等，造成区域合作缺乏政治共识。如果中国率先在国际海事组织会议中提出在南海海域建立特别敏感海域的提案，日、韩等 A 类理事国的消极态度，以及菲、马、泰等亚洲 C 类理事国根据各自的利益提出的异议，都会成为中国申请建立南海特别敏感海域道路上的“绊脚石”。达成政治共识、实现区域合作对中国提案的通过具有至关重要的意义。

难点二是配套措施缺乏。中国申请建立南海特别敏感海域，

〔1〕 结论来自管松：“南海建立特别敏感海域问题研究”，载《中国海洋法学评论》2012 年第 2 期，第 59～60 页。

必须按照规定在申请报告中提供配套保护措施，但目前，南海地区环境评估、海上救援、污染应急处理等配套措施的空缺或不完善阻碍了南海特别敏感海域申请工作的开展[1]。

难点三是技术条件障碍。特别敏感海域的选址、环评等关键环节都需要专家充分调研和技术论证。由于专家稀缺、技术限制，中国缺乏高质量的提案，难以引起关注和认可。如何突破技术障碍，制定高质量、易通过的提案，是中国建立南海特别敏感海域的又一难点。

中国申请建立南海特别敏感海域困难颇多，但随着经济和技术的发展，以及南海自身优势的凸显，各国对南海的开发利用将会不断深入，随之南海的环境污染将会日益加剧，终将丧失其可持续利用力。因而，中国应该迎难而上，加快建立南海特别敏感海域的步伐，希望以下建议或可助一臂之力：

建议一，针对“政治共识阙如”。面对争议，中国应始终坚持“主权在我，搁置争议，共同开发”的原则。在海上丝绸之路加快推进实施的背景下，中国更应展现大国风范，积极倡导并邀请南海周边国家搁置争议、加强合作，共同申请南海海域为特别敏感海域，并逐步争取更多国家的支持。可根据“先易后难”原则分步申请，先申请敏感性较低的中部海域；再申请敏感性较高的南部诸岛水域。中国在申请提案中应强调全球海洋生态保护、航运安全和海洋资源的可持续利用，强调人类共同利益，弱化主权纠纷，争取通过区域合作和国际立法共同保护南海水域。[2]

---

[1] 参见石春雷：“南海建立特别敏感海域问题研究”，载《南海学刊》2015年第3期，第46页。

[2] 参见吴海宁、谭振庆：“关于在南海诸岛水域建立特别敏感海区的思考”，载《中国海事》2014年第2期，第41页。

建议二，针对“配套措施缺乏”。根据国际海事组织的规定，组织专业人员研究提出配套保护措施，例如在南海重要海域实施船舶零排放措施，禁止船舶向海域排放污染物；对进入重点海域的油轮采取溢油风险预警制度；对通过西沙群岛、黄岩岛等重点水域的船舶采取绕航、避航等措施；定期组织沿岸国开展防污、防灾演练。中国还可以采取动态区域监管措施，对途经南海特别敏感海域的船舶实施远程识别、跟踪，实现海域内船舶的有序航行。[1]

建议三，针对“技术条件障碍”。加大对南海海域环境保护的人员和设备投入，加大科研力度，成立南海专题研究组，专门研究建立南海特别敏感海域的相关工作。特别敏感海域认定程序复杂、漫长，前期准备工作复杂、繁重，需要集合多方技术力量，合作拟定高质量提案。同时，专题组需要持续关注国际海事组织有关特别敏感海域设立的最新动态，适时调整工作方向，确保提案符合规定[2]，争取尽快顺利通过。

三、结论

在中国申请认定渤海海域和南海海域为特别敏感海域的研究和实践方面，仍存在许多困难，例如研究尚浅、技术不足、经验缺乏等。但必须意识到，渤海海域、南海海域对中国当前和未来经济的发展都具有十分重要的作用，而近年来由海上航运活动引起的两海域环境污染日趋严重，已经制约了区域经济的发展，危害到了当地人民的权益。因此，中国应该尽快建立

---

〔1〕 参见马金星：“论特别敏感海域制度在南海的适用”，载《太平洋学报》2016 年第 5 期，第 12 页。

〔2〕 参见石春雷：“南海建立特别敏感海域问题研究”，载《南海学刊》2015 年第 3 期，第 47 页。

两海域的特别敏感海域，采取相关保护措施，给予及时、有效的特别保护。在两海域建成特别敏感海域对该海域的海洋环境保护、航行安全和维护中国国家权益意义重大。

第四节　公海海洋保护区的制度建设和特点

1982 年《联合国海洋法公约》为实现海洋及其生物资源的高效利用并维持其与保护和涵养海洋环境及资源的平衡态势，将以往的“领海-公海”实践拓展为领海和毗连区、专属经济区、公海海洋区划体系。置于国家主权及管辖权之下的海域，不仅内国可通过立法、划定海洋保护区等方式加强海洋环境保护与治理，而且也接受国际公约的拘束。而在国家管辖范围之外的海域建立海洋保护区（Marine Protected Areas，MPAs），已成为一种重要的保护世界海洋环境与资源的方法。[1]

一、公海海洋保护区的概念及发展

中国在推动从“海洋大国”向“海洋强国”角色转变的过程中，在海洋环境保护问题上所做出的具体实践能够为公海 MPAs 制度构建的完善做出回应与发展。保持制度与实践良性的互动，有利于为逐渐强化管辖权行使提供切入视角。

（一）公海海洋保护区的概念

现有的国际条约及相关实践对于公海 MPAs 并没有一个明确的定义。若将其拆分成两项名词词语分别释义，即可以作为一种参考。《联合国海洋法公约》对“公海”的定义使用排除法的

---

〔1〕 参见何志鹏：“在国家管辖外海域推进海洋保护区的制度反思与发展前瞻”，载《社会科学》2016 年第 5 期，第 97 页。

方式[1]确定了其适用范围，而对海洋保护区单独定义。首先，可考察世界自然保护联盟下属的世界保护地委员会出版的《海洋保护地指南》。[2]其次，2004 年《生物多样性公约》（Convention on Biological Diversity，CBD）缔约方大会第 7 次会议指出："任何处于海洋环境内部或与海洋环境相邻的，凭借法律或者包括习惯在内的其他有效方式划出的，以达到其海洋和/或沿海生物多样性比周围环境享有更高水平保护效果的具有明确界限的区域，包括其上覆水体和相关动植物群落、历史与文化特征。"[3]可以看出，CBD 在对于 MPAs 的定义中明确了其基本的构成要件，并更加突出对于 MPAs 内生物多样性应提供更高标准的保护力度。

由此，公海 MPAs 是指，通过有效方式作出，并为海洋生物多样性和可持续发展利用提供更高保护程度的于公海划定的区域。

虽然《联合国海洋法公约》第七部分第二节规定了国家对于公海生物资源养护和管理的责任和义务，但过度捕捞、恶性捕捞、来自陆源、船源的污染及倾倒、海底开发活动与气候变化等众多因素依然威胁着公海乃至整个海洋生境平衡的维持。并且，长期以来公海海域健全、有效的善后保护机制的缺位致使该区域的污染损害责任在承担依据上仍为空白。国际社会为

---

〔1〕 1958 年《公海公约》第 1 条："称'公海'者，谓不属领海或一国内水域之海洋所有各部分。"也用排除的方式明确公海的定义。

〔2〕 该指南将海洋保护区定义为：通过法律或其他有效方式保留的，对部分或全部封闭环境进行保护的，潮间带或潮下带地形的任何区域及其上覆水体与相关动植物群、历史和文化特征。

〔3〕 CBD Conference For The Parties, "Decision Adopted by The Conference of the Parties to the Convention on Biological Diversity at its Seventh Meeting", 7. Ⅷ/5, 13 Apr. 2004, https://www.cbd.int/doc/decisions/cop-07/cop-07-dec-05-en.pdf, accessed on 8 May 2018.

此积极商讨公海海域生态系统的养护办法和管理措施。[1]CBD框架下编制报告提及的具有生态或生物重要意义的海洋区域（Ecologically or Biologically Significant Marine Areas，EBSAs），为加快公海海洋保护区的选划和建立提供了可能的科学基础。[2]

（二）公海海洋保护区的国际法基础

作为众多海洋法律协议统一集合体的《联合国海洋法公约》，对沿海国和其他国家规定了无条件的、不考虑海洋分区的保护和保育海洋环境的一般性义务。虽然《联合国海洋法公约》没有规定海洋保护区的具体条款，但其倡导的国际合作作为海洋环境保护的基本原则成了公海海洋保护区设立的重要操作指向。基于海洋环境的特点，超出国家管辖的区域会和国家管辖范围内的区域进行物理过程和生物资源的互换与分享，所以，不能将国家管辖以外的海域视为孤立的区域。[3]而《联合国海洋法公约》亦指出，任何国家均不得有效地声称将公海的任何部分置于其主权之下，公海 MPAs 的建立和管理都需要国际协议的存在，[4]而《联合国海洋法公约》可作为海洋环境共同保护方面的法律渊源予以参考。

CBD 缔约方大会 2004 年对海洋和沿海生物多样性的审查提到要确保海洋和沿海海洋保护区方案基本内容的整合，使其能

〔1〕 参见史晓琪、张晏瑲："公海保护区与公海自由制度的关系及发展进路研究"，载《中国海商法研究》2017 年第 1 期，第 77 页。

〔2〕 参见郑苗壮、刘岩、徐靖："《生物多样性公约》与国家管辖范围以外海洋生物多样性问题研究"，载《中国海洋大学学报（社会科学版）》2015 年第 2 期，第 40 页。

〔3〕 ［美］巴巴拉·劳瑎：《保护地立法指南》，王曦、卢锟、唐瑭译，法律出版社 2016 年版，第 233 页。

〔4〕 ［美］巴巴拉·劳瑎：《保护地立法指南》，王曦、卢锟、唐瑭译，法律出版社 2016 年版，第 249 页。

够得到切实的协调。[1]2008 年 CBD 缔约方大会第 9 次会议首先回顾了第Ⅷ/24 号决定关于在国家管辖范围之外的海洋区域合作建立海洋保护区备选办法的内容，并且以附件的形式确立了公海水域和深海栖息地中需要加以保护的 EBSAs 的科学标准，以及建立包括公海和深海栖息地在内的代表性 MPAs 网络选址的科学指南。[2]2016 年 CBD 缔约方大会第 13 次会议注意到，EBSAs 是一项科学和技术工作，海洋保护区的建设和影响评估可以增强对该区域的保护与管理措施，并进一步改进 EBSAs 应用的科学指南和系统评估，推动海洋区域信息库和信息分享机制的建立。[3]

此外，涉及海洋环保领域的区域合作以联合国环境规划署于 1974 年发起的 13 个区域海洋项目为代表，[4]1995 年修订的《巴塞罗那保护地中海免受污染公约》、1998 年修订的《奥斯陆巴黎保护东北大西洋海洋环境公约》等区域协定也为公海海洋

〔1〕 CBD Conference of The Parties, "Decision Adopted by The Conference of the Parties to the Convention on Biological Diversity at its Seventh Meeting", [COP] 7. Ⅶ/5, 13 Apr. 2004, https://www. cbd. int/doc/decisions/cop - 07/cop - 07 - dec - 05 - en. pdf, accessed on 8 May 2018.

〔2〕 CBD Conference of The Parties, "Decision Adopted by The Conference of the Parties to the Convention on Biological Diversity at its Ninth Meeting", [COP] 9. Ⅸ/20, 9 Oct. 2008, https://www. cbd. int/doc/decisions/cop-09/cop-09-dec-20-en. pdf, accessed on 8 May 2018.

〔3〕 CBD Conference of The Parties, "Decision Adopted by The Conference of the Parties to the Convention on Biological Diversity", [COP] 13. XIII/12, 17 Dec. 2016, https://www. cbd. int/doc/decisions/cop- 13/cop - 13 - dec - 12 - en. pdf, accessed on 8 May 2018.

〔4〕 区域海洋项目涵盖了世界上 18 个地区，有超过 140 个国家参加。这些项目涉及黑海、大加勒比地区、东亚海域、东非、南亚海域、ROPME（保护海洋环境区域组织）海洋、地中海、东北太平洋、西北太平洋、红海和亚丁湾、东南太平洋、太平洋和西非。

保护区的实践提供了借鉴。[1]

（三）公海海洋保护区的国际实践

公海自由虽是海洋法领域的核心，但公海自由原则致使公海生态愈加脆弱的自损性也是显而易见的。公海 MPAs 的出现一方面给公海自由原则造成了巨大的挑战，而另一方面，其在公海海洋生物多样性保护方面的优势却推动着国际社会在寻求合作的基础上对其不断展开实践和探索。目前，公海海域上已建立了 4 个公海 MPAs，国际实践的逐步发展同时也在修正与补充公海 MPAs 的理论框架。

首个跨国公海 MPAs 的国际实践，可考察法国、意大利与摩纳哥基于 1999 年签署的《关于在地中海建立海洋哺乳动物保护区的条约》而设立的地中海派拉格斯保护区。以三国协议共管的方式对划定海域内（55%的水域位于三国管辖范围之外）的鲸类、海豚等濒危动物提供更高水平的保护，且加强对于保护区内污染源的控制。2001 年，该保护区被列于《特别保护地和生物多样性议定书》下的“具有地中海重要性的特别保护区域”，该行动使得协议的法律承诺的指向扩展至议定书的所有缔约方。此项成功实践提供了协议合作共管的模式，开创了在公海上设立深海保护区的先例。

第一个完全位于国家管辖范围外的公海 MPAs 是 2009 年由英国提议并经南极海洋生物资源养护委员会（CCAMLR）批准的南奥克尼群岛大陆架海洋保护区。2010 年 5 月，南奥克尼群岛南大陆架海洋保护区正式建立，面积约为 94 000 平方公里，主要保护 CCAMLR 渔业分区第 48.2 分区内的海洋生物多样性。而保护区措施的制定、实施和管理主体为南极委员会，其需要

[1] 参见史晓琪、张晏瑲：“公海保护区与公海自由制度的关系及发展进路研究”，载《中国海商法研究》2017 年第 1 期，第 80 页。

对保护区措施执行的有效性进行持续跟踪。[1]

《奥斯陆巴黎保护东北大西洋海洋环境公约》(简称《OSPAR 公约》)由欧洲共同体和 15 个相关国家共同订立，并组成缔约方决策机构——OSPAR 委员会，于 2003 年通过一项建议，设定在 OSPAR 地区建立一个生态上内部协调、管理良好的 MPAs 联合网络的 2010 年目标，并更多地鼓励在深海地区发展 OSPAR MPAs，包括公海。[2]随后，于 2010 年在挪威卑尔根召开的部长级会议决定设立大西洋中央海脊海洋保护区，遵循风险预防原则，用以保护生物栖息地和最佳代表物种。

2016 年 10 月 28 日，南极罗斯海被正式划设为全球最大的海洋保护区，保护期限为 35 年。[3]超过 155 万平方公里的保护区面积约为英国、德国和法国三国陆地面积的总和。其在现有充分科学证据基础上制定了养护措施，并为科学研究或养护目的确定了捕捞区域和禁捕区域，保护区中约有 112 万平方公里被设为禁渔区。作为公海上首个大型 MPAs，其一方面确定了罗斯海地区保护海洋生物多样性的优先地位，另一方面也为建立 CCAMLR 海洋保护区提供了一个总体框架，[4]并为实现 CCAMLR 海洋保护区代表系统做出了重要贡献。关于罗斯海地区 MPAs 相关的科学研究和检测评估需要结合生态系统、渔业和气候变化等综合考量。

---

〔1〕 参见桂静等:“国际现有公海保护区及其管理机制概览”，载《环境与可持续发展》2013 年第 5 期，第 42 页。

〔2〕 [美] 巴巴拉·劳瑎:《保护地立法指南》，王曦、卢锟、唐瑭译，法律出版社 2016 年版，第 265 页。

〔3〕 参见王一:“南极罗斯海被设为最大海洋保护区有效期 35 年”，载环球网: http://world.huanqiu.com/exclusive/2016-10/9612318.html，访问日期: 2016 年 10 月 28 日。

〔4〕 参见杨雷等:“《关于建立 CCAMLR 海洋保护区的总体框架》有关问题分析”，载《极地研究》2014 年第 4 期，第 522~534 页。

综上，在目前尚未形成普遍性国际公约对公海 MPAs 进行体系规范的背景下，区域性公海 MPAs 的实践不仅有利于将公海海洋利用的需求与海洋资源养护之间的矛盾进行合理探索与解决，而且能够为区域合作乃至国际合作的转变提供参考路径。此外，在一定程度上，基于公海 MPAs 设立的环境保护公益性，其关乎人类的共同福祉和可持续发展，对于高政治敏感度的海域主权争端的降温处理也有一定的助益。

二、地中海海洋保护区制度的制度建设和新成果

在行动初期，地中海海洋保护区便有了详细的考量，并制定了完备的《行动计划》，包括整体规划资源开发与管理、污染物监测和评估污染状况、法律法规制定办法、制度与财政支持等四个部分。〔1〕

（一）制度建设及其特点

在法律框架制定方面，“巴塞罗那公约体系”模式为其首创性的模式，即框架性公约加议定书的模式。其框架性的公约是各国对行动计划的具有约束力表达的正式汇总。地中海行动计划的核心是针对各种环境污染整治和环境保护措施的功能性议定书，对具体污染源与污染方式规定了详细的标准、程序及措施。而且，框架性公约+议定书的模式并未将所有方面都用统一的标准锁死，为制定后续的议定书预留了空间。〔2〕

地中海海洋保护区采取分阶段行动模式，每一个阶段都有相对应的侧重部分。第一阶段（1972 年至 1995 年）重点在制度

〔1〕 参见郑凡：“半闭海视角下的南海海洋问题”，载《太平洋学报》2015 年第 6 期，第 52 页。

〔2〕 参见郑凡：“地中海的环境保护区域合作：发展与经验”，载《中国地质大学学报（社会科学版）》2016 年第 1 期，第 82 页。

建设方面：解决了地中海保护区的资金来源及资金管理的问题、整体规划问题的处理、制度安排、议定书的商讨及签订等方面。而具体到行动方面则是解决污染问题，主要表现为监测及应对污染，污染物的处理方面的工作；而在参与方面，则主要是靠缔约方的参与。第二阶段（1995 年至今）重点在解决污染问题方面，主要表现为更加注重通过落实可持续发展，减少并尽可能地消除污染；在参与度层面，则表现为强调公众参与及第三方参与；在管理范围方面，表现为涉及更加广泛的行业与部门，不再将视野仅限于解决已经出现的环境问题，而是开始探究海洋的规范使用。

地中海行动计划包括了整体规划、监测与评估、法律、制度与财政支持四个部分，其完整性和协调性保障了行动计划的有序落实。

（二）发展的新成果

地中海海洋保护区发展的新成果表现在三个方面：

第一，建构了“综合-分立”双层级海洋保护法律制度。这种制度能够成功地规避因制度不公而引发新的冲突。

第二，建立了富有成效的地中海环境保护区建设方案。地中海行动计划通过其独特的海洋保护区建设措施，不仅促进了相关国家之间自然区域管理保护的合作，同时又回避了包括划界在内的各种海洋争端。

第三，构建了海洋保护区“软法”支持体系。国际法中的软法是指包括国际组织和国际会议的决议、决定、宣言、建议和标准等在严格意义上不具有法律拘束力，但又具有一定法律效果的国际文件。[1]但是，这些软法文件可能会影响国家

〔1〕 参见王铁崖主编：《国际法》，法律出版社 1995 年版，第 456 页。

与国际组织之间产生新的具有法律拘束力和规范力的规范性文件。[1]地中海行动计划中形成的“软法”体系，同其较为完善的“硬法”体系一起，推动了海洋环境资源保护事业的发展。

三、波罗的海海洋保护区制度的合作方式和特点

波罗的海是欧洲北部的内海、北冰洋的边缘海、大西洋的属海，四面均为陆地；整个海面介于 9 个欧洲国家之间，沿岸人口数量众多；是北欧的重要航道，是沿岸国家之间以及通往北海和大西洋的重要水域，有众多交通枢纽和工业企业，途经波罗的海水域的货物承载能力及运输量占世界海洋运输总量的10%左右。与其繁荣的经济发展相对应的是，波罗的海海洋污染日趋严重，海洋生物的生存状况受到极大的威胁，生态环境遭到极大的破坏。1974 年 3 月，波罗的海沿岸国家达成《保护波罗的海海洋环境公约》（以下简称《赫尔辛基公约》），成为历史上第一个以整个海域的海洋环境保护为主旨的条约。[2]

波罗的海海洋保护区建设分三个阶段：第一阶段以 1974 年赫尔辛基大会召开为标志，正式将波罗的海环境问题列为国际共同治理的项目；第二阶段以东欧剧变为标志，政治环境的缓和让东欧国家与周边国家合作得以有效进行，共同进行环境治理的障碍大大减少，波罗的海环境开始得到极大的改善；第三阶段以 2004 年波罗的海三国加入欧盟为标志，欧盟开始以一个

〔1〕 参见白佳玉、李玲玉、陈敬根：“论特别敏感海域制度在南中国海环境保护中的适用”，载《中国海商法研究》2015 年第 4 期，第 47 页。

〔2〕 参见朱建庚：“区域海洋环境保护的模式探析”，载《海洋信息》2013 年第 3 期，第 50 页。

独立的身份参与到波罗的海环境治理进程中。[1]

（一）合作方式的处理

在如何合作问题上，1974年赫尔辛基大会的与会各国通过了《赫尔辛基公约》，并据此成立了赫尔辛基委员会。[2]该委员会的任务是："第一，根据公约，提出实现公约目标的措施建议；第二，确定污染控制、减污、测量和控制陆源污染的目标。"[3]缔约国的义务包括："第一，阻止公约附件一所列的有害物质由空运、水运或其他运输方式进入波罗的海区域；第二，控制波罗的海区域海洋环境中来自陆地的污染，并将这种污染所带来的影响降到最低程度；第三，限制污染排放，就污染物质和材料的生产使用等制定出专门计划、准则、标准和规则规章。"[4]

1992年4月，《赫尔辛基公约》缔约国在波兰城市格但斯克召开波罗的海区域海洋环境外交会议。这次会议批准了波罗的海综合环境联合行动计划，其中包括波罗的海环境热点表。该计划的最终目的是恢复波罗的海生态环境和保护生态环境的平衡，[5]最终用以维护周边国家甚至全人类的生存利益。

（二）制度建设的特点

首先，波罗的海海洋保护区的建立目的相对较为单一，将排除海洋污染作为工作的中心。1974年签署的《赫尔辛基公

---

〔1〕 参见汪洋："波罗的海环境问题治理及其对南海环境治理的启示"，载《牡丹江大学学报》2014年第8期，第140页。

〔2〕 参见林全玲、贾欣："西北太平洋区域海洋溢油合作法律框架构建初探"，载《海洋通报》2016年第5期，第491页。

〔3〕 1974年《赫尔辛基公约》第13条（b、d款）。

〔4〕 1974年《赫尔辛基公约》第5条和第6条。

〔5〕 Ain Lääne："保护波罗的海：波罗的海环境保护委员会的作用"，祁冬梅译，载《AMBIO-人类环境杂志》2001年第4-5期，第260页。

约》是国际社会第一份为限制通过空气或水传播的、来自陆地和海上的海洋污染而签署的区域性多边协议。

其次，波罗的海海洋保护区的最大特点是不同层次、不同重点的国际合作组织的协调工作。通过有效的合作与协调，使各个国家与国际组织都能高效地参与到环境问题治理当中。其中，各国将赫尔辛基委员会作为整个保护区建设的核心组织，整个环境保护区的工作完全在赫尔辛基委员会的协调下展开。1992 年签署的《赫尔辛基公约》扩大了多边合作的范围，并提高了对合作的要求。

最后，在波罗的海海洋保护区中，赫尔辛基委员会拥有决策权。在 1974 年和 1992 年签订的公约中，缔约国均将赫尔辛基委员会指定为决策机构。成立四十多年来，赫尔辛基委员会在波罗的海环境问题上一直起着中枢的作用。该委员会的各项决定都要根据一方一票的原则协商一致作出，如果该委员会中的所有欧盟成员国都同意某一项政策，欧洲委员会则不能对此投反对票。[1]虽然赫尔辛基委员会制定的“建议”并不具有法律效力，但是，如果其成员国将该“建议”纳入国内法律法规，其便有了法律效力。

第五节 南海环境共同保护的困境和制度完善

南海生态环境亟须保护，但现状堪忧。2016 年 4 月，中国与东盟国家讨论通过了落实《南海各方行为宣言》的工作计划，并表达了围绕航行安全与搜救、海洋科研与环境保护等建立技术合作委员会的共同意愿。2017 年 5 月，中国与东盟国家通过

---

〔1〕 Henrik Selin、Stacy D. Van Deveer：“波罗的海的有害物质管理：成果与挑战”，许天虎译，载《AMBIO-人类环境杂志》2004 年第 3 期，第 137 页。

了"南海行为准则"框架。2018年8月2日，"南海行为准则"单一磋商文本草案形成。[1]可以看出，在非传统安全领域，以海洋环境保护为共同利益导向的区域合作更容易实现；有必要构建开放性的南海区域合作机制；[2]在各国政治互信的基础之上，各沿岸国共同推进南海环境共同保护的机制建设和完善，有望逐渐实现养护南海生态环境的目标，推动南海环境治理的可持续发展。

一、南海生态环境及法律保护现状

南海环境共同保护需要以国际公约为法律依据，以区域合作为推手，在优化现有合作机制的基础之上，通过有效措施的施行，实现南海各国（地区）共赢共享的利益回馈目标。

（一）南海生态环境恶化

作为繁忙的海上交通要道，南海的战略地位一直处于地区主导权争夺与介入因素平衡的博弈之中。

在各方据理力争、寸步不让之时，南海脆弱的生态系统却被置于保护羸弱的状态。[3]频繁的海运贸易所带来的船源污染、油污事故造成海水自净能力较低，且具有半闭海特征的南海生态系统严重损害与退化，[4]而气候变化导致的南海海水酸化以

---

〔1〕 参见张志文："加强团结协作 促进和平繁荣——东亚合作系列外长会综述"，载《人民日报》2018年8月5日。

〔2〕 参见易先良："构建开放性的南海区域合作机制——外交部边海司长易先良在博鳌亚洲论坛2018年年会南海分论坛上的主旨演讲"，载《边界与海洋研究》2018年第4期，第7页。

〔3〕 参见管松："南海建立特别敏感海域问题研究"，载《中国海洋法学评论》2012年第2期，第50页。

〔4〕 参见郑凡："半闭海视角下的南海海洋问题"，载《太平洋学报》2015年第6期，第51~52页。

及商业性过度捕捞也在不断破坏着南海生物资源的栖息地。

（二）南海环境共同保护的国际法律框架

有关海洋环境保护的国际公约，以《联合国海洋法公约》为代表，其伞状结构囊括各国于海洋分区的权利与义务，不仅通过第197条施予了沿海国在全球性或区域性的基础上直接或通过主管国际组织推进环境共同保护合作的义务，且针对半闭海性质的海域，倡导其沿岸国“协调海洋生物资源的管理、养护、勘探和开发；协调行使和履行其在保护和保全海洋环境方面的权利和义务”。[1]南海沿岸八国都已批准加入《联合国海洋法公约》，除此之外，沿岸国加入的有关环境保护的多边协定还包括1992年《生物多样性公约》（CBD）、《联合国气候变化框架公约》和1997年《东京议定书》等。

1973年《濒危野生动植物物种国际贸易公约》对于处于不利保育状况而濒危的特定物种给予特别关注，其中包括海洋濒危物种。此外，针对海洋油污防治的国际公约包括1969年《国际干预公海油污事故公约》，其赋予了沿海国在公海为实现防治油污事故而对他国船只采取干预和必要性措施的管辖权。[2]1992年，国际海事组织（IMO）通过的《1969年国际油污损害民事责任公约的1992年议定书》在相关受害者的利益维护、国际油污损害赔偿基金的建立以及海洋环境保护、油污事故处理等方面作出了具体的规范，为缔约国提供了完善的油污损害赔偿制度。

（三）南海环境共同保护的区域合作机制

中国同南海各沿岸国同属亚洲文化圈际，虽保有民族主义

---

〔1〕《联合国海洋法公约》第123条。

〔2〕参见任洪涛：“论南海海域环境保护管辖的冲突与协调”，载《河北法学》2016年第8期，第116~117页。

的不同需求，却也不断试图从低敏感领域、非传统安全层面入手，通过区域合作形式“搁置争议，共同开发”，尝试实现南海区域海洋生态养护、海洋资源可持续利用的最终目标。而基础前提便在于东盟国家与中国在海洋环境保护领域共同保护，优化现有区域合作机制，并设立有效的执行委员会，推动切实可行的保护措施在南海海域的施行。

南海现有的环境共同保护区域合作主要是在国际和区域性组织的主持下展开的。首先，在国际组织的指导下，以联合国环境规划署（UNEP）项下的东亚海行动计划和 UNEP/GEF（全球环境基金，Global Environment Facility）南中国海项目为代表，主要工作目标为协调东亚海海洋环境中政府、联合国和捐赠机构的团体行动以及保护栖息地、渔业和陆源污染。联合国粮农组织关于渔业的发展计划和亚洲发展银行的环境项目，南海各沿岸国也主动参与其中。政府间海委会西太分委会的发展海洋科学研究、海洋监测和服务以及与海洋事务相关的能力培训等目的规划也吸引了日本、美国、澳大利亚等域外国家加入。

其次，南海周边国家组建的多样区域性组织和项目，包括东盟及其框架下的可持续发展渔业发展行动计划、东亚海洋环境管理伙伴关系，针对渔业资源的养护以及推动海岸管理一体化。

此外，非政府网络海洋法律、政策与管理东南亚计划，旨在促进东南亚和亚太经合组织与海洋法律、政策和管理有关信息和理念的交换。[1]

总之，南海环境共同保护的范围集中于海上航行和交通安全、海洋科研与环保、生物资源可持续等领域，中国于 2002 年主导的《南海各方行为宣言》业已涉及。并且，中国与东盟国

〔1〕 参见隋军：“南海环境保护区域合作的法律机制构建”，载《海南大学学报（人文社会科学版）》2013 年第 6 期，第 15~16 页。

家关于《南海各方行为准则》的磋商也在进一步推进中。[1]

二、南海环境共同保护面临的困境及原因

南海环境共同保护面临国际公约实施不力、区域合作机制总体进程缓慢等困境，其中的原因是多方面的，并且，各种原因之间相互影响，可能导致不同的负面后果。例如，该区域合作机制缺乏足够的财力支持、存在海洋科学信息监测与共享不力的情况以及国情差异等，但这些都并非深层次、决定性的原因，在此不赘述。下面，笔者将分三个重点来分析论证。

（一）国际公约对南海环境保护缺乏针对性和强制力

海洋环境保护的国际公约在南海环境保护中实施不力，原因在于它们对南海环境保护缺乏针对性和强制力。《联合国海洋法公约》第197条关于推进环境共同保护合作义务和第123条的倡导性提议、1992年《生物多样性公约》及《联合国气候变化框架公约》、1997年《东京议定书》及《1969年国际油污损害民事责任公约的1992年议定书》第2条等国际法律文件及条款属于普遍性规定，并非直接针对南海环境保护。这些条款均无涉具体的法律后果，明显缺乏法律强制力。《联合国海洋法公约》不可避免地存在保护内容上的总括性与模糊性，即不能针对特定的海洋生物资源种类或者特定区域的生态环境提供适合的保护措施。而有关国家是否以积极务实的态度或者有能力采取有效措施来回应《联合国海洋法公约》所要求的合作义务也是模棱两可的。由此，国际公约对海洋环境共同保护的作用被相应地打了折扣。

---

〔1〕参见任远喆、刘汉青：“南海地区非传统安全合作与中国的角色”，载《边界与海洋研究》2017年第3期，第83页。

（二）缺乏强有力的区域性组织推动各国达成利益共识

南海环境共同保护区域合作机制总体进程十分缓慢，一个原因在于，类似“宣言”“环境项目”及“行动计划”等不具有强制的约束效力，其实现完全依赖于参与各国的政治意愿，所以，有关国家缺乏合作行动的压力。另一个原因在于，虽然在政府间以及非政府间开展项目合作或采取行动计划的方式来付诸实践，但可预测利益的不清晰，甚至利益对抗导致各国行动的动力不足。第三个原因是，缺乏强有力的区域性组织的驱动。以波罗的海环境保护合作中的赫尔辛基委员会的成功经验为例，强有力的区域性组织有利于推动半闭海沿岸国开展合作。〔1〕

（三）地缘政治因素钳制环境共同保护的整体一致性与实效性

南海环境共同保护区域合作机制实施羸弱，受到地缘政治平衡战略等因素的影响，使得环境共同保护的整体一致性与实效性受到钳制，处于原地踏步的状态。自 20 世纪 70 年代以来，菲律宾、越南等国陆续对南海部分岛礁提出主权要求，并以军事力量侵扰大量岛屿，掠夺自然资源。〔2〕近年来，菲律宾通过法律包装的形式，将南海岛礁主权界定事务提交仲裁庭进行裁决，致使南海地区逐渐升温至高政治敏感性区域。围绕航道控制、资源开采等展开的利益博弈加剧，加之美国、日本、印度等域外国家的干涉，不能排除南海地区阶段性、局部性动荡，〔3〕这会严重干扰南海环境共同保护的实施效果。

南海海域周边有众多沿岸国，在主权国家依据《联合国海

〔1〕 参见张华：“论南海争端各方合作的法律义务及前景”，载《太平洋学报》2016 年第 1 期，第 7 页。

〔2〕 参见葛勇平编著：《国际关系理论与实践》，哈尔滨工业大学出版社 2014 年版，第 266 页。

〔3〕 参见吴士存：“当前南海地缘政治环境面临的挑战——在复旦大学第三届中国海洋战略论坛上的主旨发言”，2018 年 9 月 21 日，上海。

洋法公约》而主张专属经济区之后，便必然存在着沿岸国家专属经济区的重叠与交叉，进而产生海洋划界纠纷，而美国、日本等海洋利用大国基于南海公海自由受到减损的缘由而采取相应的挑衅行为，也为通过南海环境共同保护区域合作机制解决跨界环境污染、保护海洋生态环境带来了诸多挑战。

综上，其主要原因是具有约束力的区域法律基础的缺位、缺乏基本利益共识、区域合作机构冗多且权责不明、海洋保护区网络建设和管理薄弱。但是，相较于全球合作的乏力性以及双边合作的局限性，区域合作机制因其具有能够接纳多元化的个性安排以及保护措施的特点而更能契合特定区域的社会环境与海洋生态环境的优势，借助“环境地区主义”以及“问题系理论”为区域海洋合作提供基础支撑，[1]使得南海各国仍然将区域合作作为海洋环境共同保护的首要选择。

三、南海环境共同保护的制度完善设想

根据《生物多样性公约》的要求，各沿岸国应该推动海洋保护区的建设并使其覆盖的海洋面积逐渐增大，并采取有效的管理措施以实现海洋保护区网络建设。在过去的10年里，中国的海洋保护区建设呈迅速增长趋势，2014年底有260个海洋保护区前期布局与规划，形成了以海洋自然保护区、海洋特别保护区和海洋公园为代表的基础体系，用以保护海洋生物资源和生态系统的多样性，[2]并在南海关键生态区域开展水环境、水

---

〔1〕参见姚莹：“南海环境保护区域合作：现实基础、价值目标与实现路径”，载《学习与探索》2015年第12期，第70页。

〔2〕See Sue Wells et al.，“Using the IUCN Green List of Protected and Conserved Areas to Promote Conservation Impact through Marine Protected Areas”，*Aquatic Conservation：Marine and Freshwater Ecosystems*，Vol. 26，No. 2，2016，p. 32.

文、富营养化和生物多样性监测，[1]合理控制南海海洋生态风险。随着南极罗斯海 MPAs 的尘埃落定，在公海 MPAs 不断推进的过程中，其在具有执行力的区域组织、具有约束力的区域框架公约、合理议程、利益共识、目标设立、治理方法等方面能够给予南海环境共同保护一些借鉴。

（一）建立具有执行力的区域组织和达成区域框架公约

罗斯海 MPAs 是在南极海洋生物资源保护委员会（The Commission for the Conservation of Antarctic Marine Living Resources, CCAMLR）的主持下获得讨论与通过的。同时，CCAMLR 作为责任主体，需要在一定的职责范围内对 MPAs 的建设进行监督与监测。在波罗的海海洋保护区中，赫尔辛基委员会拥有决策权。在《赫尔辛基公约》中，缔约国将赫尔辛基委员会指定为决策机构，该委员会在波罗的海环境保护问题上起着中枢的作用。

在南海环境共同保护区域合作机制中，没有形成有效的具有执行力的区域组织。中国在南海周边拥有最长的海岸线，理应在南海区域合作中拥有最重要的话语权。但是，目前中国仅是东盟的对话伙伴国。东盟推动南海区域合作进程缓慢。所以，一条可行的参考路径是，针对整体的环境共同保护区域合作机制进行优化，中国应与东盟一起，建立统一的区域海洋环境保护的组织，设立类似赫尔辛基委员会的机构，订立并逐渐达成具有法律拘束力的区域框架公约，赋予其决策权，解决在体制安排、管理活动、守法和执法以及资金来源等方面的问题。

（二）达成利益共识需要建立统一组织和合理设置议程

针对可预测利益的不清晰导致各国行动动力不足。在利益共识方面，无论是由公海 MPAs 的设立而引发的与传统公海自由

---

〔1〕 参见郑苗壮、刘岩、李明杰："南海生态环境保护与国际合作问题研究"，载《生态经济》2014 年第 6 期，第 27 页。

原则之间的矛盾与冲突，还是在南海环境共同保护的区域合作之间存在的区域整体利益与域外国家利益的对弈，都需要合理分配沿海国（包括港口国）和船旗国之间的管辖权，在此协调之下才可能促进海域所涉主权国家之间及其与国际社会在海洋环境的利益要求和保护义务的承担之间形成共识。

公海 MPAs，以罗斯海 MPAs 的建立为例，利益共识的建立首先需要议程的合理设置。由于现行未存普遍性国际公约对公海 MPAs 进行法律定义与规范，在 2013 年 CCAMLR 第二次特别会议上，俄罗斯和乌克兰认为，对于 CCAMLR 在南极海域建立 MPAs 的法律依据以及 MPAs 的法律定义没有形成统一的认识，引发了各国的异议，[1]导致关于罗斯海的提案一直没有取得实质性进展。

所以，在南海环境共同保护的议程设置上，首先应循序渐进，尽可能地避免涉及领土主权和海域划界等问题领域。例如，可以从防治海洋污染入手，同时随附对于船舶航行管理规则的讨论。其次，需要明确利益对立双方及主要辩驳方向。在罗斯海 MPAs 的设立过程中，各国在 MPAs 的保护期限、向渔业捕捞区域分配捕捞限量、对 MPAs 实施的审查和监测以及国际合作方面存在争论，而这也是罗斯海 MPAs 能否成功建立的关键问题。因此，减少反对的声音，获得更多利益相关国家的支持便尤为重要。最后，南海环境共同保护的区域合作主要在中国与东盟国家间展开，而东盟各国也存在着对于“中国威胁论”的某种程度上的认同，加之与中国经济实力的差距，导致中国在利益伙伴的动员方面存在着一定的阻力。但是，东盟国家却无法忽视中国在南海的引领作用，中国则需更加主动地展现务实合作

〔1〕 参见唐建业：“南极海洋保护区建设及法律政治争论”，载《极地研究》2016 年第 3 期，第 375 页。

的积极态度。

（三）总体目标是海洋环境与生物资源的可持续利用

在目标设立上，罗斯海 MPAs 提案旨在建立一个保护海洋生物资源、保持重要生态系统结构和功能的 MPAs，11 项具体目标包括为本地哺乳动物、鸟类、鱼类和无脊椎动物重要的栖息地提供保护、监测自然资源的变异性和长期变化并提供一个参考区域（衡量气候变化和捕捞对生态系统的影响）、促进以海洋生物资源为重点的研究和其他科学活动以及保护已知的稀有和脆弱的底栖生物栖息地等。〔1〕

根据《南极海洋生物资源养护公约》第 2 条第 2 款的规定："为本公约的目的，'养护'一词包括合理利用。"由此可以看出，罗斯海 MPAs 的设立目标，要始终考虑在海洋生物资源的养护与合理利用之间如何达到平衡，这个目标无论是对国家管辖范围内海洋保护区的设立还是对公海 MPAs 的设立都是不可回避的问题。

所以，应针对争议海域给予特定的安排，利益相关国应就拟选定区域建立 MPAs 制定有关促进海域环境合作的一致保护规则，以及灵活多样的执行措施。〔2〕但总体的目标设立仍然是海洋环境与生物资源的可持续利用。

（四）标准和治理方法要兼顾生态学和人类经济生活的要求

在治理方法上，回顾 2004 年《生物多样性公约》成员国大会通过的《CBD 保护地工作项目》更进一步转向通过系统方法制定具体目标，呼吁成员国到 2012 年在海洋建成全面、有效的管理和

---

〔1〕 CCAMLR："Report of the Thirty-fifth Meeting of the Commission", CCAMLR-XXXV, 17-28 Oct. 2016, https://www.ccamlr.org/en/system/files/e-cc-xxxv_ 2.pdf, accessed on 3 May 2018.

〔2〕 参见陈嘉、杨翠柏："南海生态环境保护区域合作：反思与前瞻"，载《南洋问题研究》2016 年第 2 期，第 41 页。

生态上具有代表性的国家和区域保护区网络体系的目标。[1]世界自然保护联盟（IUCN）2009年海洋保护区行动计划同时强调，在单一生态系统内但横跨整个海域和海洋领域（如公海）的海洋保护区网络，对于确保相互依存的海洋保护地之间的生物连通十分必要。[2]

而在《生物多样性公约》规定的生态系统方法背景下，在相关生态系统超越国界时，可以生态系统或生态区域为单位促进保育和可持续利用。国家管辖范围内海洋保护区主要是政府治理，而跨界保护区情况下的不同国家政府间实行共管或共享治理，例如地中海的派拉格斯保护区，此外还存在与非国家实体之间的合作管理安排。

基于南海周边国家众多，现存的海洋保护区数量巨大，而海洋科学研究一方面为确定MPAs提供基础支撑，同时也是检验MPAs具体实效的重要手段，在进行海洋保护区网络体系建设的过程中，MPAs标准的确立和治理方法的选择一定要兼顾生态学上的意义和人类经济生活的要求，不能单纯地为实现环境保护的目标而陷入唯科学技术主义的歧途。[3]此外，具体的治理措施可以选择“负面清单”的模式，列明禁止或限制的事项。同时，每两年进行一次定期的研究与监测报告，审查MPAs的运行情况。

---

〔1〕 CBD Conference of The Parties, “Decision Adopted by The Conference of the Parties to the Convention on Biological Diversity at its Seventh Meeting”, [COP] 7. Ⅶ/28, 13 Apr. 2004, https://www.cbd.int/doc/decisions/cop-07/cop-07-dec-28-en.pdf, accessed on 8 May 2018.

〔2〕 参见［美］巴巴拉·劳瑎:《保护地立法指南》，王曦、卢锟、唐瑭译，法律出版社2016年版，第24页。

〔3〕 参见何志鹏：“在国家管辖外海域推进海洋保护区的制度反思与发展前瞻”，载《社会科学》2016年第5期，第105页。

四、结语

追根究底，南海争端是以岛屿主权、海洋划界之争为表象，而实质在于“陆地控制海洋”理念之下的海洋资源之战。尽管关于南海岛礁主权的政治争议一直存在，但是对于南海环境的“共同保护原则”却已在沿岸各国之间达成共识。

南海作为中国推行“一带一路”国家战略的重要脉冲之地，愈加频繁的航运贸易以及船舶油污事故风险将不断威胁其生态环境。海洋保护区是一种极为重要、有效的海洋环境保护工具，它需要从所在海域的整体生态环境出发，以区域合作为助推力量，在管理目标、治理方法以及制度安排等方面综合确立海洋保护区的保护规范与标准。海洋保护区作为海洋环境治理的有效方式，其符合国际社会关于生物多样性保护的要求，而且有利于从环境共同保护的合作逐渐迈向海洋争端的缓和处理。

第六节　设立南海自然保护区若干问题

南海海域拥有优越的地理位置、丰富的海洋资源和重要的战略地位，导致无论是在政治上还是在法律上，南海生态环境保护合作问题都会成为热点问题、难点问题。同时，由于该海域内污染加重、生态环境恶化、自然资源受损以及对海洋资源未实现可持续利用，所以有必要采取措施予以应对。国际合作设立海洋自然保护区应该是一个选项，在南海进行诸如合作养护生态环境等低敏感度项目〔1〕是有益的尝试，不仅有利于南海生态环境保护，也有利于南海和平稳定，这符合中国和世界各

---

〔1〕参见傅崐成：“南海和平社区建设的概念与途径：尊重历史与国际法”，载《中华海洋法学评论》2019 年第 1 期，第 11 页。

国的利益。〔1〕

在南海设立自然保护区对中国和世界的重要意义是，多国合作建设南海自然保护区可以更高效地保护南海海域生态环境、促进海洋资源可持续利用及缓和国家间海洋争端。设立南海自然保护区有充足的国际法和国内法依据。设立南海自然保护区的体制、政治和法律阻力主要来自中国海洋保护区监督管理机制、国际合作意愿、侵犯中国主权论及法律权威性等方面，能够设法破除。

一、设立南海自然保护区的必要性

由于南海生态环境亟须保护，南海环境共同保护机制进展缓慢，特别敏感海域等制度尚未被适用于南海，加之设立南海自然保护区对中国和世界意义重大，所以，设立南海自然保护区是十分必要的。

（一）南海生态环境亟待保护

在地理上，南海海域是位于东南亚的陆缘海，自北向南按顺时针方向有台湾海峡、巴士海峡、吕宋海峡、巴拉巴克海峡，联通四面八方；向西通过马六甲海峡可连接印度洋，东南部与西太平洋相通，是东南亚航运的“黄金水道”，也是世界上重要的海上石油运输航线。繁忙的航运导致海域内污染日益严重。频繁的海运贸易带来的船源污染、油污事故造成海水自净能力降低，使得具有半闭海特征的南海生态系统受到了严重的损害。〔2〕此

〔1〕 Xiaoming Liu, “ ‘Gunboat Diplomacy’ Does not Promote Peace”, *The Daily Telegraph*, 20 March 2019. 中国驻英大使刘晓明在英国主流报纸《每日电讯报》（2019年3月20日）发表署名文章《“炮舰外交”不利于和平》。

〔2〕 参见郑凡：“半闭海视角下的南海海洋问题”，载《太平洋学报》2015年第6期，第56页。

外，气候变化导致南海海水酸化，商业性过度捕捞不断侵蚀着南海生物资源的栖息地。可见，南海脆弱的生态系统亟待强有力的保护和保全措施。

（二）南海环境共同保护机制面临困境

首先，在南海环境共同保护机制中，海洋环境保护的国际公约在南海环境保护中实施不力，原因在于它们对南海生态环境保护缺乏针对性和强制力。例如，《联合国海洋法公约》第123条对闭海或半闭海沿岸国的倡导性提议无法针对特定的海洋生物资源种类或者特定区域的生态环境提供适合的保护措施，在保护内容上存在模糊性，强调了协调性却忽视了针对性。

其次，缺乏强有力的区域性组织推动各国达成利益共识，导致南海环境共同保护区域合作机制总体进程十分缓慢。

最后，地缘政治等因素限制了南海环境共同保护机制的实效性。美国等海洋利用大国实施挑衅行为，给此区域合作带来了诸多挑战。〔1〕

（三）特别敏感海域等制度尚未适用于南海

虽然，特别敏感海域制度〔2〕、申请设立特殊区域〔3〕或申报“海上世界遗产”〔4〕将有益于南海相关海域环境的保护和保

〔1〕 参见葛勇平、苏铭煜：“南海环境共同保护的困境和出路”，载《生态经济》2019年第5期，第202页。

〔2〕 参见石春雷：“南海建立特别敏感海域问题研究”，载《南海学刊》2015年第3期，第45页。

〔3〕 See Aldo Chircop, “Regional Cooperation in Marine Environmental Protection in the South China Sea: A Reflection on New Directions for Marine Conservation”, *Ocean Development and International Law*, Vol. 41, No. 4, 2010, p. 339.

〔4〕 See Nien-Tsu Alfred Hu, “South China Sea: Troubled Waters or a Sea of Opportunity?”, *Ocean Development and International Law*, Vol. 41, No. 3, 2010, p. 211.

全，但是，学者们的呼吁并未被付诸实践。[1]同时，这几种环境保护制度和南海自然保护区的构想指向有一定区别，若将其共同推进，使其相辅相成，将更有利于南海生态环境。

（四）设立南海自然保护区对中国和世界意义重大

在南海设立自然保护区对中国意义重大。南海属于中国的核心利益。首先，由北向南，渤海、黄海、东海和南海构成中国大陆毗邻太平洋的边缘海域，其中，南海总面积约达另外三个海域面积之和的3倍；其次，南海资源丰富，特别是在海洋能源、海洋生物等方面；最后，南海在政治、经济、军事等方面的重要性也不言而喻。但近年来，由于污染和过度捕捞，南海的生态形势愈发严峻。因此，以保护区的形式来管控其生态环境问题十分必要，既能更好地维持地区生态平衡，又能加强周边合作，与邻近国家保持良好关系，避免这一区域“将来的军事冲突”[2]。

此外，在南海设立自然保护区对世界具有积极意义。鉴于海洋在地球表面的连通性和流动性，各个海域之间必然相互影响，形成一个连通的生态系统。在这个生态系统中，生存的海洋资源分为多个种类，例如涉及海洋生态系统的资源、濒危海洋生物种群与栖息地资源、海洋经济作物繁衍栖息地资源、重大历史文化价值与审美价值的海洋区域资源等。[3]因此，若设

---

〔1〕参见白佳玉、李玲玉、陈敬根：“论特别敏感海域制度在南中国海环境保护中的适用”，载《中国海商法研究》2015年第4期，第49~53页。

〔2〕Zhiguo Gao, “The South China Sea: From Conflict to Cooperation?”, *Ocean Development and International Law*, Vol. 25, No. 3, 1994, p. 349. “For whatever reasons, if continued and unchecked, this regional arms buying spree may lead to military conflict in the future.”

〔3〕See Susan Gubbay (ed.), *Marine Protected Areas: Principles and techniques For Management*, Springer, 1995, pp. 3~5.

立南海自然保护区，受益的将不仅是中国，也不仅是南海周边的数个国家，而是全世界的海洋生态环境。

二、南海自然保护区的应有内涵和重点目标

国际组织、中国政府、学者们对海洋保护区和自然保护区非常重视，作出了一系列法律规定和判断，由此，可以勾勒出待设立的南海自然保护区的内涵和重点目标。

（一）国际组织对海洋保护区和自然保护区的认识和规定

毫无疑问，人类的活动构成国家管辖范围以内和以外广大海域的海洋物种、栖息地和生态系统的重大威胁。对此，许多国家选择海洋保护区制度进行海洋开发与管理，以便更高效地保护海洋生物资源和修复海洋生态环境。〔1〕

在 1962 年举行的世界国家公园大会（World Conference of National Parks）上，海洋保护区概念被首次提出，于 20 世纪末逐渐得到重视。近二十年来，各国纷纷着手建立海洋保护区，使其成为海洋资源和环境保护的重要手段之一。〔2〕

作为海洋生态环境保护的一种工具，海洋保护区的主要功能是保护和管理海洋资源，通过协调人类活动与生态平衡之间的冲突，实现对海洋资源充分而可持续的利用。海洋保护区建设的宗旨是海洋资源可持续利用，因此，其本质是为保护海洋环境、海洋资源、海洋生物及其栖息地和其他特殊资源等特定目的而人为划分出的特定海域。

关于自然保护区，国际自然保护联盟认为包括陆地和海域，

---

〔1〕 See Robin Warner, "Marine Protected Areas-Developing Regulatory Frameworks for Areas beyond National Jurisdiction", *Australian Zoologist*, September 2015, p. 1.

〔2〕 参见马婧："国际海洋生物资源保护的新趋势——建立海洋自然保护区"，载《农业经济问题》2007 年第 S1 期，第 196 页。

海洋保护区是“任何通过法律程序或其他有效方式建立的，对其中部分或全部环境进行封闭保护的潮间带或潮下带陆架区域，包括其上覆水域及相关的动植物群落、历史及文化属性”。[1]联合国粮农组织认为：“任何提供比周边水域生物多样性和渔业管理目的更大保护的海洋地理区域都将被视为海洋保护区。”[2]

（二）中国将海洋保护区分为海洋自然保护区与海洋特别保护区

中国关于自然保护区的法律规范主要包括全国人大常委会制定的《海洋环境保护法》（第三章“海洋生态保护”），国务院颁布的《自然保护区条例》，前国家海洋局制定的《海洋自然保护区管理办法》《海洋特别保护区管理办法》《国家级海洋公园评审标准》，以及前国家海洋局海洋环境保护司施行的《国家级海洋特别保护区评审委员会工作规则》等。

《海洋自然保护区管理办法》第 2 条规定：“海洋自然保护区是指以海洋自然环境和资源保护为目的，依法把包括保护对象在内的一定面积的海岸、河口、岛屿、湿地或海域划分出来，进行特殊保护和管理的区域。”《海洋特别保护区管理办法》第 2 条规定：“海洋特别保护区是指具有特殊地理条件、生态系统、生物与非生物资源及海洋开发利用特殊要求，需要采取有效的保护措施和科学的开发方式进行特殊管理的区域。”

由此可以看出，中国将海洋保护区分为海洋自然保护区与海洋特别保护区。两者的区别主要表现在以下方面：第一，保

---

[1] 国际自然保护联盟（International Union for Conservation of Nature and Natural Resources，IUCN）官网：https://www. iucn. org/theme/protected-areas/about. 访问日期：2019 年 1 月 14 日。

[2] See Challenges for Marine Protected Areas-and examples for addressing them, http://bluesolutions. info/images/MPA-challenges_ Vilm-seminar-August-20151. pdf, accessed on 25 March 2019.

护目的不同，自然保护区主要保护某些原始性、存留性和珍稀性的海洋生态环境对象，而特别保护区保护的是海洋资源及环境可持续发展的能力；第二，保护内容不同，自然保护区主要侧重资源的养护与环境的自然状态维持，特别保护区则主要侧重海洋资源的综合利用与开发。〔1〕

（三）南海自然保护区的应有内涵

从理论角度讲，海洋自然保护区是指人为划分的一定的海洋区域，其目的是保护海洋濒危生物物种及其栖息地、有重大科学、文化、观赏价值的海洋自然景观，以及进行海洋生态系统的科学研究。海洋生物学家萨尔姆认为，海洋自然保护区应具备如下特征：第一，典型的重要生态系统或生态环境类型；第二，物种存在多样性；第三，生物活动频繁；第四，特殊物种或种群的关键生存环境；第五，特别的文化价值；第六，促进了必要的科学研究。〔2〕

综合上述国际组织、中国国内法及各国学者的相关论断，我们可以得出，南海自然保护区是在南海海域中设立的予以特殊保护和管理的区域，其目标是维持南海海域内的生态平衡及资源开发与保护。

（四）南海自然保护区的重点目标

根据《海洋自然保护区管理办法》第 2 条，在倡议建立的南海自然保护区中，生态环境的恶化导致了渔业资源大量减少以及环境严重污染等问题。所以，关于保护区的重点目标，从保护目的角度看，主要关注资源的养护与环境的自然状态维持，包括海洋污染的治理；从保护内容角度看，应该重点保护某些

〔1〕 参见洪荣标、郑冬梅：《海洋保护区生态补偿机制理论与实证研究》，海洋出版社 2010 年版，第 17 页。

〔2〕 参见鹿守本：《海洋管理通论》，海洋出版社 1997 年版，第 199 页。

原始性、存留性和珍稀性的海洋生态环境对象，例如保护物种多样性。

三、设立南海自然保护区的法律依据

明确了南海自然保护区设立的必要性及其内涵和重点目标后，我们需要解决一个问题：设立南海自然保护区是否具有国际法和国内法上的法律基础？审视相关法律法规，我们发现从《联合国海洋法公约》《生物多样性公约》《保护世界文化和自然遗产公约》《中华人民共和国海洋环境保护法》和《中华人民共和国自然保护区条例》（2017 年修订）中可以找到有关法律依据。

（一）《联合国海洋法公约》提供制度框架和法律基础

1982 年通过的《联合国海洋法公约》是当今世界最全面、最权威、影响最大的对海洋进行全面规定和管理的国际性法律文件，具有法律拘束力。它对海洋作了细致的划分，完善了专属经济区制度与公海制度，并制定了相应的规章制度，为跨国海洋保护区的建立提供了法律依据，并明确了各利益相关国对海洋生物资源进行保护与保全的具体权利和义务。在全球海洋治理语境下，有学者指出，《联合国海洋法公约》确立了治理海洋环境及其资源的基本法律原则。〔1〕

《联合国海洋法公约》用第十二章一整章的篇幅来规定海洋环境的保护与保全，其中，第二节重点阐述了全球性和区域性合作的问题。具体而言，该章分别规定了海洋环境保护的一般规定、全球和区域性合作、技术和制度协作、国际和国内法制

---

〔1〕 See D. Pyc', "Global ocean governance", *The International Journal on Marine Navigation and Safety of Sea Transportation*, Number 1, Vol. 10, March 2016, p. 159.

以及执行等。为保护和保全海洋环境及生物资源，该公约既规定了各国所需要承担的国际责任，又规定了必须进行的国际、区域合作以及技术和制度协作。同时，它还在防治海洋环境污染的立法和执行方面进行了限制。[1]例如，第 197 条规定了各国关于推进海洋环境共同保护的合作义务。这些条文从理论和实际操作层面比较全面地规定了海洋环境保护的各项制度，为海洋生物资源的保护与保全创立了良好的制度框架和法律基础。

（二）《生物多样性公约》条款直接构成法律依据和义务来源

1993 年正式生效的《生物多样性公约》是一项具有法律拘束力的国际公约，旨在保护地球生物资源，以保护生物多样性和生物多样性组成成分的可持续利用以及共享遗传资源的利用为主要目标。

《生物多样性公约》第 5 条规定："每一缔约国都应尽可能并酌情直接与其他缔约国或酌情通过有关国际组织，为保护和持久使用生物多样性在国家管辖范围以外地区并就共同关心的其他事项进行合作。"第 8（a）条规定："各缔约国应尽可能并酌情建立保护区系统或需要采取特殊措施以保护生物多样性的地区。"关于《生物多样性公约》的履约机制，缔约方的履约过程由一个专门机构指导完成，该机构审查评议相关国家的履约情况，并查明相关条约决议的执行现状，对尚未履行的条款和议题进行系统分析，提出相关的解决方案及需求。[2]

可见，《生物多样性公约》第 5 条关于合作保护义务、第 8（a）条关于建立保护区及其履约条款可直接构成设立海洋自然

〔1〕 参见张善宝："国际海底区域生物资源的法律规制"，武汉大学 2014 年博士学位论文，第 18 页。

〔2〕 参见张丽荣、成文娟、薛达元："《生物多样性公约》国际履约的进展与趋势"，载《生态学报》2009 年第 10 期，第 5637 页。

保护区的法律依据和义务来源。

（三）《保护世界文化和自然遗产公约》间接构成法律依据

因为海洋保护区内所特有的自然遗产具有无法替代的特殊价值，对全世界人民都具有重要意义，因此，整个国际社会应当通过提供援助来参与保护具有突出价值的自然遗产。诚如《保护世界文化和自然遗产公约》前言所指出的，虽然这种援助无法代替有关国家采取的国内行动，但能成为它的有效合理化补充。作为世界文化和自然遗产保护法律体系中的纲领性、宪法性文件，《保护世界文化和自然遗产公约》在对具有特殊意义的世界遗产予以承认和保护方面发挥着举足轻重的作用，[1]间接构成设立海洋自然保护区的法律依据。

在其他国际公约中，或许也有直接或者间接的法律依据，在此不赘述。

（四）中国的相关法律法规提供国内法依据

全国人大常委会制定的《海洋环境保护法》（2017年11月修正）中的第三章"海洋生态保护"是设立南海自然保护区的重要法律依据之一，属于原则性规定。其中第21条规定，国务院有关部门和沿海省级人民政府应当根据保护海洋生态的需要，选划、建立海洋自然保护区。第22条规定了应当建立海洋自然保护区的五种情况：第一，典型的海洋自然地理区域、有代表性的自然生态区域，以及遭受破坏但经保护能恢复的海洋自然生态区域；第二，海洋生物物种高度丰富的区域，或者珍稀、濒危海洋生物物种的天然集中分布区域；第三，具有特殊保护价值的海域、海岸、岛屿、滨海湿地、入海河口和海湾等；第四，具有重大科学文化价值的海洋自然遗迹所在区域；

〔1〕参见马明飞："《保护世界文化和自然遗产公约》适用的困境与出路——以自然遗产保护为视角"，载《法学评论》2011年第3期，第71页。

第五，其他需要予以特殊保护的区域。南海海域符合全部五种情况。

值得注意的是，第20、21、22条均使用了“应当”一词。法律规则中的义务性规则属于直接规定作为义务或不作为义务的强制性规范，具有强制性、必要性和不利性三个特征，通常采用“应当”“应该”等术语。[1]可见，通过这些法律条文告示，中国政府向整个社会传达了必须设立海洋自然保护区的意见和态度；国家指引有关部门，采用设立海洋自然保护区的方式，保护有关生态环境；国家在法律条文中使用“应当”一词，表示此要求属于必须履行的法律义务，不履行此项义务的将承担相应的法律后果。

第23条规定了可以建立海洋特别保护区、采取有效的保护措施和科学的开发方式进行特殊管理的情况，例如凡具有特殊地理条件、生态系统、生物与非生物资源及海洋开发利用特殊需要的区域。法律条文中的“可以”表示非必须履行的法律义务，不履行该义务不承担法律责任。授权性规范通常采用“可以”“有权利”等用语，为权利主体提供了一定的选择自由，不具有强制性，但具有指引、提示作用。

根据《自然保护区条例》（2017年修订）第2条的规定，对有代表性的自然生态系统、珍稀濒危野生动植物物种的天然集中分布区、有特殊意义的自然遗迹等保护对象所在的陆地、陆地水体或者海域等自然保护区，“依法划出一定面积予以特殊保护和管理”。其中涉及的海洋保护区的具体内涵，被规定在前述原中国国家海洋局制定的《海洋自然保护区管理办法》第2条中。这些条文可被视为设立南海自然保护区的辅助性法律

---

〔1〕《法理学》编写组编：《法理学》，人民出版社2018年版，第39页；张文显主编：《法理学》（第4版），高等教育出版社2013年版，第71页。

规定。

四、设立南海自然保护区的阻力与解决办法

设立南海自然保护区，包括设立中国独立管辖的南海自然保护区和国际合作保护区。由上文可知，设立国际合作的南海自然保护区具有充分的国际法和国内法依据。但是，其设立也存在一些阻力，主要来自中国海洋保护区监督管理机制、国际合作意愿、侵犯中国主权论及法律权威性四个方面。而这些阻力也并非不能破除。

（一）中国海洋保护区监督管理机制的不足与解决

中国海洋保护区按照海洋自然资源的属性进行分部门管理，以行业管理为主。此种模式的缺点是，在存在利益冲突时，在横向上，海洋保护区的建设与管理会出现部门职能划分不明晰、难以有机协调的局面；在纵向上，由于地方政府资金实力的不足，会导致海洋保护区的实效功能大大折损，使得中国海洋保护区建设存在"量大质弱"的劣势。此外，在海洋保护区进行维权、执法过程中可能行使的登临、紧追、检查、告知、逮捕等程序机制仍待完善。〔1〕

针对上述问题，笔者提出如下建议：

第一，调整海洋保护区管理制度。海洋自然保护区和海洋特别保护区的全国统一主管机关为国土资源部（2018年3月整合改组为自然资源部）下设的国家海洋局（2018年3月整合后不再设），而实际执行与管理且负责地方各级海洋自然保护区和海洋特别保护区的主管机关为沿海省、自治区、直辖市人民政

〔1〕参见曹兴国、初北平："我国涉海法律的体系化完善路径"，载《中国人民大学复印报刊资料·国际法学》2017年第2期，第4页。

府海洋行政主管部门。但是，中国海洋行政管理具有陆地自然资源管理部门的职能向海洋延伸的特点，[1]而海洋保护区的管理涉及环境污染、渔业资源、海底矿产等不同行业的行政管理范围，所以，可以考虑在自然资源部及省、自治区和直辖市海洋行政主管部门内部设立专门的海洋自然保护区和海洋特别保护区职能部门。不以海洋自然资源的属性进行分类管理，而进行统一管理与评估。此外，建立协调机构，对于跨省、自治区、直辖市近岸海域的海洋特别保护区和自然保护区进行联动管理。

第二，加强海洋保护区资金来源保障。中国海洋保护区的资金一部分来自国家拨款，大部分来自地方政府。而地方的经济发展状况以及对海洋保护区的重视程度决定了其管辖的海洋保护区的工作进程。但海洋保护区的建设需要巨大的资金投入，因此，由于经济不发达而致使海洋保护区的建立与管理受到影响的情况十分常见。虽然《自然保护区条例》规定，自然保护区管理机构或者其行政主管部门可以接受国内外组织和个人的捐赠，用于自然保护区的建设和管理。但是，现实中获得实际捐助的情况并不多见。所以，国家应制定相应的激励机制来促进海洋保护区的建设。同时，可由自然资源部牵头设立海洋保护区专项基金，用以支援其资金的来源。

第三，加强公众参与社区管理。必须承认，海洋保护区的建设过程将对有关人员造成不便，打破原有的社会平衡。例如，海洋保护区的建设会使当地居民的生产活动受到一定的限制。新的竞争行业出现，人类活动转移，将导致当地社区权利和义务的重新分配。制约海洋保护区发展的重要因素包括渔民的反

〔1〕 国家海洋局海洋发展战略研究所课题组主编:《中国海洋发展报告（2014）》，海洋出版社 2014 年版，第 61 页。

对及选址的错误。[1]所以，应该在海洋保护区初期规划、评估、选址和设计的每个阶段都考虑公众参与因素的加入，获得公众的支持，有利于以后的海洋保护区运营和执法。社区管理是一种自下而上的管理模式，能够在很大程度上提高海洋保护区管理的有效性。因此，应该将当地社区纳入海洋保护区管理的框架之内，发挥其监督管理、辅助执法、调解纠纷的积极作用。

第四，在海洋保护区需要进行必要的维权、执法行动，其中涉及的登临、紧追、检查、告知、逮捕等程序机制有待完善，这个复杂的工程需另文专门研究。

（二）国际合作意愿的不足与解决

在南海区域，阻碍合作进一步展开的原因之一是海洋划界问题及岛礁主权争端。而南海自然保护区建设的重要前提条件之一是周边东盟以及东盟国家内部的政局稳定。某些东盟国家内部时常不稳定甚至时常发生政权更迭，这可能会降低政府对与中国合作的意愿，从而在很大程度上干扰南海海洋环境保护合作机制的建构。从外部环境来讲，美国、日本及印度等域外有影响力国家的介入，会极大地影响甚至冲击南海自然保护区的建设。[2]

针对上述阻力，中国可以从外交和法律两个层面作出应对：

在外交上，首先要坚定信念，坚决捍卫中国的海洋国土，坚持“南海自古以来是我国不可分割的一部分”；其次，坚持“搁置争议，共同开发”的原则，与周边国家进行积极的协商沟

---

〔1〕 刘洪滨、刘康编著：《海洋保护区——概念与应用》，海洋出版社 2007 年版，第 107～108 页。

〔2〕 参见邓颖颖：“21 世纪‘海上丝绸之路’背景下南海海洋保护区建设探析”，载《学术论坛》2016 年第 7 期，第 44 页。

通，充分展现诚意以争取周边国家的信任，有效地维护自己的权益。具体而言：第一，增强与周边国家多层次沟通，增加互信机制，尽快将保护区的建立与运作提上讨论日程。第二，通过以双边协商谈判为主要手段来缓和南海主权争端问题，强调“自己的事情自己解决”，拒绝美、日、印等域外大国以强行介入主权争端问题为手段干涉中国与东南亚国家内政，拒绝美、日、印等域外大国趁机在南海问题上捞取利益。第三，向周边国家发出倡议，希望在一段时期内各国可以停止对南海单方面的开发活动，取而代之的是加强合作与共同开发，共同促进环境保护的建设，减少对环境的破坏。[1]

实践中，如前所述，从2016年中国与东盟国家围绕南海航行安全与搜救、海洋科研与环境保护等议题表达了建立技术合作委员会的共同意愿，到2017年中国与东盟国家通过了“南海行为准则”框架，再到2018年“南海行为准则”单一磋商文本草案形成，中国政府一直致力于与南海周边国家的友好合作。

从法律角度来说，针对各种海洋争端，中国可以借助各种议定书的功能界定，并辅之以“权利保留”条款，来维护国家在有关海洋法律中的权利和主张。功能性合作可以与海域管辖权问题并行不悖，保护区议定书包含“不带偏见”的条款[2]，将能够对海洋自然保护区的功能进行界定，促进国家间功能性合作的发展。针对拟选定的区域，利益相关国应密切合作，共同制定促进海域环境保护合作的统领性规则及具体执行

〔1〕 参见葛勇平：“南沙群岛主权争端及中国对策分析”，载《太平洋学报》2009年第9期，第77~79页。

〔2〕 参见邓颖颖、蓝仕皇：“地中海行动计划对南海海洋保护区建设的启示”，载《学术探索》2017年第2期，第27页。

措施。[1]

此外，南海自然保护区的建立可能会受到来自现有海域使用者——例如渔民、石油和天然气公司以及运输公司——的反对。为争取来自沿岸国政府对建立南海自然保护区的支持，我国必须加强海上执法力度，管制上述海域使用者的活动，有效控制其对生态环境的损害。

（三）侵犯中国主权论的不足与解决

有学者提出，针对南海海洋生物多样性的保护，某些国外学者提出的建立海洋保护区、申请设立特殊区域或特别敏感海域的主张，由于一些区域属于中国主权管辖，因此种种联合申请、共同管理必将对中国的南海主权造成不利影响，其背后隐藏的主权要求实质上是对中国主权权益的侵犯，是对国际法规则的滥用。[2]

笔者认为，侵犯中国主权论不能成立。鉴于主权内涵极其丰富，主权权益范围复杂，主权问题对南海环境保护国际合作十分重要，特此商榷。

在国际法学中，主权指国家的对内最高权，对外独立自主权，不受任何其他国家控制。[3]在全球化的今日世界，特别强调国家主权和领土完整的威斯特伐利亚式传统国家主权概念应该与时俱进，进行相应调整，发展现代主权[4]观念。

首先，从法律角度看，第一，国际合作要求所有国家必须

---

〔1〕 参见陈嘉、杨翠柏：“南海生态环境保护区域合作：反思与前瞻”，载《南洋问题研究》2016年第2期，第41页。

〔2〕 参见李凤宁：“我国海洋保护区制度的实施与完善：以海洋生物多样性保护为中心”，载《法学杂志》2013年第3期，第76~77页。

〔3〕 参见周鲠生：《国际法》（上册），商务印书馆1976年版，第74~75页。

〔4〕 John H. Jackson, *Sovereignty, the WTO and Changing Fundamentals of International Law*, Cambridge University Press, 2006, p. 57.

接受国际法一些最低要求的约束，而不能以主权为由拒绝基本的国际规则。[1]为了保护生态环境而联合申请、共同管理属于国际合作行为，既是义务，又体现权利，符合国际规则。国家有义务履行根据国际法和所缔结的条约所承担的义务。[2]第二，国际法对国家主权既约束又保护，这在很大程度上依赖于各个主权国家自身的力量。[3]“中国对南海诸岛及其附近海域拥有无可争辩的主权，受国际法保护。”[4]以当今中国的实力和明智，我们并不会听任中国主权受到侵犯。第三，《保护世界文化和自然遗产公约》第 11 条第 3 款规定，当几个国家对某一领土的主权或管辖权均提出要求时，将该领土内的一项财产列入《世界遗产目录》的行为不得损害争端各方的权利。可见，联合申请、共同管理并不一定对中国的南海主权造成不利影响，也不一定侵犯中国主权权益。

其次，从政治理论角度看，在国家主权和国家利益关系中，通过让渡国家主权有时更能维护和扩展国家利益。如果说，国家主权是国家在国际体系中独立自主地拥有生存和发展的权利，[5]那么，国家利益是国家主权的核心所在，国家利益决定了主权如何行使。符合国际法规则的国际合作可以给参与各方

---

〔1〕 Henry Schermers, “Different Aspects of Sovereignty”, in: Gerald Kreijen et al. (eds.), *State Sovereignty and International Governance*, Oxford University Press, 2002, p. 185.

〔2〕 参见邵津主编：《国际法》（第 4 版），北京大学出版社、高等教育出版社 2011 年版，第 28 页。

〔3〕 参见余敏友：“以新主权观迎接新世纪的国际法学”，载《法学评论》2000 年第 2 期，第 72 页。

〔4〕《中华人民共和国外交部关于应菲律宾共和国请求建立的南海仲裁案仲裁庭关于管辖权和可受理性问题裁决的声明》，2015 年 10 月 30 日发布。

〔5〕 参见余潇枫、贾亚君：“论国家主权的当代发展与理性选择”，载《浙江大学学报（人文社会科学版）》2001 年第 2 期，第 36 页。

带来更长远的利益，符合国家利益的主权让渡是不会损害国家主权的。对主权的自主限制与自愿让渡恰恰是国家意志的表达方式之一，也是国家能力的现实表现。在南海主权争端中，中国政府的主张展现了政治远见和魄力。良好的南海生态环境符合中国建设海洋强国的目标〔1〕，有利于实现中国的核心利益。

再次，从外交角度看，中国政府奉行“双轨思路”和“五个坚持”原则，有效地避免了国家南海权益受损。2015 年 8 月，中国和东盟已确定处理南海问题的“双轨”思路，即由直接当事国通过谈判协商妥善解决争议，中国和东盟共同维护南海和平稳定。此外，中国在南海问题上奉行“五个坚持”，即坚持维护南海的和平稳定，坚持通过谈判协商和平解决争议，坚持通过规则机制管控好分歧，坚持维护南海的航行和飞越自由，坚持通过合作实现互利共赢。〔2〕

最后，从实践角度看，根据设立程序及 16 个成功案例〔3〕可知，申请特别敏感海域制度并未出现国家主权受损的情况。现实中，南海自然海域面积约为 350 万平方千米，九段线内的中国领海面积约为 210 万平方千米，无论是从保护面积上看还是从保护内容上看，以中国一国之力都不足以高效地保护南海生态环境，因此国际合作是必由之路。在国家管辖外或者主权争议海域进行国际合作，例如联合建立海洋保护区、申请设立特殊区域，不必然损害国家主权。

---

〔1〕 关于中国海洋强国目标和战略及实践等问题，详见金永明：《新时代中国海洋强国战略研究》，海洋出版社 2018 年版。

〔2〕 参见覃博雅、纪宇、王安琪：“‘双轨’思路和‘五个坚持’是解决南海问题办法”，载人民网：http://world.people.com.cn/n/2015/0804/c1002-27410490.html，访问日期：2019 年 3 月 30 日。

〔3〕 葛勇平、许蓉蓉：“特别敏感海域制度在中国的适用性研究”，载《生态经济》2018 年第 9 期，第 162 页。

综上，无论从法律、政治、外交和实践哪个角度论证，该种威胁或侵犯中国主权权益论都不能成立。所以，在南海生态环境保护问题上，不能讳疾忌医，不能由于担心中国主权权益受损而放弃国际合作。

（四）法律权威性的不足与解决

在国内立法方面，一部具有高位阶法律效力的成文法律制度是区域海洋环境保护与治理的前提。目前，中国关于海洋保护区的法律文件位阶都相对较低，其中位阶最高的是国务院颁布的《自然保护区条例》，其次是前国家海洋局制定的《海洋自然保护区管理办法》和《海洋特别保护区管理办法》。在法律上，这两部法律的关系需要合理协调，后者的某些规定需要修改和完善。〔1〕在实践中，法律位阶过低会导致法律权威性不足，而且行政区之间为了自身经济利益会出现不能协商一致等问题。迄今为止，中国尚未将“海洋”这一蓝色国土写入宪法，海权保护依然没能被纳入宪法视野。〔2〕因此，若要对南海自然保护区实行更加现代化的管理，进行高位阶专项立法是必然趋势。

南海自然保护区可以分为由中国政府自主建设的保护区部分和与有关国家合作建设的保护区部分。作为国际合作的自然保护区部分，需要中国政府投入更多的人力、物力、财力进行协调建设，重点不仅有海洋保护区的建设，更有与周边各国的协调合作问题。因此，需要政府进行更多投入，制定有更高位阶和更强操作性的法律法规，并尽快将“海洋”这一蓝色国土

---

〔1〕 参见崔凤、刘变叶：“关于完善我国海洋自然保护区立法的构想”，载《中国海洋大学学报（社会科学版）》2008 年第 5 期，第 9~10 页。

〔2〕 参见仪喜峰：“论海权的宪法保护——‘海洋条款’入宪及海权法律保障机制研究”，载《太平洋学报》2014 年第 6 期，第 4 页。

和海权保护写入宪法之中。另外，可考虑在《海洋环境保护法》第三章“海洋生态保护”中，明确有关国际合作设立和建设海洋保护区的内容。这样才能更好地完善自身法律体系和提高法律权威，进行保护区建设。

五、南海自然保护区的建设路径

南海自然保护区的建设，可以从合作方式设想、组织架构考量、工作组的具体任务、资金管理模式的选择等方面着手进行。

（一）合作方式设想

为保护和保全海洋环境，各国在拟定或制定国际规则、标准和建议时，应考虑全球或区域的特点，可“直接或通过主管国际组织进行合作”。[1]据此，可以考虑建立一个政府间国际组织，其成员国为与南海环境问题息息相关的国家，由该组织专门管理南海及附近海域的环境治理问题。该组织应以建立南海自然保护区为基本任务，推动创立最适合南海地区的沟通协调机制，以防止环境破坏和保全环境为组织的基础合作内容。

在规则制定的顺序方面，可以效仿地中海保护区的“巴塞罗那规则体系”，先制定出框架性的公约，再根据公约制定的框架性方向来商讨协调具体的工作内容。1976 年，地中海区域沿海国全权代表会议通过了框架性的《保护地中海免受污染公约》（The Convention for the Protection of the Mediterranean Sea Against Pollution）和两个议定书，即《防止船舶和飞机倾废污染地中海协议书》以及《合作防治在紧急状况下石油及其他有害物质污

〔1〕《联合国海洋法公约》第 197 条。

染地中海议定书》。[1]

在合作内容方面，应该确立行动计划、设定时间期限。可分三步走：第一步，先对整个海洋的环境进行评价；第二步，着手解决已经出现的恶性环境问题；第三步，确立保护区的行动目标，包括生态、经济与文化等方面。

（二）组织架构考量

鉴于南海海域在政治、生态、航运及文化等方面的特殊性，尝试建立的南海自然保护区必然有别于其他海洋保护区。南海自然保护区可以效仿波罗的海保护区中的赫尔辛基委员会，成立专门的成员委员会。作为领导机构，委员会应由相关缔约国派出专员组成，被成员国赋予足够的权力，以便统筹协调保护区内的各个工作领域和环节。

为应对具体任务，应该成立专门工作组。每个成员国应委派专人来组成南海自然保护区专门工作组，工作人员担任其中职位后不应再担任其他任何国内职位，尤其是与南海利益相关的部门职位。该工作组对南海自然保护区的设立工作负责。工作组应当对南海周边国家区域政府间国际合作组织的成立发挥其牵头作用，包括但不仅限于敦促各国搁置政治争端、领土争议，在环境保护方面齐心协力发挥自己的应有作用。工作组成员应当由缔约各国派出同等数量的人员组成，定期就工作成果向全体缔约国报告并审议。可以借鉴北极理事会，设立轮值主席，每5年更换一次主席，并就任期内优先发展项目进行独立的设定。

工作组的工作受到各国监督，必要时设立调查组。各国有权就委员会在其工作范围内的工作内容提出相应质疑。如果质

[1] 参见张颖："半闭海制度对南海低敏感领域合作的启示"，载《学术论坛》2016年第6期，第70页。

疑内容获得半数以上的成员国赞同，则成员国组成联合调查小组对工作组的工作内容进行合法、合理性审查，并在规定时间内向全体成员国公布调查结论。被采取质疑措施的委员会成员在调查组调查期间暂停工作，由其所在成员国另行委派候补成员暂时取代。如果一个国家有超过连续三个成员被调查小组进行调查，并证明其确有违纪行为，那么，该国在委员会成员下一次换届中应被要求减少委派工作人员的数量，由此产生的空缺名额由其他成员国平均分配。

（三）工作组的具体任务

在工作内容方面，工作组的具体任务应该包括：第一，协调海洋生物资源的管理、养护、勘探和开发；第二，保护和保全海洋环境；第三，协调科学研究政策；第四，邀请有关国家或国际组织与其合作。[1]另外，还要具体开展关于生态环境、渔业资源养护、海洋污染等方面的工作，包括但不限于定期对区域内生态环境进行评估并提出保护方案；就环境问题特别突出的地方向其国家政府提出环境保护具体意见；对保护区内渔业资源建立信息系统，统筹开发，对周边相关国家的渔业政策进行规划建议，杜绝过度捕捞，做好渔业资源养护工作；[2]做好完备调研，给出平衡航行与海洋污染问题的方法；协调各参与国政府定期举行成果汇总。

（四）资金管理模式的选择

关于资金机制和资金来源问题，建议设立一项为缔约国提供资金帮助的环境保护基金，即“南海自然保护区财政基金”。可以参考《世界遗产公约》第15条设立，使其成为类似根据联

〔1〕《联合国海洋法公约》第122条。

〔2〕参见刘生：“南海渔业资源开发现状与开发对策研究”，载《经营管理者》2016年第4期，第66页。

合国教科文组织《财务条例》构成的一项信托基金。对基金捐款和其他形式援助仅限于南海自然保护区的特定目的。资金可来源于成员国的捐款；也可来自其他国家、国际组织、机构或个人赠款；还可包括基金款项利息、活动所得收入和其他资金，即基金既吸收缔约国定期缴纳的管理费用、义务捐款，同时也吸纳来自世界其他国家、国际组织的捐款捐赠；基金以成员国自行缴纳为主，其他外部成员捐赠能够保证其发挥更好的效能。可与基金项目同时设立专门的基金管委会，定期举行财政公示与各个国家预算公示，以保证财政透明。

六、结语

根据海洋保护区制度的国际法规范和各国法律制度，海洋保护区制度已经成为全球进行海洋环境管理的一种有效工具和手段。在南海岛礁主权争议存在的同时，沿岸各国对共同保护南海环境的原则已达成共识。因此，在处理南海问题上，应当进一步思考如何加强与周边国家的合作，切实将海洋保护区的发展成果与南海结合起来落到实处。

中国应该尽快选址，设立中国独立管辖的南海自然保护区，例如“西沙、中沙和南沙珊瑚礁”海洋自然保护区。[1]同时，推进国际合作保护区的建设。

在南海有必要设立自然保护区，其对中国和世界具有重要意义。通过设立南海自然保护区，可以构建利益相关国家多边合作机制，增强互信，促进自然区域管理与保护的合作，实现互利共赢的格局，为以后的经济开发、安全合作打下坚实基础。

---

〔1〕《中国生物多样性保护战略与行动计划（2011-2030）》，经国务院常务会议第126次会议审议通过。中国生态文化协会官网：http://www.ceca-china.org/news_ view.asp? id=1143，访问日期：2019年9月22日。

南海自然保护区作为一个保护南海环境、促进南海周边各国合作的切实可行的办法，不应当只停留在理论与设想阶段，而应当进一步思考如何才能切实将其优势落到实处。在当前，必须明确南海自然保护区设立的目的，即维护南海海洋生态环境、保护海洋资源。而在未来，则可以考虑从海洋生态保护开始，逐渐过渡到其他领域的合作。

第五章 Chapter 5

北极海洋权益法律问题

北极地区是否仅仅属于北极八国？北极和北冰洋的资源和权益是否只能由北极理事会决定？应该依据哪些原则治理北极？中国在北极有哪些权益？应该如何行使和维护？

第一节 人类共同遗产原则与北极的法律地位

作为海洋法的重要原则，人类共同遗产原则是否、如何以及在多大程度上适用于北极诸多争议是一个非常现实和复杂的问题。

一、国际协定未明确规定北极地区的法律地位

北极地区通常指地球北纬66°34′以北的地区，是以位于北冰洋中的北极点为中心的一片区域。[1]北极地区常年覆盖白雪和冰川，气候严寒，多暴风雪，生存环境极为恶劣，不适宜人类生产生活。因此，人类对其进行认识和开发的时间较晚。但是，北极地区所具有的丰富的自然资源、优越的军事战略地位、

〔1〕参见《北极问题研究》编写组：《北极问题研究》，海洋出版社2011年版，第1页。

神秘的科学考察价值以及重要的航运价值深深地吸引着各国的眼光。

加之《南极条约》第 4 条冻结了对南极的领土主张，该条被称为南极法律制度的基石，通过搁置领土主权问题来维持该地区的相对稳定。[1]而北极地区缺少类似这样的能够明确规定法律地位的国际法律，导致近几十年来有关矛盾和争夺尖锐化。

针对北极地区的各种争议，存在一些双边条约和区域多边条约，以及《北极环境保护战略》（Arctic Environment Protection Strategy）等区域“软法”和宣言。[2]其中，比较重要的是 1920 年签订的《斯瓦尔巴德条约》（The Svalbard Treaty）。[3]这项条约的主要内容包括：斯瓦尔巴德岛是挪威的一部分、[4]非歧视原则、税收、军队限制、环境保护等。该条约的主要目的是希望通过承认挪威对斯瓦尔巴德群岛的主权，建立一项平等制度，使该地区得以发展与和平利用。《斯瓦尔巴德条约》的缔约国既包括北极国家，也包括非北极国家，是各国为解决北极地区主权争端问题进行的一次多边合作。但是，该条约未涉及也未能解决整个北极地区的法律地位问题。

在此，《伊鲁丽塞特宣言》（The Ilulissat Declaration）值得

〔1〕参见甘露：“南极主权问题及其国际法依据探析”，载《复旦学报（社会科学版）》2011 年第 4 期，第 121 页。

〔2〕详见吴琼：“北极海域的国际法律问题研究”，华东政法大学 2010 年博士学位论文。

〔3〕在英国的推动下，美国、丹麦、挪威、瑞典、法国等 18 个国家于 1920 年签订了该条约。1925 年，中国、苏联、德国、西班牙、芬兰等 33 个国家陆续成为该条约的缔约国。该条约于 1925 年 8 月 14 日生效，目前有 51 个缔约国。

〔4〕《斯瓦尔巴德条约》第 1 条规定：“缔约国承诺，在本条约规定的情况下，承认挪威对斯匹茨卑尔根岛的全面绝对主权。”

一提。[1]《伊鲁丽塞特宣言》表达了丹麦、俄罗斯、美国、加拿大、挪威这五个环北极国家的共同利益，其核心内容是领土主权等权益的归属。该宣言表明，上述五国欲主导北极地区事务，拒绝在北极建立新的综合性法律框架，反对以南极模式治理北极地区，反对限制北极资源开采的条约。会议的举行避开了冰岛、瑞典和芬兰等三个北极理事会成员国，并在因纽特代表缺席的情况下探讨了主权问题，此种无视他方权利的做法引起了摩擦。[2]该宣言没有明确北极地区的法律地位。

1982年《联合国海洋法公约》被认为是全球性普遍适用的“海洋宪章”，但是，其没有针对北极地区特殊的地理环境而列出专门的篇幅对其法律地位进行规定。[3]

综上，北极国家与非北极国家之间的协定、北极理事会的软法、某些北极理事会成员国共同达成的宣言、《联合国海洋法公约》等都没能明确北极地区在国际法上的地位。可见，迄今为止，国际社会未能对北极地区的法律地位达成一致。

二、北极地区的大陆架划界争端意在争夺资源

北极的陆地争端已经尘埃落定，只剩下北极海洋的权利划分归属，以及关于如何确定北极海洋权益，北极国之间、北极国与非北极国之间仍存在争议。北极地区200海里外大陆架划界问题是其中的关键问题。如果北冰洋沿岸国家的外大陆架申

---

〔1〕 2008年5月，丹麦邀请俄罗斯、美国、加拿大、挪威等国，就北极地区问题召开了五国会议，并发布《伊鲁丽塞特宣言》。

〔2〕 See Timo Koivurova, “Limits and Possibilities of the Arctic Council in a Rapidly Changing Scene of Arctic Governance”, *Polar Record*, Vol. 46, No. 2, April 2010, p. 146.

〔3〕 存在专门的条款，例如《联合国海洋法公约》第234条被称为“冰封区域”条款，目的是保护北极海域的生态环境，防止船源污染。

请都被许可，北冰洋国际海底面积将从 288 万平方公里缩小到 34 万平方公里，将会严重侵犯全球公海资源以及可能的国际海底资源。同时，北极海冰覆盖融减的速度远远超过人们的预期，使得未来开采北冰洋大陆架油气资源越来越具有现实操作性。〔1〕

据估计，北极地区蕴藏着全球未开发油气资源总量的 25% 左右。为争夺北冰洋海底丰富的自然资源，各沿海国都在积极寻求扩展 200 海里外大陆架的路径。《联合国海洋法公约》规定，沿海国必须向联合国大陆架界限委员会提交确定 200 海里外大陆架界限的划界案。目前，俄罗斯、丹麦和挪威作为《联合国海洋法公约》的缔约国已经向委员会提交了划界案。加拿大正在准备中。美国不是《联合国海洋法公约》的缔约国，尚不可提交。2017 年 7 月 24 日到 9 月 8 日，联合国大陆架界限委员会第 44 届会议在纽约联合国总部召开，被继续审议的 10 个划界案中包括俄罗斯关于北冰洋的修订划界案。〔2〕

三、地球两极地区的相似和区别之处

地球的南极和北极地区有许多相似之处。第一，南北两极都气候寒冷且大片地区终年冰雪覆盖，北极 2100 万平方公里的面积中有 1/2 的海洋被冰封；第二，南北两极环境的自我修复能力弱；第三，南北两极都是人类很少涉足的地区，人类的大量认知活动从近代才大规模开始；第四，两地区都蕴含丰富的自然资源，人类在两极地区开发资源只是时间问题。

---

〔1〕 参见吴迪："北极地区 200 海里外大陆架划界法律问题研究"，载《极地研究》2011 年第 3 期，第 217~224 页。

〔2〕 参见专属经济区与大陆架研究中心：《外大陆架导报》2017 年第 29~30 期，第 1~2 页。

南极和北极地区具有明显的区别：第一，南极地区以陆地主，北极中心地区以海洋为主；第二，南极地区远离其他大陆，北极地区则是被环北极地区的几个国家所包围；第三，虽然南北极环境都比较恶劣，但北极地区还有人类生活；第四，目前，关于南极存在一个独立、专门的国际法条约体系，而关于北极仅仅存在一些关于环境保护的国际公约，尚不成体系。[1]

四、北极适用人类共同遗产原则检视

无论是将南极划入“人类共同遗产”范畴还是设立“南极公园”，抑或按照现行的《南极条约》体系冻结主权而使各国和平利用南极，这些观点的区别仅仅在于对南极公有化程度的不同，将南极和平开放给各国是共识。而关于北极地区的法律地位和权利归属还远未达成共识。

按照目前的情形，将整个北极地区划入“人类共同遗产”范畴是不现实的。但是，“北极地区的海洋资源就理论上而言是属于全人类的，不管接近难易程度如何”。[2]从北极地区的特殊性看，将整个北极定义为“人类共同遗产”似乎说得通，因为北极是地球的特殊地域，和南极一样，其环境的变化直接影响着整个地球的气候与环境。

从操作路径上看，为解决北极地区的争端，只要按照《联合国海洋法公约》的规定，各国提出自己对领海、专属经济区及大陆架的划界要求，其余的北极海域则成为公海，公海的海底区域属于“人类共同遗产”范畴即可。这种解决北极争端的方式似乎

---

〔1〕 详见梁咏：“对南极地区的国际法展望与中国立场：人类共同遗产的视角”，载《法学评论》2011 年第 5 期，第 89~90 页。

〔2〕 刘惠荣、董跃：《海洋法视角下的北极法律问题研究》，中国政法大学出版社 2012 年版，第 105 页。

更具现实可行性。但是，这种解决模式必将带来危机，即公海及国际海底区域会因为北极周边国家的专属经济区及大陆架的要求而被大面积侵蚀，北极的“人类共同遗产”将所剩无几。〔1〕

环北极国家实际上已经开始行动，许多国家开始放弃先前坚持的扇形理论而加入《联合国海洋法公约》，从而开始提出“合法合约”的诉求。自2007年在北极点插上国旗开始，俄罗斯便掀起了向北极进军的狂潮，加拿大、丹麦、挪威和美国都依照《联合国海洋法公约》对北极部分地区提出主权要求，虽然芬兰和瑞典缺乏北面的海岸线，但依然对北极提出要求。以俄罗斯为例，其依据《联合国海洋法公约》第76条第8款于2001年向联合国大陆架界限委员会提交申请书，申明其享有46万平方公里的大陆架，该委员会以其证据不足为由驳回了俄罗斯的请求。

在北极地区大陆架勘测并不明晰时期，驳回各国的申请是出于维持现状、不使局势紧张的考虑。环北极各国间大陆架、专属经济区之间的重叠情况，更使得北极地区局势非常复杂。若按《联合国海洋法公约》解决争端，非北极国家应该认清局势，不能因为与自身没有直接关系而放任北极国家对北极利益最大化，北极国家对北极利益最大化侵蚀的是公海的“人类共同遗产”。〔2〕

解决北极权利归属的方式不只有以上两种，有学者提出由联合国管理〔3〕或者是将北极问题“南极化”，即在北极制定一

---

〔1〕 参见葛勇平：“‘人类共同遗产’原则与北极治理的法律路径”，载《社会科学辑刊》2018年第5期，第132页。

〔2〕 详见施文真：“‘人类共同遗产’原则与‘共有资源’管理——概念定位与制度要素之比较研究”，载《科技法学评论》2010年第6期。

〔3〕 详见韩逸畴：“论联合国与北极地区之国际法治理”，载《中国海洋大学学报（社会科学版）》2011年第2期。

个专门的类似于南极条约的法律；也有学者认为，“斯瓦尔巴德模式”能很好地化解北极争端。[1]各种解决方式各有利弊。

在现有格局下，环北极国家中有俄罗斯和美国两个超级大国，要将整个北极制度化为“人类共同遗产”困难很大，而完全按照《联合国海洋法公约》处理北极，又会侵蚀大量“人类共同遗产”。如果环北极国家能达成协议，共同自我克制，各自提出合理的大陆架和专属经济区主张，这样既可保障被视为共同遗产的公海海底区域拥有可观的体量，又能维护这些国家自己的海洋权益。然而，在没有国际公约和国际制度约束的情况下，此种良好愿望难免会败给国家利益。

第二节　中国和平利用东北航道的法律权利和对策

围绕北极的海洋权益争端持续已久。虽然中国在地理上是近北极国家，但是，中国参与北极事务一直面临着北极政治环境的制约。在 2015 年 10 月 16 日的“第三届北极圈论坛大会”上，主办方以“中国贡献：尊重、合作与共赢”的主题将中国的北极活动和政策主张予以介绍，让国际社会看到了中国参与北极事务的态度，增强了中国捍卫北极权益的话语权。[2]

对此，2016 年，有学者提出，中国应明确以“北极利益攸关者”替代“近北极国家”的身份，[3]加入北极事务与利用北极权益的框架之中。2018 年，中国政府发布白皮书，郑重表明

〔1〕 参见胡德坤、邓肖亭：“20 世纪初期北极地区领土争端及其解决”，载《武汉大学学报（人文科学版）》2011 年第 1 期，第 90~91 页。

〔2〕 参见“中国的北极活动与政策主张”（外交部副部长张明在“第三届北极圈论坛大会”中国国别专题会议上的主旨发言），载中国国际法学会：《中国国际法年刊（2015）》，法律出版社 2016 年版，第 685 页。

〔3〕 详见阮建平：“‘近北极国家’还是‘北极利益攸关者’——中国参与北极的身份思考”，载《国际论坛》2016 年第 1 期。

"中国是北极事务的重要利益攸关方"。[1]

中国于1996年批准加入《联合国海洋法公约》，就中国在北极所享有的合法权益应以该公约作为基础依据，围绕航运通行权、资源的利用与开发权、科学研究与考察权等三大方面促进中国北极权益维护的相关实践。作为发展中国家的海洋大国，中国业已积极参与北极权益维护对话机制，并从国家战略的角度将极地问题纳入了新国家安全法的范围之内。

在航运领域，中国远洋运输（集团）公司"永盛"轮于2013年8月8日首航北极，这是中国商船第一次尝试经由北极东北航道到达欧洲。[2]然而，关于通行北极航道所涉水域的法律地位及航道自身的法律地位尚存争议，环北极国家，以俄罗斯、美国、加拿大为代表，通过"历史性水域"及直线基线等理论对北极相关水域及航道要求主权权利，欲使北极航道去国际化，从而避免减损国家利益。但是，这些做法违背了当今世界开放的航运贸易格局，不符合海洋可持续利用的需求。

一、北极东北航道的法律性质争议

由于现行的法律制度体系存在着对于极地水域航行规则的缺失，基于北极环境保护的国际法依据，加拿大和俄罗斯极力管控北极航道。而为了保护极地环境以及航道适当且安全地被

〔1〕 中华人民共和国国务院新闻办公室编：《中国的北极政策》，人民出版社2018年版，第4页。

〔2〕 2015年7月8日，"永盛"轮再航北极，经过55天、近2万海里的航行后，两次穿越北极东北航道，成功往返欧洲和中国，圆满完成"再航北极、双向通行"这一历史性任务，同时开创了中国商船首次经过北极东北航道从欧洲到中国的先河。详见"探索北极冰海搏击——永盛轮船员群体"，载中国网：http://www.china.com.cn/haiyang/2016-02/16/content_37798557.htm，访问日期：2016年11月10日。

国际社会所利用，应尽快协调解决相关法律冲突，形成有效的治理机制，促进航行自由。

（一）北极东北航道的地理位置和发展阶段

在地理位置上，东北航道（Northeast Passage）绝大部分处于俄罗斯北部沿海海域，它西起冰岛，向东经巴伦支海，穿过北冰洋、白令海峡直到日本。事实上，东北航道与北方海线（the Northern Sea Route）部分是重叠的。很早以前，在世界上还存在东北航道和北方海航道之分，1991 年，俄罗斯政府颁布了《北部海航道航行规则》〔1〕，其中关于东北航道正式提出了俄罗斯的官方定义，即“北方海航线——位于俄罗斯内海、领海（领水）或者毗连俄罗斯北方沿海的专属经济区内的俄罗斯国家交通干线，它包括适宜船舶破冰航行的航段，西端是新地岛海峡的西部入口和沿子午线向北航行绕过新地岛北端的热拉尼亚角，东到白令海峡北纬 66°与西经 168°58′37″处”。近年来，学术界关于东北航道的定义基本上达成了一致，而且，2009 年北极理事会出版的“北极海运评估报告”也基本上承认了俄罗斯的官方定义。〔2〕

东北航道的发展经历了四个阶段，分别是 1917 年至 1932 年的探索安置期，1932 年至 20 世纪 50 年代初的港口、码头建设和定期组织航行期，20 世纪 50 年代至 20 世纪 70 年代的航道改造期，20 世纪 70 年代末至今的全面建设船舶全年航行路线期。2009 年 7 月，从韩国出发的两艘德国货船通过东北航道，在短时间内到达了荷兰鹿特丹港，引发了世界各国对东北航道法律

〔1〕 Northern Sea Route Administration, Regulations for Navigation on the Seaways of the Northern Sea Route, 1991, http://www.arctic-lio.com/nsr_legislation, accessed on 10 September 2014.

〔2〕 参见惠兰：“北极航道之争及其解决途径法律分析”，哈尔滨工业大学 2012 年硕士学位论文，第 9 页。

地位的新一轮争议。[1]

2012年俄罗斯杜马通过、2013年生效的《关于北方海航道水域商业航运的俄罗斯联邦特别法修正案》第3条规定，“修改《俄罗斯联邦商业航运法》”，第3款规定增加5.1条。其第1款规定：“北方海航线水域应视为毗连俄罗斯北方海岸的水域，包括内水、领海、毗连区和专属经济区，东起俄罗斯与美国的海上边界和杰日尼奥夫角到白令海峡中的纬线，西至新地群岛热拉尼亚角的经线，以及新地群岛东部的海岸线和马托奇金海峡、喀拉海峡与尤戈尔海峡的西部边界。”[2]这项规定中的北方海航线与1991年的规定基本重合。

（二）国内航线论或内水论

关于东北航道的法律地位问题，不论是苏联政府还是现在的俄罗斯政府，均依据海洋扇形原则、历史性水域、直线基线提出主权权利。此外，俄罗斯通过国内立法的形式来加强其主张的法律依据，一直坚持东北航道是其内水的主张，是其国内的一条重要航线。此说可被称为国内航线论或内水论。而以美国为首的更多国家则坚持认为，东北航道为国际通行海峡，尤其是随着全球变暖、北极冰层逐渐消融之后，东北航道为国际航行海峡的法律地位也逐渐凸显出来。[3]此说可被称为国际通行海峡论。此外，长期以来，各国一直对使用东北航道必须向俄罗斯政府支付巨额通行费的规定颇有微词。在东北航道经济

---

〔1〕参见惠兰：“北极航道之争及其解决途径法律分析”，哈尔滨工业大学2012年硕士学位论文，第9~10页。

〔2〕参见王泽林：《北极航道法律地位研究》，上海交通大学出版社2014年版，第321~325页。

〔3〕参见郭培清、管清蕾：“北方海航道政治与法律问题探析”，载《中国海洋大学学报（社会科学版）》2009年第4期，第5页。

利益越发显著的今天，这种争议也就越发激烈。[1]

具体而言，与美国和加拿大西北航道之争所不同的是，西北航道涉及的是海峡之争和航道所处的部分水域的法律地位问题之争，但东北航道之争主要集中在海峡归属上。与西北航道相比，东北航道所涉及的海峡数量众多，因此，海峡的性质决定了东北航道的性质。根据1960年《苏联国家边疆法》（Law on the State Boundary of the USSR）第4条的规定，东北航道所经过的海域被界定为海洋内水，因此，俄罗斯也一直将北方海运航道视为国内海运路线。所以，诸如航道内的维利基茨基海峡、德米特里·拉普捷夫海峡、红军海峡等就成了俄罗斯的内水海峡或历史性海峡，如同基线内的其他海域一样，适用内水的法律制度。[2]

不仅如此，针对东北航道主权归属问题，俄罗斯甚至苏联国内还进行了很多的立法为其争取东北航道的主权提供法律依据，例如1991年颁布了《北部海航道航行规则》，规定了俄罗斯在北极地区领海、专属经济区以内以及这些水域以外公海上各国船舶（包括俄罗斯本国船舶）的航行规则。[3]

俄罗斯主张对东北航道享有权利所坚持的法律依据主要有扇形原则、历史性权利和直线基线。

第一，扇形原则。1926年4月15日，苏联中央执行委员会颁布了《关于苏联北冰洋土地和岛屿领土的声明》（On the proc-

---

〔1〕 参见刘惠荣、林晖：“论俄罗斯对北部海航道的法律管制——兼论其与《联合国海洋法公约》的冲突”，载《中国海洋大学学报（社会科学版）》2009年第4期，第6页。

〔2〕 参见吴琼：“北极海域的国际法律问题研究”，华东政法大学2010年博士学位论文，第116页。

〔3〕 参见阎铁毅、李冬：“美、俄关于北极航道的行政管理法律体系研究”，载《社会科学辑刊》2011年第2期，第75页。

lamation of land and islands located in the Northern Arctic Ocean as territory of the USSR），这是苏联第一部边界法，“苏维埃社会主义共和国联盟宣布，在苏联北极海域内西起格林尼治东经 32°04′35″，东到维达（Vaida）湾东侧的格林尼治西经 168°49′30″，直到北极点的地区内，从该法令颁布之日起，已经发现和尚未发现或将来发现的所有土地和岛屿，均属苏联”。苏联解体后，俄罗斯依然坚持扇形理论，1998 年俄罗斯杜马重申了 1926 年法律的原则，旨在强化俄罗斯对北极水域的主权。[1]在 2007 年北极海底插旗期间，俄罗斯宣布对“俄罗斯扇形内”的大陆架提出权利要求，表明扇形原则的影子仍隐现于俄罗斯北极政策中。[2]

第二，历史性权利。以“历史性水域”的分析为例，在国际成文法中并无“历史性水域”的规定，依照 1951 年“英国挪威渔业案”的裁决结果，国际法院指出，“历史性水域”通常被视为内水。对于其构成要件则通过相关判例、国际裁决以及各国的主张和他国的反对声明形成，包括①主张国正式的“主张”，且必须适当明确、始终如一与充分公开；②管辖权的有效行使；③其他国家的默认；④主张水域对本国具有“至关重要利益”。[3]与此相关，存在四个有争议的海峡，苏联政府在于 1964 年 7 月 21 日给美国政府的照会中宣称，拉普捷夫海峡和桑尼科夫海峡为“历史性水域”；1965 年苏联政府又宣布对维利基茨基海峡和绍卡利斯基海峡实施强制性破冰船护航制度。

---

〔1〕 See William E. Butler, “Northeast Arctic Passage”, *Kluwer Law International*, 1978, p. 174.

〔2〕 参见郭培清、管清蕾：“探析俄罗斯对北方海航道的控制问题”，载《中国海洋大学学报（社会科学版）》2010 年第 2 期，第 6 页。

〔3〕 详见王泽林：《北极航道法律地位研究》，上海交通大学出版社 2014 年版，第 158～171 页。

与此相关，苏联及俄罗斯先后颁布多部法律法规。例如1968年颁布的《商业航运法》，开始建立北极航运法规[1]；1982年新的《苏联国家边疆法》乃至1993年俄罗斯联邦的《国家边疆法》都重申了对北极海域中海峡的“历史性权利”；1991年基于《联合国海洋法公约》第234条的规定颁布了《北部海航道航行规则》；2009年3月27日，俄罗斯安全委员会发表“北极战略规划”，制定新的北方海航道法律管理体制是核心内容之一。

第三，直线基线。20世纪80年代，苏联政府开始在北冰洋地区大量划定直线基线。苏联解体之后的俄罗斯政府在1998年《俄罗斯联邦内水、领海以及毗连区法》中延续了苏联1984年及1985年两项法令关于直线基线划定的规定，北方海航线的部分海域在俄罗斯仍被认为具有内水的法律地位。

（三）国际通行海峡论

在东北航道的问题上，美国如同对待西北航道一样，拒不接受苏联的立场，认为北方海运航线的海峡属于用于国际航行的海峡，适用过境通行制度。针对苏联政府的一系列为争取东北航道而采取的相关立法行为，1965年6月22日，美国政府答复：不承认苏联对北方海航线的内水化声明，所有船只都有无害通过两端连接公海的用于国际航行的海峡的权利，这种权利不应受到阻碍。

美国认为：“根据历史原因将国际法中的历史性水域原则应用于国际海峡而宣布这些海域的主权是不妥当的。”美国极力反对俄罗斯在北极航道上的相关主张，布鲁贝克对俄罗斯有关北部海航线的法律制度进行过评价，认为根据《联合国海洋法公

---

〔1〕 参见郭培清等：《北极航道的国际问题研究》，海洋出版社2009年版，第220页。

约》的相关规定，俄罗斯的相关法律制度严于《联合国海洋法公约》的规定。该学者估计，俄罗斯的规定大概只有不到1/3能够获得《联合国海洋法公约》的支持。[1]

（四）北极东北航道属于国际航道

如果北极航道之中的海峡符合地理标准和功能标准，则属于“用于国际航行之海峡”，适用过境通行制度；也不排除在一些特定情况下，适用无害通过制度。但加拿大和俄罗斯反对北极航道途径海峡为国际海峡，而是认为它们属于本国的国内航道。从国家利益的角度出发，加拿大和俄罗斯两国一直通过立法[2]的方式极力控制北极航道。

产生纠纷的原因在于，双方所引据的理由多来自国际习惯法，而相应的国际法却没有一个明确的规定。但从国际社会的整体利益出发，应该认定北极航道中所涉的主要海峡属于国际海峡，适用《联合国海洋法公约》第三部分所确立的过境通行制度。

而且，从地理、功能和国际法角度考察，北极东北航道属于国际航道。从地理特征角度讲，北极东北航道属于“国际海峡”；从其功能角度讲，是用于航行，属于航道；从国际法角度看，相对于国内航道，北极东北航道属于国际航道。

东北航道法律性质之争集中在海峡的归属上，但是，俄罗斯所依据的直线基线法律依据并不符合其群岛和航道的实际情

---

〔1〕 See R. Douglas Brubaker, “Straits in the Russian Arctic”, *Ocean Development and International Law*, 2001 (33), pp. 263~287.

〔2〕 加拿大用以规范西北航道的基本法律文件有《北极水域污染防治法》（AWPPA）、《北加拿大船舶航行服务器规章》（NORDREG）、《加拿大航运法》等。俄罗斯用以规范北方海航线的基本政策及法律文件为《俄罗斯北极战略》《关于北方海航线水域商业航运政府规章的俄罗斯联邦特别法修正案》《北方海航线水域航行规则》等。

况，因此，其主张对东北航道享有主权的要求不符合国际法，缺乏法律依据。俄罗斯在本国有关东北航道的立法中曾多次出现过不符合《联合国海洋法公约》的规定，不论其是出于本国利益还是环境保护的考虑，都不应该违背国际法规则。

关于“历史性水域”问题，根据构成要件的内容分析，加拿大的主张难以成立。首先，加拿大一直未明确“历史性水域”的概念与内容，且前后的主张不一致；其次，加拿大虽通过立法等形式对西北航道进行管理，但国内法的拘束力毕竟有限，对于能否持续有效地支持加拿大的管辖还有待观察；最后，以美国为首的国家一直在反对加拿大关于西北航道属于“历史性水域”的主张。综上，无法将西北航道所涉水域视为加拿大的“历史性水域”。同理，俄罗斯对东北航道的主张亦不能成立。

美国在 2009 年《北极地区安全指令》中强调：“保证海洋自由的权利是美国的最高利益。‘西北航道’是用于国际航行的海峡；而‘北方海运路线’包括用于国际航行的海峡，过境通行制度适用于这些海峡。”

此点也切中了中国及其他世界多国国家利益。就海洋法公约和理论而言，1982 年《联合国海洋法公约》没有规定诸如最低限度的海运量、一定数量的航次、通行的实践或规则等具体要求作为国际海峡的构成标准。这意味着，在空间维度上，只要地理特征符合《联合国海洋法公约》对海峡的描述，并存在船舶的通行，某水道就属于“国际海峡”。在时间维度上，“用于国际航行”既指过去，也指现在，亦可以包括未来。事实是，随着全球气候变暖，将来会有越来越多的各国船舶通过北极西北航道和东北航道。

鉴于北极航道的快速发展和日渐明显的优势，甚至有人认为，北极航道与世界经济、战略息息相关，谁控制了它，便意味着谁很快就会控制世界经济、战略的新走廊。但是，至今没有任何一部权威的国际法能对北极航道的法律地位作出明确的规定。

二、中国和平利用北极东北航道的法律权利

北极海域的航运通行权行使将会受到阻碍，其原因之一即在于，北极航道沿岸国对于北极航道法律地位的认定与国际社会的普遍呼吁不一致。国际社会大多支持北极航道途经的主要海峡应为国际海峡，适用《联合国海洋法公约》关于过境通行的规定，以及适用特殊情形下的无害通过，这样对于航运通行权的维护是有益的。

基于此，中国的商船与公务船开始积极探索利用北极航道，增加北极航道所涉海峡作为国际海峡被广泛使用的事例。如果北极航道能够实现持续的利用，将使中国在现有的远洋主干线的基础上增加两条能够更加便捷地到达欧洲与北美洲的通道，从而大大降低运输成本，减少途经其他水域——例如索马里海域——所带来的风险。所以，保障北极海域航行通行权的有效行使符合中国的北极权益维护战略。〔1〕

鉴于北极航道的重要性，北极航道争夺的日趋激烈，一些非北极国家也加入其中，积极争取本国在北极航道中的利益，倡导北极航道为国际通行海峡，逐步确定北极航道的法律地位。如果北极东北航道被确定为俄罗斯的领水，基于其主权管辖权原则，俄罗斯将有权对驶入北极东北航道的外国船只进行控制和禁止；如果北极东北航道被定位为国际海峡，则他国船舶有

〔1〕 参见郭真、陈万平："中国在北极的海洋权益及其维护——基于《联合国海洋法公约》的分析"，载《军队政工理论研究》2014 年第 1 期，第 137 页。

权在该处行使过境通行权与无害通过权。

在现实中，北极东北航道在俄罗斯的实际控制之中。就国际法理论而言，两种观点各持己见；从中国国家利益角度看，将北极东北航道定位为用于航行的国际海峡更为有利。作为国际海峡，北极东北航道的航行规则应该由国际海事组织和沿岸国俄罗斯共同协商制定。无论如何定位，在国际法上，中国作为国际社会的一员，都有权和平使用北极地区及其内东北航道。

事实上，中国拥有参与北极事务的坚实的法理依据。

首先，中国并非北极事务的新来者。1925 年，当时的段祺瑞政府代表中国加入了《斯匹茨卑尔根条约》（也称《斯瓦尔巴德条约》）。[1]根据该条约，挪威"享有充分和完全的主权"，该地区"永远不得为战争的目的所利用"。各缔约国包括中国的船舶和国民可以平等地享有在该条约所指地域及其领水内捕鱼和狩猎的权利，自由进出该条约所指范围的水域、峡湾和港口的权利，从事一切海洋、工业、矿业和商业活动并享有国民待遇等。

其次，中国是《联合国海洋法公约》缔约国。据此，中国的船舶和飞机享有在环北极国家的专属经济区内航行和飞越的自由，在北冰洋公海海域的航海自由，享有公约所规定的船旗国的权益。

根据这两项条约，中国有权在斯匹茨卑尔根群岛（斯瓦尔巴群岛）地区和北冰洋地区从事相应活动。

最后，中国参与北极科学考察的法律依据主要来自《联合

---

[1] 斯瓦尔巴群岛由众多小岛组成，其中最大的岛是斯匹茨卑尔根岛。1920 年 2 月，英国、美国、丹麦、挪威、瑞典、法国、意大利及荷兰等 18 个国家在巴黎签订了《斯匹茨卑尔根条约》。到 1925 年，中国、苏联、德国、芬兰和西班牙等 33 个国家加入该条约，目前共有 51 个缔约国。

国海洋法公约》对领海、专属经济区和大陆架上的海洋科学研究制度所做的权利认定和行为规范。根据该公约，沿海国有权针对其领海、专属经济区或大陆架上的科学考察活动制定法律和规章并实施管理。该公约第245条规定，任何其他国家和各主管国际组织，如果有意在一国领海内从事海洋科学研究，须经沿海国的明示同意，并在其规定的条件下进行。在专属经济区或大陆架进行海洋科学研究须经沿海国同意。正常情况下，沿海国对外国在其专属经济区和大陆架上进行的有益科学研究计划应给予同意。行使无害通过权的外国船舶，在无害通过一国领海时，不得从事任何研究和测量活动。

综上，中国利用北极东北航道的权利完全符合国际法。

三、中国和平利用北极东北航道的策略

气候变暖和海冰融化使北极航道开发的经济前景越来越清晰，同时，形势紧迫。一方面，中国参与航道利用等北极事务，有利于为保障中国经济安全和拓展海外能源供给，有利于为国家中长期发展进行知识储备和技术创新。另一方面，中国面临一些困难和问题，亟待解决。

（一）中国参与和平利用北极东北航道的实践

2012年，在第五次北极考察中，中国极地科考船“雪龙号”穿越东北航道进行北极科考。2013年夏，中国远洋公司“永盛号”商船满载货物，从中国港口出发，经白令海峡，穿越北极东北航道，顺利到达荷兰鹿特丹港。

作为主要业务范围为国际海事活动的国际组织，国际海事组织（IMO）近年来正在制订《国际极地水域营运船舶安全规则》（以下简称“极地规则”）。它将成为规范北极航运行为、保障北极航行安全、保护航行海域环境和生态平衡最有约束力

的法律文件和技术标准。“极地规则”的制定是一个系统工程，它的产生需要各国合作。[1]中国是国际海事组织的重要成员之一，在“极地规则”的酝酿、草拟和制订过程中，中国专家组代表始终从维护航运安全和提高环境保护出发，平衡现有技术和未来发展的需要，平衡北极域内国家和域外国家的利益，客观、公正地提出了许多合理化建议，在技术上很好地支撑了谈判，使得所制定的条款更加符合发展需要。[2]

此外，作为国际北极科学委员会的重要成员，中国极地科学家通过开展广泛的北极科技合作，积累极地知识，为北极治理提供智力和技术支撑，为中国积极参与北极事务起到了先导作用。

（二）中国参与利用北极东北航道的策略

1. 中国参与利用北极的行动和策略

中国主流观点认为，根据《联合国海洋法公约》，北冰洋属于国际公共航运区域，任何改变都必须经过所有国家同意；气候变化影响中国的大气环境和濒海地区的食品安全，事关中国重大利益。

2013年，中国成为北极理事会正式观察员。在科学研究领域，中国代表参加了北极科学委员会、北极科学峰会、新奥勒松科学管理委员会和国际极年的各种活动。在国内研究平台建设方面，通过增加资助和人员的方式，依托国家海洋局极地考察办公室、极地研究中心、海洋战略研究所等部门和机构形成若干平台，推出了一批研究成果。截至2017年年底，中国在北

---

〔1〕 参见杨剑：“北极航运与中国北极政策定位”，载《国际观察》2014年第1期，第129页。

〔2〕 参见张俊杰：“极地航行安全之约”，载《中国船检》2013年第7期，第16页。

极地区成功开展了 14 个年度的黄河站站基考察；[1]截至 2018 年 9 月，中国在北极地区成功开展了 9 次北冰洋科学考察。

针对北极地位争议，例如 2007 年俄罗斯在北极点插旗事件、美国和加拿大加强其在北极地区的军事部署等，中国采取中立态度。同时，积极进行科学考察、气候变化调查、支持土著居民发展、参与地区文化、促进可持续发展、反对环境污染、鼓励旅游等行动。[2]中国发起"一带一路"重要合作倡议，与各方共建"冰上丝绸之路"，为促进北极地区互联互通和经济社会可持续发展带来合作机遇。这些方法非常实用。

可以看出，从国家利益出发，中国采取了并将继续采取务实的策略。目标指向寻求国际航道多源化（苏伊士运河、马六甲海峡、北极航道等）、战略资源多元化（石油、天然气、铁矿石等）、海洋渔业资源丰富化和强化合作伙伴关系[3]，以避免单一化，并降低危险性和成本。

笔者建议，既是阶段性目标也是步骤可以考虑下列内容：争取北极理事会永久会员国资格，争取增加在北极理事会的权利，合作进行石油基础设施投资和建设，与俄罗斯展开航道合作谈判等。

---

〔1〕 中华人民共和国国务院新闻办公室编：《中国的北极政策》，人民出版社 2018 年版，第 6 页。

〔2〕 参见长风："美媒：中国北极战略实用，得北极后领导全球"，载 http://grass.chinaiiss.com/html/201311/18/wa1159b.html，访问日期：2014 年 8 月 11 日。原文网址：http://thediplomat.com/2013/11/14/understanding-chinas-arctic-policies.

〔3〕 合作伙伴包括大部分北极圈国家，例如 2010 年，中国向冰岛银行系统提供了 5 亿多美元的互惠贸易信贷，与丹麦签订了 7.4 亿美元的绿色经济、农业和食品安全协议。2011 年，丹麦大使发表声明支持中国成为北极理事会成员国，格陵兰和冰岛领导人也做出了类似表态。2013 年 1 月，瑞典和挪威在北极理事会峰会期间提议讨论中国在委员会中角色问题。2013 年，与冰岛签订自由贸易协定。

2. 中国参与利用北极东北航道的策略

北极东北航道战略地位重要，经济价值可观，航运潜力巨大。开发和利用该航道，形成完善的能源供应和外贸运输的海运新布局，有利于中国和平发展。

针对当前的制约因素，应该制定切实可行的开拓方略。有学者提出，应该加强合作，借势而为，加大投入，更新设备，重视科学考察，积累极区海域航行资料，培养极地海域航运人才，以此奠定中国极地海运基础。〔1〕这些方式和方法值得考虑和采用。

此外，北冰洋海冰融化消退的速度比预测快很多，包括环绕北极点的中央区域，由此，在目前的技术条件下，一条更为便捷的中央航道已经成为可能。这条中央航道位于200海里专属经济区之外的公海上，无须经过俄罗斯和加拿大主张内水化的“历史性”航道水域。〔2〕这一新事实对于有心发展北方地区经济的俄罗斯来讲，既具有竞争性，同时也是吸引投资合作开发北部海航道的良好机遇，中国应该双管齐下，一面积极参与研究中央航道的可行性，一面密切关注与俄罗斯的合作，利用北部海航道。

四、中国参与和平利用北极东北航道的法律对策

为了充分参与利用北极东北航道，在法律层面，中国可推进如下工作：

第一，维护《斯瓦尔巴德条约》和《联合国海洋法公约》

〔1〕 详见李靖宇、詹龙龙：“我国开拓北极东北航道的战略思考”，载《中共中央党校学报》2013年第6期，第111~112页。

〔2〕 参见张侠等：“从破冰船强制领航到许可证制度——俄罗斯北方海航道法律新变化分析”，载《极地研究》2014年第2期，第274页。

赋予中国在北极的各项权益。作为《斯瓦尔巴德条约》的缔约国，中国享有参与北极事务的权利。《联合国海洋法公约》的部分规则也适用于北极地区，根据有关规定，在北极圈国家的领海，中国船舶享有无害通过权；在北极海域的专属经济区和公海，在遵守公约和有关国际法规的前提下，中国船舶享有航行自由权；在用于国际航行的海峡范围内，中国船舶享有过境通行权。这些权利不容非法剥夺。

第二，利用涉北极事务的各个国际组织的平台，依据各国际组织的基础法律文件和工作规章，通过参与立法活动，争取更多权益。例如，在国际海事组织进行类似编制“极地规则”的工作中发挥中国的作用；在由中国牵头的太平洋北极工作组的会议、规程、活动安排中为非北极国家争取参与权；在北极理事会〔1〕中提升中国的话语权，应当通过正名为“近北极国家”，并以此名义参与理事会会议，表明与北极及其东北航道的利益关系，努力构建公平合理的北极东北航道行为协调机制。

第三，在法学理论上继续深入研究，争取在可行的范围内与国际社会达成共识，确认北极东北航道作为用于航行的国际海峡性质。

第四，厘清《联合国海洋法公约》第 234 条关于冰封区域的适用空间范围问题；厘清《联合国海洋法公约》第 234 条与用于国际航行的海峡之过境通行制度之间的关系；参与并推动修订《联合国海洋法公约》，明确北极各航道的法律地位。

第五，继续深入研究国际法与国内法的关系，确认国际法

〔1〕 北极理事会是各国处理北极事务的主要协调机制和论坛平台，是有关北极组织中的权威机构。2013 年 5 月，在瑞典基律纳召开的部长会议上，中国等国被接纳为其“正式观察员”。See The Eighth Ministerial Meeting of the Arctic Council, “Sweden Kiruna Declaration”, MM 08-15, Kiruna, Sweden, May 2013.

的优先地位，并争取在有关国际条约中有所体现，逐步消除或者解决俄罗斯国内法涉及北极东北航道法律法规与国际法的冲突问题。

第三节　中国在北极的资源利用与开发分享权问题

在全球气候环境的变化及海洋利用的升级中，北极地区被愈来愈多的国家所关注，逐渐成为利益探求的新亮点。自1925年加入《斯瓦尔巴德条约》，中国以北极利益攸关者的身份，开启了参与北极事务的进程，并不断拓展在北极活动的深度与广度。

关于北极活动的开展与权益的维护则主要聚焦于航运、科研、资源开发以及环保与可持续发展等方面。在资源开发领域，国内外法学界的研究主要集中于北极资源的权属确认以及对资源开发利用的法律管控。

一、中国在北极的资源利用与开发分享实践

依据《联合国海洋法公约》的有关规定，中国在北极地区享有多项资源权益。例如，第一，专属经济区内生物资源的利用权（第61~62条）；第二，对200海里外大陆架上的非生物资源开发所缴纳的费用和实物的分享权（第82条）；第三，公海生物资源的捕获与养护权（第116~119条）；第四，国际海底区域矿产资源的勘探与开发权（第150条、第153条）。

但是，按照目前的情况看，这些权益更多地处于一种可期待的潜在利益状态。同时，由于北极地区的酷寒天气及众多不稳定的浮冰海域的存在，使得对于资源的勘探开发技术要求比较严格。

此外，中国目前仍是在科学研究的目标之下对北极资源的开发利用进行探索，若要真正进军投入北极资源开发的实践浪潮中，仍需克服种种现实困难。在此方面，中国应借鉴北极国家以及日本、韩国等周边国家〔1〕对于北极资源开发利用的政策及法律制度的实施，同时积极参与北极事务，形成中国对于北极资源开发利用的核心话语体系。

二、中国在北极的资源利用与开发分享权维护

北极作为蕴含石油、天然气、渔业资源的巨大宝库，吸引着各主权国家的纷纷踏入，以“经济人”的角色对北极资源表示出充分的占有意图。例如，普拉德霍湾附近的北极北坡——北冰洋波弗特海的一个海湾，就已经成为美国最重要的石油产区。〔2〕在全球气候变暖、政治稳定、技术进步等综合背景之下，对于北极资源的利用与开发也将会加快脚步。但是，不可忽视的是，开发即伴随着污染的侵入，对于如何在资源开发利用的同时最大限度地保证北极地区的生态可持续，各国间的对话合作及形成资源开发相关法律问题的规制体系可为其提供解决路径。

对于北极资源的利用、开发与保护的法律规定散布于《联合国海洋法公约》、多边条约及双边条约之中，主要为海洋水体空间内的渔业资源，中国同俄罗斯、美国、日本、韩国、波兰共同签署了《中白令海峡鳕资源养护与管理公约》，通过国家间的合作建立了最优化利用资源的制度，为公海渔业资源的管理

---

〔1〕 详见左凤荣：“俄罗斯海洋战略初探”，载《外交评论（外交学院学报）》2012 年第 5 期；桂静：“韩国北极综合政策及其实施评析”，载《当代韩国》2014 年第 2 期，第 51~63 页。

〔2〕 参见章成：“北极的区位价值与中国北极权益的维护”，载《求索》2015 年第 11 期，第 11 页。

提供了先例；[1]关于专属经济区及大陆架上的生物资源与非生物资源，以及由国际海底管理局管控的海底矿物资源，《联合国海洋法公约》确立了“区域”内资源勘探与开发活动的平行开发制度，在为全人类利益的目标之下，各缔约国或其公私企业与管理局以协作的方式进行。此外，应特别考虑发展中国家，包括其中的内陆国和地理不利国。[2]

围绕国际海底归属及其资源分配这一核心问题，以非海洋法签约国的美国为代表，其在根本理念与组织原则上与《联合国海洋法公约》的规定产生了矛盾。一方面，美国主张国际海底区域的原始竞争秩序，支持国家对海底资源开采享有管辖权；反对海底局所确立的生产限额、技术转让、经济援助等制度，企图以技术资本优势垄断海底资源的开发。[3]另一方面，美国加强与俄罗斯的合作，两个国家的巨头石油公司签署了一项具有战略意义的协议，商议共同勘探开发北极的油气资源。[4]

从以上可以看出，对北极资源的开发利用，由于涉及最大化的利益争夺，目前在国际社会具有影响力及技术领先的大国处于绝对优势地位，对于发展中国家涉足资源勘探领域产生极大的阻碍。而面对当下各国对于资源的需求日渐剧增，在保障国际海底局有效运作的同时，应加大对发展中国家的倾斜性支持力度等相关措施的施行。此外，北极域外国家及北极利益攸关者应加强沟通，签订相关合作条约，减少分歧，以一致的态

---

〔1〕 参见郭真、陈万平：“中国在北极的海洋权益及其维护——基于《联合国海洋法公约》的分析”，载《军队政工理论研究》2014 年第 1 期，第 138 页。

〔2〕 详见《联合国海洋法公约》第 150~155 条。

〔3〕 参见沈雅梅：“美国与《联合国海洋法公约》的较量”，载《美国问题研究》2014 年第 1 期，第 58~59 页。

〔4〕 参见潘敏：“论中国参与北极事务的有利因素、存在障碍及应对策略”，载《中国软科学》2013 年第 6 期，第 17 页。

度共同应对来自北极国家的质疑。北极国家也应在生态环境方面给予北极更多的保护，善意、理性地开发北极资源。

第四节　中国在北极的科学研究与考察权问题

《联合国海洋法公约》第 238 条赋予了所有国家及各主管国际组织进行海洋科学研究的权利，而北极特殊的地理位置使得科考成了目前中国最主要的北极活动。从九次北极科考的成功[1]进行到黄河科考站的设立，中国在北极的科学研究活动逐步完善与深入，但由于北极治理模式并没有形成像南极治理一样以《南极条约》为中心的体系，而是零碎且模糊的规定，所以，对于北极科考相关的国际法问题需要进一步探讨。

一、中国在北极的科学研究与考察实践

科学研究（考察）活动是目前中国最主要的北极活动，以海洋科学考察为主要内容。中国于 1996 年正式加入国际北极科学委员会，在 2004 年，中国在北极斯匹茨卑尔根群岛上建立了第一个北极科学考察站——黄河站，开始了对北极的定点监测研究。2012 年 7 月 22 日至 9 月 7 日，中国科考船“雪龙号”成功穿越北极东北航道，完成从北极高纬航线向东穿越北冰洋的考察活动，该次科考也是中国首次利用东北航道。[2]

〔1〕 申铖、张建松：“中国第九次北极科学考察队凯旋抵沪”，载新华网：http://www.xinhuanet.com/tech/2018-09/26/c_1123487210.htm，访问日期：2019 年 8 月 10 日。中国第九次北极科学考察队完成历时 69 天的考察，于 2018 年 9 月 26 日乘坐“雪龙号”极地科学考察船凯旋归国，顺利返回位于上海浦东的中国极地考察国内基地码头。

〔2〕 参见白佳玉：“我国科考船北极航行的国际法问题研究”，载《政法论坛》2014 年第 5 期，第 94 页。

但是，值得注意的是，即使科考行为符合他国国内法的相关规定，中国科考船的实践也不能作为对他国认定北极航道法律地位的默认。《联合国海洋法公约》第十三部分赋予主权国家海洋科学研究的权利，中国应按照相应的要求，在不同海域行使科学研究与考察的权利，同时，积极参与有关北极治理的国际组织，增强互信与合作。

二、中国在北极的科学研究与考察权维护

由于受地理因素的限制，目前各国最主要的北极活动便是开展科学研究与建立北极科考站。而北极科考适用的法律包括《联合国海洋法公约》第十三部分和《斯瓦尔巴德条约》，以及部分国家的国内法，但国内法的适用性受到了很大限制。虽然北极科考活动有相应的法律指引与规范，但是，现有的法律制度也存在着一些模糊的规定，需要进一步探究，以期为潜在的北极科考法律冲突问题提供相应的借鉴。

《联合国海洋法公约》第十三部分第一节内容对于海洋科学研究问题进行了一般规定，主要明确了开展海洋研究的国际法主体为所有主权国家及主要从事海洋科学研究活动的国际组织；应专为和平的目的、以适当的方式与谨慎的注意义务进行海洋科学研究。此外，对于科学研究的限制主要体现在第 241 条“不承认海洋科学研究活动为任何权利主张的法律根据”，以及各国及各主管国际组织应在互利的基础上创造有利条件促进合作和向发展中国家进行科学资料、情报的传递、流通与转让。〔1〕

基于国家主权的扩张性，关于领海内的海洋科学研究，应

〔1〕《联合国海洋法公约》第 242、243、244 条。

经沿海国明示同意并在沿海国规定的条件下进行，国际上关于这一规定无太大争议。

而关于大陆架上的海洋科学研究，随着北极海冰的逐年融化，北冰洋沿岸国试图使各自的大陆架尽可能地向外扩展，且相关国家已向联合国大陆架界限委员会提交关于200海里外大陆架的划界申请。“环北冰洋国家不愿意将200海里大陆架和专属经济区冻结起来，让渡于国际社会重新分配。非但如此，当前北冰洋各国考虑的是如何扩张大陆架到350海里处乃至更远。”[1]假设以上相关国家的申请诉求得到了满足，则这些国家有很大可能通过各种途径加强对于扩展后大陆架的主权宣示与管辖权的行使，这无益于邻近的内陆国和地理不利国在北极海域开展科学研究活动。

虽然，根据《联合国海洋法公约》的要求，在大陆架上开展海洋研究活动需经沿海国同意，而没有要求为“明示同意”，但却规定了沿海国可以四种理由拒绝同意的情形，对于非沿海国在大陆架上开展科学研究活动也有一定的风险阻碍。若以上相关国家的申请诉求没有得到回应，而由于联合国大陆架界限委员会只是一个技术科学咨询机构，其审定并没有法律裁决权，也没有权利去执行，[2]那么，申请国也存在很大的可能忽视该份审定，而直接对拓展后的大陆架行使管辖权。

这样看来，无论沿海国是否履行划界的申请，对于在大陆架上开展科学研究的限制总是不可避免的，而这一问题的决定因素在于北极海冰的融化速度。而相对地，频繁的科学研究活

---

〔1〕 刘惠荣、杨凡：“国际法视野下的北极环境法律问题研究”，载《中国海洋大学学报（社会科学版）》2009年第3期，第2页。

〔2〕 参见郭培清、卢瑶：“北极治理模式的国际探讨及北极治理实践的新发展”，载《国际观察》2015年第5期，第62页。

动也是导致北极海冰融化速度加快的原因之一。对于上述冲突，一方面，可在北极理事会下分配部门委员会，针对科学研究活动制定相关规则；另一方面，对于科考活动发布具体的等级标准，对不同国家同一性质的科考活动可在部门委员会的建议下合作开展，增强国家间的技术合作。

第五节　北极治理的指导原则和权益维护框架

北极地区的治理必须依靠北极域内国家、近北极国家以及其他北极利益攸关方之间的协调与合作，使各个国家在北极的实践与探索能够更加合理、更加有益于国际社会。

一、在人类共同遗产等原则引领下治理北极

在北极，人类在一定程度上“同呼吸、共命运”，形成人类命运共同体。实现为后代保存和平、清洁、资源利益共享的北极，需要通过国际协作。只有把北极在很大程度上视为人类共同的财产，才能更加有效地开展国际治理活动。因此，北极治理中的北极法律地位、资源开发和环境保护问题，应该在“人类共同遗产”和“人类共同关切”等原则的引领下进行。

首先，北极不是环北极八国的北极，更不属于发表《伊鲁丽塞特宣言》的丹麦、俄罗斯、美国、加拿大、挪威等五国。从本质上说，如同南极一样，北极应该是地球上整个国际社会的北极。国家在北极地区的权利应由国际社会和有关国家通过国际条约的形式确立。[1]就取得主权地位而言，传统国际法上的先占说和现代国际法上的控制说都不适合极地这种特殊地区。

〔1〕 参见吴慧：“‘北极争夺战’的国际法分析”，载《国际关系学院学报》2007年第5期，第36页。

北极地区的法律地位需要依据国际法，特别是《联合国海洋法公约》来确定。据此，向北极点方向，北极域内国家对本国的领海拥有国家主权，[1]对各自的专属经济区及大陆架拥有一定的资源所有权和管辖权等权利，[2]对其外部的公海区域享有权利、承担义务。[3]其中，有些地区应该属于“人类共同遗产”原则下的区域。[4]

1959年的《南极条约》冻结了各国对南极的领土主权要求，目前对北极不存在类似的公约。因此，只能根据《联合国海洋法公约》向联合国大陆架界限委员会提出大陆架划界申请待审批。据此，方可确定《联合国海洋法公约》第1条所指的“国家管辖范围以外的海床和洋底及其底土”的范围，即“区域”。

其次，由于《联合国海洋法公约》第136条明定，“区域”及其资源是人类共同遗产，所以，“区域”资源的开发和收益分配必须遵守“人类共同遗产”原则及相关要求。根据该公约关于区域制度的各项规定，区域资源开发由国际海底管理局主导，国家、国有企业、自然人或法人从事矿物资源探勘与开采，应经国际海底管理局的同意；而国际海底管理局也可自行开采矿物资源。[5]可见，北极存在“区域”，“区域”及其资源属于“人类共同遗产”，应适用上述原则、规则和制度。

---

〔1〕《联合国海洋法公约》第2、3条。

〔2〕《联合国海洋法公约》第五部分（专属经济区）、第六部分（大陆架）。

〔3〕《联合国海洋法公约》第七部分（公海），第86条指明，第七部分的规定“适用于不包括在国家的专属经济区、领海或内水或群岛国的群岛水域内的全部海域”。

〔4〕《联合国海洋法公约》第十一部分（“区域”）。

〔5〕参见黄异、周怡良：“人类共同遗产原则的性质及其在区域制度中的落实新论：一个自然法的观点”，载《中国地质大学学报（社会科学版）》2015年第3期，第39页。

最后，北极生态环境对全球气候和环境影响巨大，但其承受和恢复能力较弱，亟须保护。保护适用的原则主要包括人类共同关切原则、共同但有区别的责任原则和可持续发展原则，它们与“人类共同遗产”原则相互关联，相辅相成。其中，国际环境法发展出的“人类共同关切事项”概念建立在对人类共同利益的确认与维护基础之上，其内涵至少包括各国对共同关切事项享有主权、承担共同但有区别的责任、发达国家负有团结协助义务三个要素。〔1〕其中的行动者包括国家、政府间国际组织、非政府间国际组织等，其规则依据应该既包括多边环境协定，又包括国际软法文件和协调不同行动者关系的规范。〔2〕

二、完善北极治理的法律建议

针对北极国际治理的一些僵局和缺陷，例如致力于北极环境保护的国际组织重叠化、某些重要组织缺乏权威性、某些重要协定难以达成或达成后缺乏普遍约束力等，建议尝试改革北极理事会、建立北极公海海洋保护区、制定获得广泛认可的资源开发制度。

简言之，第一，适当扩大北极理事会的权限，例如赋予其在北极环境保护方面的协调权和执行权；扩大正式会员国的范围，例如赋予中国等观察员国以正式会员国地位，拥有投票权；增补新的观察员国。

第二，在环北极国家的牵头下，在北极公海设立海洋保护

---

〔1〕 参见秦天宝：“国际法的新概念‘人类共同关切事项’初探——以《生物多样性公约》为例的考察”，载《法学评论》2006年第5期，第96页。

〔2〕 参见刘惠荣、杨凡：《北极生态保护法律问题研究》，知识产权出版社2010年版，第218~219页。

区，保护北极海域的生物多样性、渔业资源等。可向地中海派拉格斯、南奥克尼群岛南部大陆架、大西洋公海海洋、南极罗斯海等保护区借鉴经验和教训。

第三，参考在太平洋和印度洋某些“区域”资源开发的实践，继续制定、完善和细化公平、合理的资源开发及收益分享制度。

三、北极治理体系下的权益维护框架

北极战略价值的凸显，促使国际社会对于北极治理体系展开积极的探讨。以现有的国际法为基础的北极治理体系，其基本的法律框架在全球层面以《联合国海洋法公约》《联合国气候变化框架公约》等为中心；在多边层面，以良好解决北极地区主权争夺问题为典范的《斯瓦尔巴德条约》以及北极理事会的设立等为代表；在双边层面，主要是环北极国家之间签订的关于北极环境保护与发展合作的相关协议。〔1〕

由此不难看出，关于北极的治理方式存在着无统一体系〔2〕且细化规定内容分散、以拘束力较小的软法为主要导向等诸多特点，而对于北极权益的维护框架是在北极治理体系探索的基础之上形成的，所以，围绕北极权益的维护也是从北极治理的视角进行切入。

对于北极治理体系下的权益维护框架的探索主要有以下几种方案：

---

〔1〕详见程保志：“北极治理机制的构建与完善：法律与政策层面的思考”，载《国际观察》2011年第4期，第3页。

〔2〕北极作为两极地区之一，由于其中心区域为北冰洋海域，所涉争议围绕主权、大陆架划界、航道的法律地位等诸多因素而导致其没有像南极一样形成以《南极条约》为中心的治理模式。现有诸多学者倡议北极治理可以以“北极条约”作为路径选择之一。

第一，参照南极模式[1]，形成“北极条约”。包括许多学者、主权国家、国际组织在内都极力倡议此种通过签署国际条约来保护北极的方式。有学者提出，“以《北极条约》为核心，根据实践的需要和未来的发展，就其中环境保护、资源开发、非军事化等某些具体问题领域进一步缔结相关的议定书，形成一个相互补充的‘北极条约体系’”，同时确立各国管辖范围之外的北极海域作为“人类共同继承财产”的法律地位。[2]但不可忽视的是，北极地区2/3以上的海域都属于终年冰封的状态，对于此海域的法律地位本身存在着争论，其不具有冻结领土的必要性。再者，以何种身份参与北极事务也是需要明确的问题，北极地区一直由北极八国主导，而其他国家的参与都会受到不同程度的排斥，即使形成“北极条约”，也很难避免北极八国的掣肘。所以，此种方案从目前来看实现的可能性较小。

第二，北极制度综合体模式和非正式协商机制。这是由美国学者奥兰·扬提出的方案，即在不同领域建立不同制度，相互交叠形成一个体系，并以论坛作为协商机制。但是，由于国际社会的无政府状态，缺乏统一的立法和司法机制，[3]给这种方案的操作和执行打了大大的折扣。

第三，联合国海洋法公约模式。作为调整和规制全球海洋问题的权威机制，《联合国海洋法公约》也当然地适用于北冰洋，北极地区的治理也深受其影响。但是，其自身作为关于海洋问题的全面性公约，对处于特殊地理位置北极的治理与权益

---

[1] 1959年12月1日12个国家签署了《南极条约》，于1961年6月23日生效。《南极条约》冻结南极领土主权要求，确立了南极科学研究自由的原则。

[2] 详见黄志雄：“北极问题的国际法分析和思考”，载《国际论坛》2009年第6期，第12页。

[3] 参见郭培清、卢瑶：“北极治理模式的国际探讨及北极治理实践的新发展”，载《国际观察》2015年第5期，第59页。

维护问题也不能全而顾之。此外，对于未加入《联合国海洋法公约》但又属于北极域内国家——例如美国——的约束就会产生相应的矛盾。所以，此种模式作为考量因素也应有所取舍。

北极治理问题的纷繁复杂同时也给北极权益维护带来了极大的挑战。

综上，应不断加强北极理事会的职能。既然北极八国作为北极事务的主导国家，其地理位置的优先性便无可否认。同时，若为达到北极权益的优先获取，那么，北极八国就应承担更多的义务去促进北极的善治，在内部结构、功能定位与法律制定等领域积极地进行改革与完善；而北极域外国家、北极利益攸关国家也依法享有权利并承担义务。此外，在北极理事会下，可考虑根据北极权益维护进行类别划分，形成主权与管辖权行使、科学研究、环境保护与可持续发展、航运贸易、资源开发等方面的各分委会，对相应问题进行专业的分析与解决，从而更好地维护北极权益，推动北极的治理实践不断完善。

第六章 Chapter 6 海洋权益争端解决案例

第一节 国际法院的“澳大利亚诉日本南极捕鲸案”

2010 年 5 月 31 日，澳大利亚政府向国际法院提起诉讼，指控日本政府正在进行的大规模捕鲸计划违反了国际义务。[1]

一、主要案情

澳大利亚指出，日本持续在第二阶段的“特许大西洋鲸鱼研究项目”（JAPPA Ⅱ）下进行大规模地捕鲸行动，违反了其在《国际捕鲸管制公约》（ICRW）以及其他保护海洋哺乳动物和海洋环境公约下的义务。

澳大利亚提出的法律依据有：①日本违反了 ICRW 第 10（e）段遵守公约关于商业捕鲸“零捕捞限制”的计划；②日本违反了 ICRW 第 7（a）和（b）段涉及的善意义务，以及在南

---

〔1〕 See Christina Voigt, “A Precautionary Approach to the Whaling Convention–Will the ICJ Challenge the Legality of ‘Scientific’ Whaling?”, in: I. L. Backer, O. K. Fauchald and C. Voigt (eds.), *Pro Natura–Festskrift til Hans Christian Bugge*, Universitetsforlaget, Oslo, 2014.

大洋鲸鱼保护区内克制对长须鲸进行捕猎的义务；③日本违反了1973年《濒危野生动植物物种国际贸易公约》（CITES）和1992年《生物多样性公约》（CBD）。

澳大利亚请求法院判令日本停止执行JAPPA Ⅱ、要求日本对涉及诉请的行动设置许可、批准或授权、要求日本保证今后任何JAPPA Ⅱ下或者相关的项目应符合国际法的规定〔1〕。

二、双方观点和争议焦点

澳方认为，日本的捕鲸活动是"打着科学旗号的商业捕鲸"，违反了暂停商业捕鲸的公约规定。

日本辩称，捕鲸是"合法的科学调查"；南极海域是澳大利亚不承认海牙国际法院管辖权的"划界争议海域"，该法院对此不具有裁判权。此外，日方辩称，JAPPA Ⅱ的研究目的和方法符合《国际捕鲸管制公约》第8款关于科学研究项目的规定。很明显，澳方只是在反对以任何形式捕鲸，不管是从科研角度还是从法律角度。〔2〕

本案最大的争议焦点是，日本在南极海域实施的捕鲸活动是否属于《国际捕鲸管制公约》第8条允许的科学研究行为。

三、判决要旨

国际法院在2014年12月31日就澳大利亚诉日本违反《国际捕鲸管制公约》、要求日方停止在南极捕鲸一案作出判决，认

〔1〕 Paras: 234～237, Whaling in the Antarctic (Australia v. Japan: New Zealand intervening), https://www.icj-cij.org/files/annual-reports/2009-2010-ch.pdf, accessed on 24 April 2019.

〔2〕 See Brendan Gogarty and Peter Lawrence, "The ICJ Whaling Case: Science, Transparency and the Rule of Law", *Journal of Law, Information & Science*, May 2015.

为日本的“JAPPAⅡ项目”不属于以科学研究为目的的活动，判定日本的捕鲸活动违反《国际捕鲸管制公约》第 8 条第 1 款，[1] 今后不得继续该活动。

四、简要评析

首先，《国际捕鲸管制公约》的宗旨是维护捕鲸业。《国际捕鲸管制公约》序言表明，在其产生之初，目的就是维护捕鲸业；其立法目的是对鲸类的可持续开发，而不是对鲸类种群提供全面保护。尽管国际捕鲸委员会有权制定措施以维护鲸类种群，但目的应是便利资源的开发。[2] 因此，日本可以主张，如果科学证据表明，鲸类种群可以在不威胁该物种的情况下进行捕捞，那么，国际捕鲸委员会对捕鲸行为实施的暂停令是不合法的。《国际捕鲸管制公约》的序言表明了该公约的立法目的，捕鲸活动势必将长期进行下去，日本依据该序言可以得到维护自己商业捕鲸行为的理由。

其次，《国际捕鲸管制公约》第 8 条规定不明确，引发争议。《国际捕鲸管制公约》第 8 条规定：“尽管有本公约的规定，缔约政府对本国国民为科学研究的目的而对鲸进行捕获、击杀和加工处理，可按该政府认为适当的限制数量，得发给特别许可证。按本条款的规定对鲸的捕获、击杀和加工处理，均不受本公约的约束。各缔约国政府应将所有发出的上述的特别许可证迅速通知委员会。各缔约政府可在任何时期取消其发出的上述特别许可证。”

---

〔1〕 Whaling in the Antarctic (Australia v. Japan: New Zealand intervening), Judgment, I. C. J. Reports 2014, p. 226.

〔2〕《国际管制捕鲸公约》序言：“认为，如果适当地管理捕鲸渔业，自然就能增加鲸类资源，并认为增大了鲸类资源，能增加捕鲸数量而不致损害天然资源。”

由此可以看出，第 8 条关于“科研”目的捕鲸的条款中仅规定，缔约国须履行例如将特别许可告知委员会、将有关鲸类和捕鲸的科学资料包括调查研究结果寄送委员会指定的机构、不断地收集并分析有关母船和沿岸加工站作业的生物学资料、健全捕鲸业和管理等几项义务。因此，日本可以主张，《国际捕鲸管制公约》不仅没有对捕鲸的数量进行限定，而且其规定，缔约国政府完全有颁布“科研目的”捕鲸特别许可的自主决定权。

再次，日本是否真正以科学研究为目的在南极海域捕杀鲸鱼？相比较日本在南极海域大规模捕杀鲸鱼的行为，虽然日本声称其是为了科学研究才捕杀鲸鱼，但是，日本近几年捕杀鲸鱼之后并未提出相关的研究成果，相关的研究报告和探索发现也是寥寥无几，很难让人相信，日本是出于科学研究的目的捕杀鲸鱼。

相反，在没有看见日本发表与鲸鱼或海洋有关的科学研究成果的基础上，发现日本仍有捕杀鲸鱼进行贩卖谋取不当利益的现象存在。可见，日本的“科研”捕鲸其实是谎言。〔1〕在“澳大利亚诉日本南极捕鲸案”中就可以发现，日本仍然在进行商业捕鲸活动，所谓的“科学研究目的”只是日本掩盖罪行的幌子，日本违反相关条约在南极海域进行商业捕鲸，是为了其国家利益，为了增强其国家自身的经济实力，并没有进行正确的科学研究。

最后，国家间应加强鲸类科研领域的国际合作。捕鲸国和反捕鲸国之间的争议，有一个很重要的原因是人类社会对于海洋中的鲸类了解甚少。日本以科学研究的名义，称用捕获的鲸类

〔1〕 参见陈进贤：“论日本科研捕鲸的谎言”，载《科技创业月刊》2015 年第 8 期，第 22~23 页。

进行研究、对种群数量的恢复进行监测，他们对外宣称对鲸的种群调查如果几乎完全是通过水面观察完成的话很容易出错。[1]日本水产厅负责捕鲸的官员认为，鲸鱼的年龄、胃容物等内容需要猎杀鲸鱼才能得到详细的数据。但是，澳大利亚称2010年3月“南大洋合作研究计划”的一次科考活动证明，收集鲸类所有数据资料有效且实际可利用投射非杀伤性组织切片检查器就能了解鲸的年龄、性别、食物、生育状态和遗传特征，并不需要杀死这些鲸类。对于这一点，国际上还没有权威的证明。此类难题应该通过国家间加强鲸类科研领域的国际合作来逐步解决，以期达到科学研究和保护鲸类之间的适当平衡。

第二节 国际海洋法法庭的“加纳诉科特迪瓦大西洋划界案”

加纳和科特迪瓦是非洲西部陆地接壤的相邻国家，均为几内亚湾沿岸国，双方都主张海域存在重叠。在海洋边界问题上，两国一直存在领海边界划分争议，虽进行过磋商，但无结果。同时，两国遵循搁置争议、不开发争议海域的原则。2013年，科特迪瓦政府宣布，在靠近加纳边界的海域发现油气资源，预计石油总储量高达20亿桶，天然气1.2万亿立方米，引起了加纳的警觉。

一、主要案情

2014年12月3日，加纳和科特迪瓦缔结了一份特别协定，

〔1〕 参见刘佳奇：“理论与现实：对澳大利亚诉日本南极捕鲸案的理性审视”，载《国际论坛》2013年第5期，第42~47页。

协议将两国海洋边界争端提交给国际海洋法法庭。2015 年 1 月 12 日，法庭受理了两国的请求，并就该案成立特别法庭。特别法庭由 5 位法官组成，分别为布阿伦姆·布盖泰艾、托马斯·门萨、罗尼·亚布拉罕、鲁迪格尔·沃尔夫鲁姆、白宗贤。布阿伦姆·布盖泰艾任庭长。2015 年 2 月 27 日，科特迪瓦依据《联合国海洋法公约》第 290 条第 1 款就加纳在两国海上争议区内开展石油勘探开发活动请求法庭采取临时措施。2015 年 4 月 25 日，法庭作出裁定，要求加纳不得在两国争议区内开展新的石油勘探开发活动。

2015 年 9 月 4 日，加纳向法庭提交了诉状。2016 年 4 月 4 日，科特迪瓦提交了辩诉状。2017 年 2 月 6 日至 16 日，国际海洋法法庭对加纳和科特迪瓦大西洋海洋边界划界争端进行公开开庭审理，于 2017 年 9 月 23 日作出裁决。〔1〕

二、争议焦点

根据《国际海洋法法庭规约》第 21 条的规定，国际海洋法法庭对该案享有管辖权。

该案所划定的海域位于大西洋海域，该地区没有任何岛屿可以为划界提供基点。在庭审过程中，双方争议焦点主要是默示协议是否存在、石油活动是否构成划界考虑因素以及传统习惯线、中间线和角平分线等海洋划界方法的选择问题。

（一）关于默示协议是否存在

“默示协议”指当事国之间尚未就某项事件达成书面的或口

〔1〕 International Tribunal The Law of the Sea: Dispute Concerning Delimitation of the Maritime Boundary between Ghana and Cote d 'ivoire in the Atlantic Ocean, https://www.itlos.org/fileadmin/itlos/documents/cases/case _ no. 23 _ merits/C23 _ Judgment _ 23. 09. 2017_ corr. pdf, accessed on 25 July 2019.

头的明示协议，因此，只能从当事国各自的实际行动中发现当事国之间对该事件所达成的合意。

特别法庭指出，加纳所提出的证据表明双方的石油活动(例如给予石油租界、地震勘探和钻井作业等)，都是沿着加纳所说的“习惯等距离边界”进行的。特别法庭还注意到，已提交的石油特许地图证实了上述事实。特别法庭承认，尽管该做法不是没有争议或者怀疑，但这种做法在很长一段时间内是一贯的和相互的。

但同时，特别法庭也注意到科特迪瓦对加纳提出的要求，包括在 1992 年、2009 年和 2011 年提出的几次要求，即各方应避免在该地区进行任何单方面活动。在特别法庭看来，科特迪瓦的要求让人怀疑加纳声称各方的石油实践在过去五十多年里一直是明确的这一主张。

特别法庭还有另一个理由不接受加纳关于在海上边界存在一项默示协议的论点。特别法庭认为，划定的边界必须是一个单独的海洋边界，且划定了领海、专属经济区和大陆架。仅涉及海床和底土中石油活动等具体目的的证据是有限的，它证明了一种万能边界的存在，不仅包括海床和底土，而且还包括超级水柱。正如国际刑事法院在海事纠纷（秘鲁诉智利）中所述：“海洋边界的所有目的性质……意味着关于渔业活动本身的证据不能确定该边界的范围。”〔1〕

鉴于上述情况，特别法庭的结论是，双方在 200 海里内外、领海、专属经济区和大陆架之间没有达成默示协议。

〔1〕 International Tribunal The Law of the Sea: Dispute Concerning Delimitation of the Maritime Boundary between Ghana and Cote d 'ivoire in the Atlantic Ocean, https://www.itlos.org/fileadmin/itlos/documents/cases/case _ no. 23 _ merits/C23 _ Judgment _ 23. 09. 2017_ corr. pdf, accessed on 25 July 2019.

（二）石油活动是否构成划界的考虑因素

特别法庭认为，各国经常在尚未被划定的地区授予石油特许权。各国将他们的特许区块与邻近国家的特许区块排成一列，这样就不会出现重叠的区域，这是通常的做法。他们显然出于不同的理由这样做，但也不应基于谨慎、避免任何冲突并与邻国保持友好关系的目的而将石油租界界限与海上边界画等号，这相当于惩罚一个国家保持这种谨慎。这也违反了《联合国海洋法公约》第74条第3款和第83条第3款的规定。该公约要求各国本着谅解和合作的精神，不损害或阻碍达成最终协定的精神。它还将对该地区各国的行为产生负面影响，使该精神和目的在其他地方受到限制。

因此，特别法庭认为，无论石油实践如何前后一致，它本身都无法证明在海上边界达成了一项默示协议。相互的、一贯的、长期的石油实践以及毗连的石油特许限制可能反映了海洋边界的存在，但也可能是出于其他原因。正如国际法院在“尼加拉瓜诉洪都拉斯领土和海洋争端案”中所述：“在某些情况下，事实上的线可能与商定的法律边界线的存在相对应，或可能更多地属于临时线路的性质或某一特定、有限目的的界线，例如共享一种稀有资源。即使在一段时间内出现了一种暂时的便利，也要区别于国际边界。”[1]又如国际刑事法院在对石油特许权进行限制（印度尼西亚/马来西亚）时所说：“这些限制可能仅仅是当事各方在进行石油特许授权时所表现的谨慎（mani-

---

〔1〕 International Tribunal The Law of the Sea: Dispute Concerning Delimitation of the Maritime Boundary between Ghana and Cote d 'ivoire in the Atlantic Ocean, 215, https://www.itlos.org/fileadmin/itlos/documents/cases/case_no.23_merits/C23_Judgment_23.09.2017_corr.pdf, accessed on 25 July 2019.

festation of the caution)。”〔1〕因此，证明海上边界的存在，需要的不仅仅是长期的石油实践的示范或者是毗邻的石油特许权限制。

（三）海洋划界方法的选择

在划界方法问题上，加纳与科特迪瓦存在着较大的分歧。加纳一直主张，以等距离中间线作为划定海上边界的办法；而科特迪瓦则主张，依据公平原则，在等距离中间线的基础上考虑到相关情况，达成公平的解决方案。

特别法庭注意到，双方同意《联合国海洋法公约》第 74 条第 1 款和第 83 条第 1 款规定的专属经济区和大陆架的划界问题。这些条款以相同的条文规定，“应根据国际法院规约第 38 条所述的国际法，以达成一项公平的解决办法”而划定界线。

特别法庭看到，各当事方在涉及领土海洋划界、专属经济区和大陆架的若干问题上意见不一。在特别法庭的意见中，这些分歧可分为以下几类：第一，各方是否应将等距离/相关的情况方法视为更可取的方法，以确定专属经济区和大陆架的划界方法，或角平分线方法在原则上同样适用；第二，对于这种情况下是否需要角平分线方法的应用，双方并未达成一致意见。

关于选择适用于专属经济区和大陆架划界的适当方法，特别法庭注意到，《联合国海洋法公约》第 74 条第 1 款和第 83 条第 1 款没有特别指明具体的方法。如果有关国家不能同意，适当的定界方法将由争端解决机制来决定，并应根据每个案件的情况，达成一个公平的解决办法。法庭在其对孟加拉湾（孟加

〔1〕 International Tribunal The Law of the Sea: Dispute Concerning Delimitation of the Maritime Boundary between Ghana and Cote d 'ivoire in the Atlantic Ocean, 215, https://www.itlos.org/fileadmin/itlos/documents/cases/case_no.23_merits/C23_Judgment_23.09.2017_corr.pdf, accessed on 25 July 2019.

拉国/缅甸）海上边界划定的判决中强调指出：“实现公平结果的目标必须是指导法庭在这方面采取行动的首要考虑。”〔1〕

为了支持它的观点，即等距/相关情况方法（equidistance/relevant circumstances methodology）不是海洋划界的国际首选方法，科特迪瓦认为，角平分线方法（angle bisector methodology）是一种“几何方法（geometrical approach）”。然而，角平分线方法和临时等距线的建立实际上都有其几何基础。〔2〕

科特迪瓦援引国际判例作为采用角平分线方法的理由，但特别法庭不同意这种判例法。首先，它要强调的是，大多数划界案（特别是近年来的划界案）都采用了等距/相关情况方法。正如国际海洋法法庭在“孟加拉湾海上边界划界案”中所述：“法庭注意到，判例法已发展为对等距/相关情况方法的支持。这是国际法院和裁决机构在大多数已出现的划界案中所采用的方法。”〔3〕其次，特别法庭认为，如果国际法院和法庭在某些情况下采用角平分线方法，那应该是由于某些特殊情况的出现。

此外，在特别法庭看来，科特迪瓦不能依靠“尼加拉瓜诉洪都拉斯领土和海洋争端案”中影响划界的因素来为本案提供佐证。在关于大陆架的案件中，有关划界线的第二部分的角平

〔1〕 International Tribunal The Law of the Sea: Dispute Concerning Delimitation of the Maritime Boundary between Ghana and Cote d 'ivoire in the Atlantic Ocean, 281, https://www.itlos.org/fileadmin/itlos/documents/cases/case_no.23_merits/C23_Judgment_23.09.2017_corr.pdf, accessed on 25 July 2019.

〔2〕 International Tribunal The Law of the Sea: Dispute Concerning Delimitation of the Maritime Boundary between Ghana and Cote d 'ivoire in the Atlantic Ocean, 282, https://www.itlos.org/fileadmin/itlos/documents/cases/case_no.23_merits/C23_Judgment_23.09.2017_corr.pdf, accessed on 25 July 2019.

〔3〕 International Tribunal The Law of the Sea: Dispute Concerning Delimitation of the Maritime Boundary between Ghana and Cote d 'ivoire in the Atlantic Ocean, 284, https://www.itlos.org/fileadmin/itlos/documents/cases/case_no.23_merits/C23_Judgment_23.09.2017_corr.pdf, accessed on 25 July 2019.

分线方法是出于地理上的考虑，这些考虑是由国际法院审查的，而在特别法庭看来，目前的情况并不存在。这一判断是由于国际法院的决定只对克肯纳群岛（Kerkennah Islands）造成一半的影响。特别法庭认为，由于这种情况的特殊性，它不能令人信服地援引来支持角平分线法的适用。出于同样的原因，国际法院关于在缅因地区划定海洋边界的案件（case concerning the Delimitation of the Maritime Boundary in the Gulf of Maine Area）的判决不能被作为可持续的先例（sustainable precedent）援引。[1]

特别法庭承认，就几内亚和几内亚比绍之间的海洋边界划界案（Case concerning Delimitation of the Maritime Boundary between Guinea and Guinea-Bissau。Decision of 14 February 1985，ILR，vol. 77，p. 635），有人对该等距离方法对海洋空间划界的适用性表示怀疑。该案的仲裁庭认为，等距法只是众多方法中的一种，而仲裁庭没有义务使用它或给予它优先权。特别法庭不相信科特迪瓦可以依靠该案仲裁裁决的法理来支持其理由，进而支持角平分线法适用于加纳和科特迪瓦之间的海域划界。必须考虑到，几内亚和几内亚比绍沿海海域的地理复杂性；而加纳和科特迪瓦的海岸是直的，而不是缩进的，它们缺乏岛屿和低潮位。[2]

最后，特别分庭发现，关于海洋空间划界问题的国际法理

〔1〕 International Tribunal The Law of the Sea：Dispute Concerning Delimitation of the Maritime Boundary between Ghana and Cote d 'ivoire in the Atlantic Ocean，285，https://www.itlos.org/fileadmin/itlos/documents/cases/case_no.23_merits/C23_Judgment_23.09.2017_corr.pdf，accessed on 25 July 2019.

〔2〕 International Tribunal The Law of the Sea：Dispute Concerning Delimitation of the Maritime Boundary between Ghana and Cote d 'ivoire in the Atlantic Ocean，286，287，https://www.itlos.org/fileadmin/itlos/documents/cases/case_no.23_merits/C23_Judgment_23.09.2017_corr.pdf，accessed on 25 July 2019.

依据是等距/相关情况方法。它还发现，采用角平分线方法的国际决定是由于案件存在特殊情况。这一国际判例证实，在没有任何令人信服的理由使其不可能或不适当地绘制临时等距线时，应选择等距离/相关情况方法来进行海洋划界。正如法庭在“孟加拉湾（孟加拉国/缅甸）海上边界划定案”中所说：“每一种情况都是独特的，需要具体的处理，最终的目标是达成一种公平的解决办法。”〔1〕

三、法庭裁决

特别法庭注意到，双方同意适用的法律是《联合国海洋法公约》和其他与之不相抵触的国际法规则。《联合国海洋法公约》第15、74、83条规定适用于划界领海、专属经济区和大陆架。鉴于目前的争端涉及200海里范围内的大陆架划界问题，《联合国海洋法公约》第76条也很重要。因此，特别法庭认为，适用的法律是《联合国海洋法公约》，特别是其第15、74、76、83条，以及与《联合国海洋法公约》不抵触的其他国际法规则。

特别法庭对加纳和科特迪瓦的领海、专属经济区和大陆架的海洋界限作出了如下结论性裁决：

第一，认定其有权划定双方在领海、专属经济区和大陆架之间的海域边界，包括200海里以内和200海里以外。

第二，认定缔约双方之间没有关于划定领海、专属经济区和200海里内外大陆架的默示协议，并驳回加纳关于科特迪瓦

〔1〕 International Tribunal The Law of the Sea：Dispute Concerning Delimitation of the Maritime Boundary between Ghana and Cote d 'ivoire in the Atlantic Ocean，289，https://www.itlos.org/fileadmin/itlos/documents/cases/case_no.23_merits/C23_Judgment_23.09.2017_ corr.pdf，accessed on 25 July 2019.

不反对“习惯等距离边界”的说法。

第三，判决领海、专属经济区和 200 海里内外大陆架的单一海上边界开始于 BP 55+，在 WGS 84 中坐标为 05°05′ 23. 2″N，03°06′21. 2″W，作为大地测量基准，并通过转折点 A、B、C、D、E、F 和以下坐标定义，通过大地测量线连接：

A：05°01′03. 7″N　03°07′18. 3″W

B：04°57′58. 9″N　03°08′01. 4″W

C：04°26′41. 6″N　03°14′56. 9″W

D：03°12′13. 4″N　03°29′54. 3″W

E：02°59′04. 8″N　03°32′40. 2″W

F：02°40′36. 4″N　03°36′36. 4″W

从转折点 F 起，单一海上边界继续作为起始于 191°38′06. 7″方位的大地测量线，直到达到大陆架的外部界限。

第四，认定它有权决定科特迪瓦对加纳提出的所谓加纳国际责任的要求。

第五，认定加纳没有侵犯科特迪瓦的主权。

第六，认定加纳没有违反《联合国海洋法公约》第 83 条第 1 款和第 3 款。

第七，认定加纳没有违反特别法庭 2015 年 4 月 25 日命令规定的临时措施。[1]

四、简要评析

针对默示协定的存在与否，从裁决可以看出，国际法院和

---

〔1〕 International Tribunal The Law of the Sea：Dispute Concerning Delimitation of the Maritime Boundary between Ghana and Cote d 'ivoire in the Atlantic Ocean，660，https://www. itlos. org/fileadmin/itlos/documents/cases/case_no. 23_merits/C23_Judgment_23. 09. 2017_ corr. pdf，accessed on 25 July 2019.

国际海洋法法庭采取了谨慎的态度。通常，争端方以渔业活动、油气开发活动等事实证明存在有关海洋边界的默示协定的尝试无法得到国际司法机构的认可。在“秘鲁诉智利案”中，国际法院采纳了有关默示协定的主张，这或许只是个例。[1]

关于相关情况，考察国际司法机构近年来的裁决，争端当事方的活动或者个人活动，包括资源分布情况，很难被认定为相关情况。只有与海岸地理相关的因素才有可能被采纳为相关情况，例如海岸凹陷、海岸线长度差异、切断效应等。

面对加纳在争议海域持续开展油气开发活动，科特迪瓦进行了抗议。对此，特别分庭理应裁决加纳违反了《联合国海洋法公约》第 83 条第 3 款中的义务。特别分庭在本案中没有裁决加纳违法，给予了世界上其他争议海域相关国家效仿的空间。基于此，中国可以维持争议海域既有的油气开发活动，并密切关注相关当事方的有关行动。

第三节　南海仲裁案仲裁庭的“南海仲裁案”

南海的和平与稳定关乎域内国家（包括中国、越南、菲律宾等国）的外交政策之重，也是在南海地区存在战略和经济利益的域外国家（例如美国、日本、澳大利亚等国）的重大关切。

一、“南海仲裁案”案情概述

南海争端是东亚地区最复杂、最具挑战性的海洋争端。

（一）南海争端的背景

南海争端的起因纷繁复杂，主要是基于历史与法理依据的

---

〔1〕 参见张华：“争议海域油气资源开发活动对国际海洋划界的影响——基于‘加纳与科特迪瓦大西洋划界案’的思考”，载《法商研究》2018 年第 3 期，第 164 页。

主权冲突、能源资源争夺、南海地区重要的地缘政治意义、《联合国海洋法公约》机制诱发的对立主张等。数十年来，南海的领土和领海争端一直悬而未决。尽管有关争端方在冲突管理方面付出了极大努力，但争端解决进程似乎陷入了政治僵局。

各争端方之间曾经在20世纪七八十年代爆发过一些小规模的冲突，但从2002年到2009年，南海基本上风平浪静，这或许在很大程度上可以归功于中国与东盟国家在2002年签署了《南海各方行为宣言》。

然而，从2009年开始，一些新问题导致南海波澜再起，其中包括有关争端方通过国内立法加强海洋主张，例如菲律宾国会于2009年通过《领海基线法案》、越南于2012年通过《越南海洋法》、越南单独并联合马来西亚向联合国大陆架界限委员会提交关于划定南海部分海域大陆架外部界限的申请。这些情况增加了维护南海稳定的难度。[1]

2009年，中国向联合国秘书长提交了南海地图，依据出版惯例，该图上标绘有“南海断续线”（亦称“九段线”“十一段线”“U型线”），引发了越南等国针对南沙群岛主权归属的强烈反应。而时任美国国务卿希拉里在越南举行的东盟地区论坛外长会议上宣称，美国在南海拥有“国家利益”。2013年，在菲律宾单方面提起国际仲裁后，南海形势继续升级，南海争端再次成为地区热点问题，引起了国际社会的广泛关注。[2]

（二）菲律宾单方提起仲裁案的主要过程

2013年1月22日，菲律宾政府递交一份外交照会给中国驻

---

〔1〕参见洪农：“南海争端解决：南海仲裁案的法律解读及政治意义”，载《外交评论（外交学院学报）》2016年第3期，第27页。

〔2〕参见洪农：“南海争端解决：南海仲裁案的法律解读及政治意义”，载《外交评论（外交学院学报）》2016年第3期，第27~28页。

菲大使，援引《联合国海洋法公约》第 287 条及附件七的相关规定，启动了对中国的强制仲裁程序。该外交照会涵盖一份通知与权利主张说明，提出了五类要求，其反对中国在南海东部由 U 形线涵盖的部分海域内的海域主张和权利，要求仲裁庭宣告该海域属于菲律宾之专属经济区和大陆架。

2013 年 2 月 19 日，中国正式拒绝参加仲裁。中国的理由包括：中国 2006 年发表的书面声明涵盖了菲律宾提交仲裁的争端，因而，2006 年声明剥夺了仲裁庭对于菲国所提争端的管辖权。此后，中国反复重申不接受和不参与该仲裁案的立场。

2013 年 6 月 25 日，在中国不配合的情况下，《联合国海洋法公约》附件七第 3（e）条“不到庭”的相关规定开始适用，在确定了第 5 名仲裁员之后，仲裁庭组建完成。

2013 年 7 月 11 日，仲裁庭第一次会议举行，决定使用常设仲裁法院作为本仲裁案的登记处。随即在 2013 年 8 月 27 日制订了本仲裁案的《程序规则》，并发布第一号程序命令，要求菲律宾于 2014 年 3 月 30 日前提交起诉状。并指明菲律宾在起诉状中应充分说明所有问题，包括仲裁庭是否具备管辖权，菲律宾诉之声明是否具备可受理性，以及本仲裁案的实体部分。菲律宾应仲裁庭要求，提交了包含 15 项诉之声明的起诉状，要求仲裁庭作出如下判决和声明：

①中国在南海区域的海域权利，如同菲律宾，不得超越《联合国海洋法公约》所容许的范围；②中国以所谓的九段线作为南海主权权利、管辖权及历史性权利主张的外部界限，就其超越《联合国海洋法公约》容许中国主张海域管辖权的法律及地理限度之部分，违反《联合国海洋法公约》，无合法性；③黄岩岛不得产生专属经济区及大陆架之海域权利；④美济礁、仁

爱礁及渚碧礁为低潮高地，〔1〕不得产生领海、专属经济区及大陆架，这些海中地物，不得借由占领或其他作为而主张领有；⑤美济礁及仁爱礁属于菲律宾专属经济区及大陆架的一部分；⑥南熏礁及西门礁（包括东门礁）属于低潮高地，不得产生领海、专属经济区及大陆架，但其低潮线可作为决定鸿庥岛及景宏岛的领海基线之用；⑦赤瓜礁、华阳礁及永暑礁不得产生领海、专属经济区及大陆架；⑧中国违法干涉菲律宾在其专属经济区及大陆架中针对生物及非生物资源享受及行使主权权利；⑨中国未能阻止其国民及其所属渔船在菲国的专属经济区内对生物资源进行开发捕捞之行为，违反国际法；⑩中国违法妨碍菲律宾渔民在黄岩岛为求生计而进行传统捕鱼行为；⑪中国未能在黄岩岛及仁爱礁克尽对海洋环境的保护及保全之《联合国海洋法公约》义务；⑫中国在美济礁的占领及建设行为（a）违反《联合国海洋法公约》对于建筑人工岛屿、设施与结构的规定，（b）违反中国保护及保全海洋环境的《联合国海洋法公约》义务；（c）违反《联合国海洋法公约》，构成违法的侵占；⑬中国执法船在黄岩岛周边海域以危险的方式航行，几乎碰撞在该海域航行的菲国船舶，违反《联合国海洋法公约》之义务；⑭自菲律宾于 2013 年 1 月启动仲裁时起，中国通过下述手段违法地恶化并扩大争端（a）在仁爱礁上及周边水域妨碍菲律宾的航行权，（b）阻止菲律宾“驻守”仁爱礁人员的“换防”及“运补”，（c）危及菲律宾“驻守”仁爱礁人员的健康及福祉等；⑮中国应终止此类非法主张及作为。

此外，菲国增加了一项诉求，即提出太平岛是岩礁。以上，菲国共提出 16 项请求。

---

〔1〕《联合国海洋法公约》第 13 条规定，低潮高地是在低潮时四面环水并高于水面但在高潮时没入水中的自然形成的陆地。

简要概括为：其一，否认中国南海九段线的主张；其二，中国占礁为岛和岛礁建设违法；其三，衍生性法律问题，例如中国妨碍航行和飞越自由、南沙岛礁建设破坏海洋环境、渔业执法行为违法等。〔1〕

2014年12月5日，为声援菲律宾的上述主张，美国国务院发表系列研究《海洋边界》第143号报告，题为《中国在南海的海域主张》，质疑中国基于U形线在南海可能提出的每一项海域主张。同时，仲裁庭还收到了《越南外交部提请菲律宾诉中国仲裁案注意的声明》，该份越南文件支持菲律宾立场，称仲裁庭有权审议菲律宾提交的争端。〔2〕

2014年12月7日，中国外交部发表《中华人民共和国政府关于菲律宾共和国所提南海仲裁案管辖权问题的立场文件》（简称《立场文件》）以及两封由中国驻荷兰大使馆交仲裁庭的信函，并表明这些文件“不得解释为中国以任何形式参与仲裁程序”。但仲裁庭认为，该份文件实际上构成了中国表达“仲裁庭管辖权存在争议”的声明。2015年4月，仲裁庭决定将中国的《立场文件》视为构成对仲裁管辖问题的有效答辩并决定纳入7月份的程序性问题庭审中予以考量。

2015年7月7日至13日，仲裁庭对案件的管辖权和可受理性等程序性问题进行开庭审理，并由国际常设仲裁法院公布了7月庭审中的3份《庭审笔录》。

2015年8月24日，中国外交部发言人华春莹表示，中方对菲律宾单方面提起的南海仲裁案不接受、不参与的立场不会

〔1〕 参见邹立刚：“中菲南海仲裁案剖析与我国的对策”，载《法治研究》2016年第4期，第3页。

〔2〕 参见高圣惕：“论中菲南海仲裁案的不可受理性、仲裁庭裁决的无效性及仲裁庭无管辖权的问题——特别针对菲国在2015年7月7-13日听证会上提出的法律主张”，载《中国海洋法学评论》2015年第2期，第5页。

改变。

2015 年 10 月 29 日，仲裁庭公布了关于程序性问题的《仲裁裁决》，裁定对案件具有管辖权，并表示将继续对案件实体问题进行审理。

2015 年 10 月 30 日，中国外交部发表《中华人民共和国外交部关于应菲律宾共和国请求建立的南海仲裁案仲裁庭关于管辖权和可受理性问题裁决的声明》。

2015 年 11 月 24 日至 30 日，仲裁庭继续推进对案件实体问题的审理。

2016 年 6 月 29 日，仲裁庭宣布将于 7 月 12 日作出最终裁决结果。

2016 年 7 月 12 日，仲裁庭发布“南海仲裁案”裁决（菲律宾共和国 v. 中华人民共和国）。[1]

（三）中方的回应

在菲律宾单方提起南海仲裁之后，2013 年 2 月 19 日，中国正式拒绝参加仲裁，回应的理由即中国 2006 年的书面声明剥夺了仲裁庭对于菲律宾提起争端的管辖权。中国还表示，菲律宾的指控缺乏事实证据，并且违反了《南海各方行为宣言》。[2]此后，中国反复重申不接受和不参与该仲裁案的立场。

2014 年 8 月 21 日，中国南海研究院和中国南海研究协同创新中心在北京共同主办“中菲南海仲裁案国际研讨会”。来自中国、英国、加拿大、澳大利亚、韩国、新加坡以及国际海洋法法庭等国家、地区和国际组织的专家学者等四十余人参加了

---

〔1〕 See The South China Sea Arbitration, Award of 12 July 2016, PCA Case No. 2013-19.

〔2〕 中国外交部新闻发言人洪磊指出：应该直接由有关的主权国家谈判解决有关争议，这也是中国与东盟国家在《南海各方行为宣言》中达成的共识，宣言所有签署国都应遵守自己的承诺。

会议。

2014 年 12 月 7 日，中国外交部发表《中华人民共和国政府关于菲律宾共和国所提南海仲裁案管辖权问题的立场文件》，但中国政府未将该份《立场文件》当作答辩状，仲裁庭也未将其视为答辩状。

2015 年 8 月 24 日，外交部发言人华春莹表示中方对菲律宾单方面提起的南海仲裁案不接受、不参与的立场不会改变。

2015 年 10 月 30 日，中国外交部发表《中华人民共和国外交部关于应菲律宾共和国请求建立的南海仲裁案仲裁庭关于管辖权和可受理性问题裁决的声明》，回应关于应菲律宾要求建立的南海仲裁案仲裁庭的裁决对中方没有拘束力。

此后，中国政府多次重申，中国对“南海仲裁案”持“不接受、不参与、不承认和不执行”的立场。

2016 年 3 月 8 日，十二届全国人大四次会议在梅地亚中心多功能厅举行记者会，外交部部长王毅就“中国的外交政策和对外关系”相关问题回答中外记者的提问。王毅表示，菲律宾的做法恰恰是一不合法、二不守信、三不讲理，不仅违背了中菲在双边协议当中所作的承诺，违背了《南海各方行为宣言》第 4 款[1]的规定，也违背了提出仲裁应由当事方协商的国际实践。

2016 年 6 月 14 日，中国-东盟国家外长特别会议在云南举行。这次会议是在中国和东盟双方例行的年度会议之外做的一次特别安排。

2016 年 7 月 26 日，外交部部长王毅在万象出席第六届东亚

---

〔1〕《南海各方行为宣言》第 4 款：“有关各方承诺根据公认的国际法原则，包括 1982 年《联合国海洋法公约》，由直接有关的主权国家通过友好磋商和谈判，以和平方式解决它们的领土和管辖权争议，而不诉诸武力或以武力相威胁。”

峰会外长会。针对有个别国家外长在发言中提及“南海仲裁案”，王毅阐述了中方立场。王毅强调，南海仲裁裁决与国际法治的精神背道而驰，也违反了《联合国海洋法公约》的原则和精神。这一仲裁从程序和法律适用、事实认定以及证据采集等多方面都充满疑问和谬误。概括起来就是“三个不合法”：一是仲裁的提起不合法；二是仲裁庭的成立不合法；三是仲裁的结果不合法。

（四）中国根据《联合国海洋法公约》第298条的2006年声明

依照外交部部长王毅所提出的“三个不合法”之一，南海仲裁案提起的不合法，是因中国于2006年的声明已排除了国际仲裁庭的管辖权。2006年8月25日，中国根据《联合国海洋法公约》第298条规定向联合国秘书长提交声明。该声明称：“关于《联合国海洋法公约》第298条第1款（a）、（b）和（c）项所述的任何争端（即涉及海域划界、领土争端、军事活动等争端），中华人民共和国政府不接受《联合国海洋法公约》第十五部分第二节规定的任何国际司法或仲裁管辖。”换言之，对涉及海域划界、历史性海湾或所有权、军事和执法活动以及安理会执行《联合国宪章》所赋予的职务等争端，中国政府不接受《联合国海洋法公约》第十五部分第二节项下的任何强制争端解决程序，包括强制仲裁。

所以说，中国2006年声明涵盖了菲律宾提交仲裁的争端，因而排除了国际仲裁庭的管辖权，即仲裁提起不合法。[1]

截至2015年底，已有35个国家在批准《联合国海洋法公约》时作出过声明，将第298条第1款所列争端全部排除在强制争端解决程序之外。这些国家对是否选择、如何选择第287

〔1〕 参见杨泽伟：“论中菲南海仲裁案裁决的无效性”，载《当代世界》2016年第6期，第14页。

条强制争端解决程序的四种争端解决机制（含附件七仲裁）也作出相应的表态。[1]

（五）中国发布《立场文件》（2014年12月7日）

2014年12月7日，《中华人民共和国政府关于菲律宾共和国所提南海仲裁案管辖权问题的立场文件》发布，分为6个部分共93条内容。

《立场文件》阐明，仲裁庭对于菲律宾提起的仲裁没有管辖权；中国不就菲律宾提请仲裁事项所涉及的实体问题发表意见。《立场文件》并不意味着中国在任何方面都认可菲律宾的观点和主张，无论菲律宾有关观点或主张是否在该《立场文件》中被提及。《立场文件》也不意味着中国接受或参与菲律宾提起的仲裁。

《立场文件》同时说明：菲律宾提请仲裁事项的实质是南海部分岛礁的领土主权问题，超出了《联合国海洋法公约》的调整范围，不涉及《联合国海洋法公约》的解释或适用；以谈判方式解决有关争端是中菲两国通过双边文件和《南海各方行为宣言》所达成的协议，菲律宾单方面将中菲有关争端提交强制仲裁的行为违反了国际法；即使菲律宾提出的仲裁的事项涉及有关《联合国海洋法公约》解释或适用的问题，也是中菲两国海域划界不可分割的组成部分，而中国已根据《联合国海洋法公约》的规定于2006年作出声明，将涉及海域划界等事项的争端排除适用仲裁等强制争端解决程序。

因此，仲裁庭对菲律宾提起的仲裁明显没有管辖权。基于上述理由，并鉴于各国有权自主选择争端解决方式，中国不接

[1] 参见刘丹："中菲南海仲裁案核心程序法问题评析"，载中国国际法学会主办：《中国国际法年刊》，法律出版社2015年版，第15页。

受、不参与菲律宾提起的仲裁有充分的国际法依据。[1]

（六）中国发布《中华人民共和国外交部关于应菲律宾共和国请求建立的南海仲裁案仲裁庭关于管辖权和可受理性问题裁决的声明》（2015 年 10 月 30 日）

声明指出，应菲律宾共和国单方面请求建立的南海仲裁案仲裁庭（以下简称“仲裁庭”）于 2015 年 10 月 29 日就管辖权和可受理性问题作出的裁决是无效的，对中方没有拘束力。

中国对南海诸岛及其附近海域拥有无可争辩的主权，受国际法保护；菲律宾滥用《联合国海洋法公约》强制争端解决机制，恶意规避中国于 2006 年根据《联合国海洋法公约》第 298 条有关规定作出的排除性声明；中方作为主权国家，也享有自主选择争端解决方式和程序的权利；菲律宾企图通过仲裁否定中国在南海的领土主权和海洋权益，不会有任何效果。中国敦促菲律宾遵守自己的承诺，尊重中国依据国际法享有的权利。[2]

（七）中国发布《中华人民共和国外交部关于应菲律宾共和国请求建立的南海仲裁案仲裁庭所作裁决的声明》（2016 年 7 月 12 日）

针对 2016 年 7 月 12 日仲裁庭发布的“南海仲裁案”裁决（菲律宾共和国 v. 中华人民共和国），中国政府于当日严正声明，裁决是无效的，没有拘束力，中国不接受、不承认。[3]

---

〔1〕 详见本书附录《中华人民共和国政府关于菲律宾共和国所提南海仲裁案管辖权问题的立场文件》（2014 年 12 月 7 日）。

〔2〕 详见本书附录，《中华人民共和国外交部关于应菲律宾共和国请求建立的南海仲裁案仲裁庭关于管辖权和可受理性问题裁决的声明》（2015 年 10 月 30 日）。

〔3〕 详见本书附录，《中华人民共和国外交部关于应菲律宾共和国请求建立的南海仲裁案仲裁庭所作裁决的声明》（2016 年 7 月 12 日）第 1 段。

二、"南海仲裁案"裁决部分要点分析

"南海仲裁案"裁决存在多处解释、适用或造法问题，例如管辖权、历史性权利、岛礁定性标准等。"仲裁庭对于菲律宾所有诉求均无管辖权，其越权作出的两份裁决缺乏事实和法律依据，不具法律效力。"进而，"这样的裁决损害《联合国海洋法公约》的完整性和权威性，挑战国际海洋法律秩序，背离国际法治基本要求，危及国际社会整体利益"。〔1〕

（一）管辖权问题

管辖权问题是法庭在裁判之前必须首先确定的问题。《联合国海洋法公约》对仲裁庭的管辖权有明确的规定，主要涉及三个方面：一是属事管辖的范围，即仲裁庭仅能就有关《联合国海洋法公约》解释和适用的争端进行管辖。二是适用强制程序的前提下，即有关争端只有在诉诸《联合国海洋法公约》第十五部分第一节而仍未得到解决的情形下才能提请强制仲裁，具体要求主要包括，争端各方应首先通过协议选择的和平方法来谋求解决争端，以及履行交换意见的义务。三是适用强制程序的限制和例外，即在《联合国海洋法公约》第十五部分第三节的限制下提请强制仲裁。根据该节规定，在争端当事国依据《联合国海洋法公约》第298条作出排除性声明的情形下，对于声明所涉关于划定海洋边界等争端不得提起相关强制程序。〔2〕

仲裁庭将海洋划界狭隘理解为仅是在海洋权利重叠区域最终划定边界这一行为，完全割裂了在中菲海洋划界情势下，确

〔1〕 中国国际法学会：《南海仲裁案裁决之批判》，外文出版社2018年版，第4、5段。

〔2〕《联合国海洋法公约》第288条第1款和第287条、第281条和第283条、第286条和第298条的规定。

定海洋权利以及基于海洋权利主张的海上活动与海洋划界之间的内在联系。并且，仲裁庭还将“关于划定海洋边界的争端”错误解释为“划定海洋边界本身的争端”。[1]

可见，仲裁庭的解释于法无据，缩小了缔约国所做声明排除适用强制程序的争端范围，降低了提起强制程序的门槛，导致错误定性菲律宾诉求，对实质上反映中菲领土和海洋划界问题的诉求行使管辖权。

（二）历史性权利问题

历史性权利在国际法理论界和实务界存在一定的争议。对于这样一项重大且影响深远的命题，国际司法机构迄今为止的裁决一直未能作出详细的阐述，且一般采取谨慎回避的态度。南海仲裁案仲裁庭却不避讳，对历史性权利的含义、种类与确立标准进行了详细界定。仲裁庭认为，历史性权利是指如无特殊历史情形，在一般国际法上通常不会产生的国家权利。

在缺乏有关历史性权利的条约和习惯法规则的情况下，仲裁庭原本应宣布存在法律漏洞，并以法律不明为由拒绝作出裁判。但是，仲裁庭通过对历史性权利进行界定，为自己获取了对菲律宾仲裁请求进行裁决的管辖权。更有甚者，仲裁庭在对历史性权利进行法理解释时，没有使用条约解释、国际习惯法及各国权威最高公法学家学说等论证工具，而是仅凭自身的理解确定。

对此，有学者提出质疑，认为历史性权利不宜适用抽象的评价标准，而应根据特定的历史细节和现实诉求进行个案分析。次于主权的历史性权利有必要作进一步细分：除诸如历史性捕鱼权之类的非排他性历史性权利外，仲裁庭还需要考虑在海洋

---

〔1〕 参见马新民、刘洋：“《南海仲裁案裁决之批判》评述”，载《亚太安全与海洋研究》2019 年第 1 期，第 29 页。

划界情境中具有“准领土性影响”的历史性权利。[1]而在 1982 年，奥康奈尔指出，历史性水域法则（Doctrine of Historic Waters）是一项例外法则，其运用必须按照各国不同个案的特殊情况来判定。[2]

在理论上，国际法上有关历史性权利的争议并不会因为仲裁庭的“造法”活动而终结。在历史事实上，中国开发、管控南海的历史以及中国的实践表明，中国对南海诸岛享有领土主权，在南海断续线内海域享有历史性权利，包括对特定水域的历史性所有权、传统捕鱼权和历史性航行权等。[3]中国在南海拥有这些历史性权利是中国人民和中国政府长期历史实践的结果；这些权利为《联合国海洋法公约》所承认和尊重。[4]换言之，历史性权利与《联合国海洋法公约》并行不悖。[5]仲裁庭错误地理解了历史性权利与《联合国海洋法公约》的关系。仲裁庭错误地否定了中国在南海享有的历史性权利。

（三）岛礁定性标准问题

在岛屿与岩礁的定性标准方面，仲裁庭无视中国南沙群岛和中沙群岛的整体性，错误地分割处置有关岛礁的法律地位及其海洋权利。就本案而言，中国认为，菲律宾诉求所涉南海北

---

〔1〕 See Sophia Kopela, “Historic Titles and Historic Rights in the Law of the Sea in the Light of the South China Sea Arbitration”, *Ocean Development and International Law*, 2017 (48), pp. 198~199.

〔2〕 See D. P. O'Connell, “The International Law of the Sea”, Volume Ⅰ, Clarendon Press, London, 1982, p. 417.

〔3〕 参见贾宇：“中国在南海的历史性权利”，载《中国法学》2015 年第 3 期，第 179 页。

〔4〕 参见傅崐成、崔浩然：“南海 U 形线的法律性质与历史性权利的内涵”，载《厦门大学学报（哲学社会科学版）》2019 年第 4 期，第 73 页。

〔5〕 参见傅崐成、崔浩然：“南海 U 形线的法律性质与历史性权利的内涵”，载《厦门大学学报（哲学社会科学版）》2019 年第 4 期，第 73 页。

部的黄岩岛是中沙群岛的一部分，所涉南海南部的九个地物是南沙群岛的一部分；中沙群岛的各个岛礁和南沙群岛的各个岛礁作为中沙群岛和南沙群岛的组成部分，属于中国陆地领土；中沙群岛和南沙群岛各自作为整体拥有领海、专属经济区和大陆架。中国的核心观点是，应将群岛中的各个岛礁作为整体而非若干单个地物考察其法律地位和海洋权利。中国上述关于远海群岛整体性的立场源于习惯国际法，并非由《联合国海洋法公约》予以规范。

然而，仲裁庭对于习惯国际法上的大陆国家远海群岛制度采取刻意规避或漠视的态度，在未考察远海群岛的国家实践和法律规则的情形下，径直通过解释和适用《联合国海洋法公约》关于“低潮高地”和“岛屿制度”的条款，逐个裁定菲律宾诉求所涉地物的法律地位和海洋权利。仲裁庭的这种做法无视大陆国家远海群岛的整体性，分割处置单个岛礁的法律地位，是错误的。〔1〕

三、“南海仲裁案”后中国南海政策定位

近年来，中国南海政策中对于实力的重视以及对国际规则的不信任，与外交战略中长期以来对于国际合法性的重视形成了鲜明的对比，这也造成了外交战略和地区政策之间内在逻辑的紧张关系。〔2〕要解决这一问题，就必须在“南海仲裁案”之后让中国外交战略和中国南海政策重新协调一致。

2015 年 8 月，外交部部长王毅在新加坡举行记者会时指出，

---

〔1〕 参见马新民、刘洋：“《南海仲裁案裁决之批判》评述”，载《亚太安全与海洋研究》2019 年第 1 期，第 39~40 页。

〔2〕 详见鲁鹏：“中菲仲裁案后中国南海政策的再定位”，载《亚太安全与海洋研究》2016 年第 3 期。

中国和东盟已确定了处理南海问题的“双轨”思路，即由直接当事国通过谈判协商妥善解决争议，中国和东盟共同维护南海的和平稳定。双方也建立了商讨南海问题的机制，包括落实《南海各方行为宣言》(DOC) 高官会和“南海行为准则”(COC) 磋商联合工作组。此外，中方在南海问题上将奉行“五个坚持”，即坚持维护南海的和平稳定，坚持通过谈判协商和平解决争议，坚持通过规则机制管控好分歧，坚持维护南海的航行和飞越自由，坚持通过合作实现互利共赢。[1]

中国南海政策的重新定位即要在“双轨思路”和“五个坚持”的引领下，以南海地区和平与发展为导向，以中国在南海地区的国际合法性为重要目标，以国际法为基础和指导，通过和平的方式解决与东南亚相关国家之间的海洋领土争端。

四、南海争端解决的思考和建议

从以上对南海主权争端的回顾及分析我们可以预测，南海的争议局势将持续下去。南海各岛将进一步面临被周边国家瓜分和武力侵占的挑战，中国的海洋资源也可能被大肆掠夺，美日等国则会加强对中国南海事务的渗透和插手。同时，南海主权争端由于涉及多重利益会更加复杂，中国海域及岛屿的安全形势不容乐观。这些不利局面在短期内难以改变。

在南海主权争端问题上，早在 1978 年，邓小平就提出了“主权属我，搁置争议，共同开发”的解决原则。1997 年，中国和东盟在领导人非正式会议上发表的联合声明中再次重申

---

〔1〕 覃博雅、纪宇、王安琪：“‘双轨’思路和‘五个坚持’是解决南海问题办法”，载人民网：http://world.people.com.cn/n/2015/0804/c1002-27410490.html. 访问日期：2019 年 5 月 17 日。

“搁置争议，共同开发”的主张。[1]因此，中国一方面要加强捍卫海洋国土的意识，坚定“主权属我”的信念；另一方面，又要使用务实而灵活的手段，多与其他当事国进行协商沟通，以“搁置争议，共同开发”的原则为指导，有效地保护自己的权益。

（一）坚持“主权属我”

中国对南海诸岛及附近海域拥有无可争辩的主权，对于这点应当坚持，也是同周边国家进行沟通协调的基础所在。

具体而言，首先，中国政府应创造条件，大力支持海军在南沙诸岛驻军，在中国领土上构筑工事、长期驻扎，以便震慑和回击一切来犯之敌，保护好自己的海洋国土和海洋资源。同时，中国军队同样必须在合适的时机充分展示自己的海上军事实力，维护中国的海洋主权。其次，进一步加强对中国南海主权归属的史料和法理研究，为中国主张南海主权和相关权利提供有力的证据。同时也应注意对国际海洋法进行深入的研究，为日后争端做好法理等相关准备。再次，在有争议的海岛、海域加强经济开发，进行科研勘探、渔船作业及海上采油等活动。此外，加强中国对海岛的法制管理，通过法律依法行使中国对南海诸岛的主权，进行有效的管理。[2]最后，注重地图在解决划界争端中起的重要作用。国际法的规定和国际著名的划界案例都显示出了地图在证据上的有力作用。根据《国际法院规约》第38条的规定，司法判例和各国权威最高公法学家学说，作为

[1] 参见“中国东盟签署宣言共避南海冲突 南沙不再建碉堡”，载新浪网：http://news.sina.com.cn/c/2002-11-07/1621799589.html. 访问日期：2005年1月14日。

[2] 例如，中国正在加强对南海诸岛的行政管理。参见常黎明：“我最大渔政船南海首航 宣示中国对南海主张”，载《环球时报》2009年3月11日。

确立法律原则之补助资料，中国能够以承认对南沙群岛享有主权的大量地图作为划定南沙群岛海域边界的依据。

（二）灵活与务实："搁置争议，共同开发"

尽管中国政府应当坚持"主权属我"，但在当今严峻的南海局势面前，在复杂的国际关系下，更应当运用灵活而务实的方法来保卫自己的权利。因此，中国政府提出了"搁置争议，共同开发"的建设性方针。中国在对南海主权问题上之所以采取较温和的态度，是与当今国际形势分不开的。首先，从时代背景来看，和平与发展成了时代的主题。中国不应该把领土争端上升到第一要务，而应当在保证中国稳定与发展的前提下解决这一复杂争端。其次，随着世界各沿海国对海上资源争夺的加剧，南海周边各国围绕海洋权益的斗争必将日趋激烈。中国与周边国家只有秉持互利互让的精神进行协商谈判，才能缓和这一危险局势。再次，南海主权争端日益复杂化，中国不仅要面临周边国家对中国的联合对抗，还要警惕大国借此插手干扰，同时，这一争端还涉及中国的政治、外交、经济等多项重大利益，应当在坚定的主权信念基础上灵活处理，以达到妥善的解决。最后，南海主权争端影响到了中国与周边国家的关系，也影响到了中国与东亚的经济合作等问题，本着地区稳定和发展的美好愿望，中国应奉行克制、灵活的外交政策。

下列三点值得注意：一是借助东盟的区域力量进行博弈。尽管东盟也常成为其他周边国家联合抗衡中国的舞台，但同时也不应忽略东盟是很好的区域合作伙伴。二是主要通过双边协商谈判解决中国与周边国家的南海主权争端，防止第三方尤其是美日等大国的介入，同时，不应让提交国际机构解决争端成为主要方式。三是倡议各国冻结对南海的片面开发活动，加强合作与共同开发。规定现有占领的岛礁不能用作军事目的，在岛礁上的活动要公开，以利于共同开发的实行等。[1]

总之，中国应当坚持“主权属我，搁置争议，共同开发”的方针，既有捍卫中国海洋主权的决心和军事行动，又有灵活务实的方法，在维护中国稳定与发展的局势下妥善处理南海主权争端。[2]

（三）加强对争议海域的实际控制，确立和持续行使管辖权

南沙群岛呈现出一种被瓜分的状态，菲律宾、马来西亚、越南在部分岛屿上有驻军。中国处于被动地位的原因是，中国过去缺乏对这些地区的实际控制。对争议岛屿或海域的实际控制是维护中国海洋权益的主要途径。一要采取各种措施进行实地管理；二要拥有强大的海上力量提供保障。从解决海洋争议的实践看，先实际控制争议地区是最常见的宣示主权的方式，然后才是其他手段的跟进。充分利用各种手段，强化中国在争议海域的存在，加强对争议海域和岛屿的行政管理、经济开发、科研调查、文化传播及旅游开发等，争取在解决矛盾时赢得主动。

此外，为了维护地区和平与安全，按照《联合国宪章》第2条和第51条的规定行事，尽可能采取和平方式解决争端，但一旦受到武力攻击，亦不放弃行使自卫的权利。为此，必须增强中国在南沙的军事存在，以制止一些国家对南沙岛礁的进一步侵占和掠夺性开发，增大相关国家使用武力的代价，从而令其却步。[3]

---

〔1〕 参见李金明：《南海争端与国际海洋法》，海洋出版社2003年版，第184页。

〔2〕 参见葛勇平：“南沙群岛主权争端及中国对策分析”，载《太平洋学报》2009年第9期，第78~79页。

〔3〕 参见葛勇平：“南沙群岛主权争端及中国对策分析”，载《太平洋学报》2009年第9期，第79页。

（四）完善中国的海洋法律制度

作为一个拥有广阔海域和广泛海上利益的发展中沿海国，完备的法律和正确的政策是实现中国海洋权益的前提和基础，是实现《联合国海洋法公约》赋予的海洋主权和利益的法律手段。一方面，作为一个负责任的海洋大国，参与国际事务，发展国际交流与合作，都应该在国际法基本原则和现代海洋法的框架内进行，遵守和执行国际协定，尊重他国的海洋法规。另一方面，海洋权利的行使，海洋利益的维护，海洋开发和涉外海洋科研等活动的规范，都离不开国内法律制度的保障。

中国的海洋法律体系还有待健全和完善。中国对以《联合国海洋法公约》为核心的国际海洋法律理解不够，法律的制定缺乏长远规划，与中国海洋大国的地位不相称。在按照《联合国海洋法公约》规定完成其配套法规方面，中国还有一些领域有待建立正式的法律制度，例如专属经济区的配套法律、参加国际海底矿产资源开发管理制度、公海生物资源利用与养护制度等。

（五）增强国际法人才的培养和维权能力

为了适应国际争端解决的司法化趋势，中国应继续加强国际法律人才的培育机制，从而提高其法律维权的能力。“南海仲裁案”及其前景分析说明《联合国海洋法公约》的争端解决机制具有一定的强制性，中国的应对之策不只在于拒绝司法解决方法，还在于制定适应国际争端解决司法化的长期战略，其核心任务是培养和锻炼一批优秀的中国籍国际法官和知名的国际律师。

如果要培养合格的国际法官和律师，中国应在高校法学教育的基础上加强学生国际争端解决能力的培养和锻炼，鼓励并坚持参加包括 JESSUP 国际法模拟法庭和海洋法模拟法庭在内的活动。国际争端解决的能力主要包括国际法规则的认知程度、依国际法基本原理进行逻辑推理的能力以及外语能力，它主要体现为国际争端的理论研究能力和司法诉讼能力，这种要素构成及其体现决定了中国的海洋维权依赖于其协同维权机制的有效运作。高校的海洋法、史地和国际关系研究也有利于为中国的海洋维权提供理论和智力支持。

第四节　中国法院的海洋生态环境损害赔偿案

在倡导构建人类命运共同体、维护公益、保护海洋生态环境的新时代，最高人民法院出台的《关于审理环境民事公益诉讼案件适用法律若干问题的解释》（以下简称《环境民事公益诉讼解释》）、2018 年 1 月 15 日施行的《关于审理海洋自然资源与生态环境损害赔偿纠纷案件若干问题的规定》（以下简称《海洋生态损害赔偿解释》）共同体现了中国对于海洋生态环境的保护力度加大，并且范围趋于泛化与细致。〔1〕

中国自 1984 年设立海事法院以来，10 家海事法院及其上诉法院乃至最高人民法院审理和裁判了大量的海事案件。虽然海事司法实践经过积累与沉淀逐渐呈现出体系化的特征，但在最高人民法院发布的共计 96 件指导性案例中，仅有 3 件为海事指导案例。〔2〕各级人民法院在审判类似案件时，应当参照指导性案例。〔3〕此外，还包括最高院公布的 37 件典型海事案例以及 57

---

〔1〕 在中国 2012 年《民事诉讼法》第 55 条原则性明确公益诉讼制度以后，《消费者权益保护法》第 47 条、《环境保护法》第 58 条、《英雄烈士保护法》第 25 条以及相关的司法解释表明，公益诉讼在中国实践中不断扩大与深入。

〔2〕 截至 2018 年 6 月 27 日，目前最高人民法院发布的指导案例有 3 件海事指导案例，即指导案例 13 号、31 号及 52 号。

〔3〕《最高人民法院关于案例指导工作的规定》（法发［2010］51 号）第 7 条规定。

件公报海事案例，在一定程度上对各类型海事审判经验进行了提炼，为海事司法实践提供了一定的参考。

本部分选取最高人民法院第二批涉“一带一路”建设典型案例八——“大连市海洋与渔业局与昂迪玛海运有限公司、博利塔尼亚汽船保险协会海域污染损害赔偿纠纷再审案”——作为研究样本，该案作为指导性案例的补充，在效力相对低下、相对局限的专业领域发挥着“准指导”的参考作用，[1]具有法律规范功能。在海洋环境公益诉讼制度的背景下，海洋生态损害赔偿认定规则值得研究。

一、样本案件事实及裁判要点

最高人民法院涉“一带一路”典型案例八是因船舶油污造成中国渤海海域[2]污染、海洋资源及生态环境受损而引起的纠纷，并具有涉外因素。[3]其基本案情是，葡萄牙籍油轮“阿提哥”轮在从大连新港油轮锚地驶往新港原油泊位途中，于大连险礁岩搁浅，船体破损原油泄漏而造成海洋污染。船舶所有人为昂迪玛海运有限公司（以下简称“昂迪玛公司”），油污责任保险人为博利塔尼亚汽船保险协会（以下简称“保险协会”）。经鉴定认定，溢油污染面积为 184 平方千米，溢油的蒸发量为 56%，最终留存于海中的油量为 406. 96 吨。大连市海洋与渔业局于 2005 年 5 月 23 日向大连海事法院起诉，请求判令昂迪玛公司与保险协会连带赔偿损失人民币 5907. 6 万元，其中包

〔1〕 张忠民：“典型环境案例的案例指导功能之辨——以最高人民法院公布的 23 个典型环境案例为样本”，载《法学》2015 年第 10 期。

〔2〕 包括中国首例针对海洋生态环境损害提起诉讼的“塔斯曼海”轮溢油事故以及渤海蓬莱 19-3 溢油事故都发生在渤海海域。

〔3〕 船舶的所有人和油污责任险保险人分别为西班牙和英国公司。

含海洋环境容量损失和海洋生态服务功能损失以及调查估损鉴定费用三项内容。证据支持为其委托国家海洋环境监测中心司法鉴定所出具的《“阿提哥”轮溢油事故海洋生态环境损失评估报告》，计算出涉案海域生态服务功能价值损失为127.6万元，以城市污水处理费的收取标准计算海洋环境容量损失的修复费用为5520万元，调查估损鉴定费用为260万元。

该案一审法院确认了海洋与渔业局作为适格主体享有起诉权利，但其关于实际采取恢复措施用以修复涉案海域油污损害的证据不足，且溢油影响海域在未采取任何措施的情况下已实际恢复，判决驳回大连市海洋与渔业局的诉讼请求。海洋与渔业局不服，提起上诉。

辽宁省高级人民法院二审认为，海洋与渔业局诉请的海洋生态环境损失包括海洋生态服务功能损失和海洋环境容量损失，属于《海洋环境保护法》第89条规定的对海洋环境损害提出的赔偿请求；但原告计算的海洋环境容量损失费用与《1992年国际油污损害民事责任公约》（以下简称《1992年责任公约》）第1条第6款（a）项及《最高人民法院关于审理船舶油污损害赔偿纠纷案件若干问题的规定》（以下简称《油污损害赔偿规定》）第17条规定的赔偿范围不符，但其已支付的50万元评估费用属于合理费用，予以支持。海洋与渔业局不服，申请再审。

最高人民法院经审查认为，本案优先适用《1992年责任公约》，海洋与渔业局关于实际采取恢复措施举证不足，且不落入《1992年责任公约》赔偿项目之中，于2015年12月29日裁定驳回海洋与渔业局的再审申请。

综上，典型案例八存在的法律问题主要包括涉外因素下管辖权的确定、索赔主体的确认以及赔偿范围的认定等问题，而海洋生态环境损害赔偿的认定路径形成亦包含对于上述问题的分析。

二、海洋生态环境损害的概念辨析

海洋污染及海洋生态环境恶化〔1〕成为全球公害的突出问题，尤以船舶油污损害为代表，中国在建设“21世纪海上丝绸之路”的过程中，亦面临繁忙航运贸易所带来的油污损害风险叠加。而因船舶油污损害所引发的争讼包含私益与公益的交叉，对于私益保护的规范从国际公约至国内法已较为完善，且司法实践中较容易支持私益赔偿请求。而对于海洋环境公益诉讼以及海洋生态环境损害赔偿的认定则明显处于摸索与审慎的阶段，原因之一即在于对“海洋生态环境损害”概念及制度的模糊认识。

2017年12月，《生态环境损害赔偿制度改革方案》出台，其中明确了“生态环境损害”〔2〕的概念，“是指因污染环境、破坏生态造成大气、地表水、地下水、土壤、森林等环境要素和植物、动物、微生物等生物要素的不利改变，以及上述要素构成的生态系统功能退化”。但同时又指出，涉及海洋生态环境损害赔偿的，适用海洋环境保护法等法律及相关规定。〔3〕

---

〔1〕 中国典型的海洋生态系统包括河口、海湾、滩涂湿地、珊瑚礁、红树林和海草床等，其中，4个处于健康状态，14个处于亚健康状态，2个处于不健康状态。“2017年中国海洋生态环境公报”，载国家海洋局：http://www.soa.gov.cn/zwgk/hygb/zghyhjzlgb/201806/t20180606_61389.html，访问日期2018年6月6日。

〔2〕 环保部2014年发布的《环境损害鉴定评估推荐方法（第Ⅱ版）》规定“生态环境损害”，即“指由于污染环境或破坏生态行为直接或间接地导致生态环境的物理、化学或生物特性的可观察的或可测量的不利改变，以及提供生态系统服务能力的破坏或损伤”。

〔3〕 参见“中共中央办公厅、国务院办公厅印发《生态环境损害赔偿制度改革方案》”，载新华网：http://www.xinhuanet.com/politics/2017-12/17/c_1122124171.htm，访问日期：2017年12月17日。

有学者指出，生态环境损害为“环境损害”的下位概念，应专指属于生态环境本身的损害，与人身损害、财产损害并列。而生态环境损害赔偿责任作为一种风险防御责任，既不同于传统民法上的损害赔偿，也不同于恢复原状，应在法律上创制专门的环境侵害责任。生态环境损害，也应指因环境权利和环境法益受损而产生的一种不利益状态。〔1〕《中华人民共和国海洋环境保护法》（以下简称《海环法》）以及《海洋生态损害赔偿解释》并未对“海洋生态环境损害”的概念进行明确界定，但国家海洋局于2007年、2014年分别发布的《海洋溢油生态损害评估技术导则》〔2〕、《海洋生态损害国家损失索赔办法》以及《海洋生态损害评估技术指南（试行）》都使用了“海洋生态损害”的用语。

有学者认为，海洋生态损害是指因人类行为而阻碍海洋生态系统功能及环境功能的发挥、海洋生物资源减损及海水体使用质量降低，该损害是难以恢复或非逆转的，并最终侵害人类生态利益的法律事实。〔3〕

综上，“海洋生态环境损害”是指因污染环境、破坏海洋生态的行为，导致海洋生态系统服务功能破坏或受损以及海洋生态环境可观察的或可测量的不利改变。可见，“海洋生态环境损害”是导致海洋环境权利和海洋环境法益受损而产生的一种不

〔1〕 吕忠梅：“‘生态环境损害赔偿’的法律辨析”，载《法学论坛》2017年第3期，第5、7页。

〔2〕《海洋溢油生态损害评估技术导则》明确了海洋溢油生态损害，是指因海洋石油、天然气勘探开发、海底输油管道、石油运输、船舶碰撞以及其他突发事故造成的石油或其制品在海洋中泄漏而导致海域环境质量下降、海洋生物群落结构破坏及海洋服务功能的损害。样本案例即属于海洋溢油生态损害。

〔3〕 参见刘家沂：“论油污环境损害法律制度框架中的海洋生态公共利益诉求”，载《中国软科学》2011年第5期，第185页。

利益状态。海洋生态环境损害赔偿是海洋环境侵权的法律后果。

三、海洋生态环境损害赔偿核心问题分析

样本案件涉及的海洋生态环境损害赔偿核心问题主要包括管辖权确定及准据法选择、索赔主体的确认、责任主体的明晰、调查评估的规范和赔偿范围的认定。

（一）管辖权确定及准据法选择

因涉海案件本身具有专业性、复杂性以及综合性等特质，此类争讼被划归中国10家海事法院管辖。2016年2月，最高人民法院发布《关于海事法院受理案件范围的规定》（以下简称《受案范围规定》），将涉海案件的受案范围进一步明确与扩大，包括六大类共108种，且将“海洋及通海可航水域开发利用与环境保护相关纠纷案件”单列，[1]强调了海事法院在涉海环境审判中的专门职能，涉海环境案件包括民事、行政、刑事案件以及与海洋环境损害有关的海事特别程序案件。[2]

海洋生态环境损害一般多与船舶碰撞、原油泄漏、海上钻井平台事故等基础纠纷相结合，所以，无论是依据中国《海事诉讼特别程序法》第7条、《民事诉讼法》第29条的规定，还是根据《受案范围规定》第65项及《海洋生态损害赔偿解释》第2条的规定，“在海上或者沿海陆域内从事活动，对中

---

〔1〕《受案范围规定》明确的受案范围六大类型分别为：海事侵权纠纷案件、海商合同纠纷案件、海洋及通海可航水域开发利用与环境保护相关纠纷案件、其他海事海商纠纷案件、海事行政案件、海事特别程序案件。样本案例因船舶泄漏油类造成海域污染、海洋生态环境破坏，属于受案范围六大类型中第4项及第65项的内容。详见张勇健、王淑梅、余晓汉：“《关于海事法院受理案件范围的规定》的理解与适用”，载《人民司法（应用）》2016年第10期。

〔2〕参见梅宏、殷悦：“涉海环境案件审判：现状与对策——基于近十八年418例涉海环境案件的分析”，载《鄱阳湖学刊》2018年第1期，第91页。

华人民共和国管辖海域内海洋自然资源与生态环境造成损害，由此提起的海洋自然资源与生态环境损害赔偿诉讼，由侵权行为发生地、损害结果地或采取预防措施地海事法院管辖”。[1]海洋生态环境损害赔偿纠纷案件由海事法院专属管辖具有规范基础。

样本案例中的涉案船舶为域外法人所有，具有涉外因素。同时，法院认定其为侵权损害赔偿案件。依据《涉外民事关系法律适用法》第44条的规定：“侵权行为发生后，当事人协议选择适用法律的，按照其协议。”这是一种开放式规定，且对协议选择法律的范围不作限制。所以，在一般侵权行为准据法的选择上，依照“当事人意思自治—当事人共同经常居所地—侵权行为地法”的顺序进行适用。[2]虽然海洋生态环境损害赔偿的本质亦是因行为人对海洋生态环境的侵权行为才产生相应的损害赔偿请求权，但其多涉及国家利益与公共利益的集合，因而，应审慎识别当事人协议选择适用的法律。

（二）索赔主体的确认

《海环法》第89条第2款规定：“对破坏海洋生态、海洋水产资源、海洋保护区，给国家造成重大损失的，由依照本法规定行使海洋环境监督管理权的部门代表国家对责任者提出损害赔偿要求。”在海洋生态环境损害赔偿案件中，对于索赔主体的确认，直接指向对上述规定的阐释，即行政机关作为索赔主体的正当性如何？有学者认为，该类诉讼的权利基础来自国家海

---

〔1〕《最高人民法院关于适用〈中华人民共和国民事诉讼法〉的解释》第285条：“因污染海洋环境提起的公益诉讼，由污染发生地、损害结果地或者采取预防污染措施地海事法院管辖。”这与《海洋生态损害赔偿解释》的规定一致。

〔2〕参见万鄂湘主编，最高人民法院民事审判第四庭编著：《中华人民共和国涉外民事关系法律适用法——条文理解与适用》，中国法制出版社2011年版，第313页。

域所有权，海洋环境管理部门“代表”国家，属于法定诉讼担当，与案件存在直接利害关系，其与民事公益诉讼非以维护自身民事权益为目的相悖，并且该款仅仅是关于损害赔偿请求权的特别规定。[1]

首先，行政机关进行生态环境损害赔偿诉讼，其正当性源于行政机关为更好地实现国家环境保护的宪法目标而积极履行义务与职责，是行政权与司法权合作的有益尝试。[2]此外，在承认国家对海域享有所有权的前提下，也并不能完全排除与海域相关的环境利益所具有的公共利益性质，尤其是在现行立法以及实践中，也没有对国家利益和公共利益作明确区分。[3]而且，无论是经济性环境公益还是生态型环境公益，都因所有权制度的局限、侵权责任制度的不足、行政规范的缺位而使环境公益的保护力不从心。[4]而该款的规定恰好证明了运用自然资源所有权来保护海洋生态环境以及环境公益的效果。

其次，“诉的利益”理论为环境公益诉讼当事人适格的范围扩大提供了诉权基础，只要在法律上有利害关系，当事人对该诉讼就存在“诉的利益”。

此外，未明确以“提起诉讼”而以“提出损害赔偿请求权”方式，因而即否认其作为海洋环境公益诉讼的法律依据，则囿于狭义的文义解释。当然，我国《民事诉讼法》第55条、

〔1〕 参见孙思琪、金怡雯：“中国海洋环境民事公益诉讼法律依据论辩——以《海洋环境保护法》第89条第2款的解释论为中心”，载《浙江海洋大学学报（人文科学版）》2017年第4期，第1~5页。

〔2〕 参见梅宏、胡勇：“论行政机关提起生态环境损害赔偿诉讼的正当性与可行性”，载《重庆大学学报（社会科学版）》2017年第5期，第84页。

〔3〕 参见段厚省：“海洋环境公益诉讼四题初探——从浦东环保局诉密斯姆公司等船舶污染损害赔偿案谈起”，载《东方法学》2016年第5期，第39页。

〔4〕 参见杨朝霞：“论环境公益诉讼的权利基础和起诉顺位——兼谈自然资源物权和环境权的理论要点”，载《法学论坛》2013年第3期，第104~105页。

《环境保护法》第58条关于民事公益诉讼以及环境公益诉讼的规定均可适用于海洋环境公益诉讼。

但是，《海环法》作为海洋生态环境保护领域内的特别法，其进一步明确海洋生态损害赔偿的原告主体资格为“行使海洋环境监督管理权的部门”，更加有利于对海洋环境公益保护的促进，也符合国家整体对公益诉讼的支持与合理倡导。并且，最高人民法院民事审判第四庭负责人在关于《海洋生态损害赔偿解释》答记者问中明确提到，该解释是依据《海环法》第89条第2款的原则性规定作出的具体规范，将海洋自然资源与生态环境损害赔偿诉讼作为一种环境侵权诉讼与环境民事公益诉讼。〔1〕

依据《海洋生态损害赔偿解释》第3条的规定，索赔主体依照国务院环境保护行政主管部门、国家海洋行政主管部门、国家海事行政主管部门、国家渔业行政主管部门、军队环境保护部门以及沿海县级以上地方人民政府行使海洋环境保护监督管理权的部门的职能分工进行确定。〔2〕样本案例中的原告为管辖涉案海域的海洋与渔业局，其承担保护海洋环境和渔业水域生态环境的责任，所以，法院依据《海环法》第89条第2款认定海洋与渔业局的主体地位适格。

值得注意的是，《民事诉讼法》第55条、《环境保护法》第58条以及《环境民事公益诉讼解释》第2条至第5条扩大了环

〔1〕 最高人民法院：“依法审理海洋自然资源与生态环境损害赔偿纠纷案件”，载人民法院网：http://www.court.gov.cn/zixun-xiangqing-76512.html，访问日期：2018年1月5日。

〔2〕 国务院机构改革后，新组建自然资源部和生态环境部，二部职能设定为自然资源部的自然资源所有者的职能，包括海洋资源在内；自然资源部对外保留国家海洋局牌照；生态环境部即对生态环境的监督职能的确定，环境保护部的职责划归生态环境部。

境公益诉讼原告的主体范围，而 2015 年 7 月 2 日最高人民检察院发布的《检察机关提起公益诉讼改革试点方案》规定，13 个试点省份的检察机关在没有适格主体或适格主体怠于提起诉讼时可以提起环境民事公益诉讼。所以，海洋生态环境损害赔偿的原告资格并非仅限于“行使海洋环境监督管理权的部门”，《海环法》第 89 条第 2 款与以上规定在文义上并非排斥关系，而是应考虑不同情形下的海洋环境行政主管部门、符合条件的环保组织以及检察机关的起诉顺位问题。[1]

但是，在中国目前的实践下，基于海洋生态环境损害求偿的高成本及技术复杂性、取证难等问题的制约，仍应以海洋环境行政主管部门为优先顺位，以环保组织为辅，最后，以检察机关作为起诉的“安全阀”。

县级以上的海洋环境保护等行政部门对于管辖海域更具专业性认知且应急处理措施施行及后期监测更为便利，相较于国家层面的环境保护、海洋海事及渔业等行政部门作为原告起诉的条件更加适当。但是，基于海水本身的流动性导致海洋污染及生态损害产生巨大的负外溢性及恢复的长期性，对于跨省跨区域的海洋生态环境损害赔偿应由上级部门指定专门的负责机关进行索赔起诉以及后期的协调处理。对于同一损害涉及不同区域或不同部门，或者不同损害应由其他依法行使海洋环境监督管理权的机关索赔的，人民法院可通过书面告知的方式，在审查符合法定条件后，将在法定期间内申请参加诉讼的其他机关

---

〔1〕 有学者以积极和消极的诉权冲突为划分，出现积极诉权冲突，只考虑海洋行政主管部门和环保组织的起诉顺位，检察机关只介入消极的诉权冲突。参见石春雷：“海洋环境公益诉讼三题——基于《海洋环境保护法》第 90 条第 2 款的解释论展开”，载《南海学刊》2017 年第 2 期，第 20~22 页。

列为共同原告。[1]

（三）责任主体的明晰

私权利救济需要明确的责任主体承担，而涉及海洋环境公益下的海洋生态损害赔偿更加需要对责任主体进行明晰，使得“污染者付费、损害者付费”的原则能够得到更好的体现与适用。依据《1992 年责任公约》和《油污损害赔偿规定》的规定，责任主体为船舶所有人、船舶油污损害责任保险人或者财务保证人。

在样本案例中，再审申请人（一审原告、二审上诉人海洋与渔业局）要求船舶所有人及保险人对损害行为承担连带责任，争议焦点之一即在于保险人是否要对损害承担连带责任。再审申请人认为，保险人并未对共同承担连带责任提出异议，所以，原审判决仅认定船舶所有人承担责任而排除保险人的责任，缺乏法律依据。

保险人则认为，《1992 年责任公约》第 7 条第 8 项和《中华人民共和国海事诉讼特别程序法》（以下简称《海诉法》）第 97 条仅赋予了油污受害人对保险人直接起诉的权利，并未规定保险人与船舶所有人应对损害承担连带责任。依据连带责任法定原则，再审申请人要求保险人承担连带责任于法无据，保险人不承担连带责任。最高人民法院支持了保险人的答辩意见。

《海诉法》第 97 条及《油污损害赔偿规定》都仅规定了船舶所有人及保险人或财务保证人成为被告的三种情形，但是，其他相关规定中并没有明确两者之间的责任承担形式，即单方责任、共同责任或连带责任。因保险合同在保险人与船舶所有

[1] 《最高人民法院关于审理海洋自然资源与生态环境损害赔偿纠纷案件若干问题的规定》第 4、5 条。行政机关已通过权责清单的方式将职能范围公布，可以此为参考依据，确定不同损害的索赔主体。

人之间成立合同关系，油污损害的客观事实在受害人与船舶所有人之间成立侵权关系，但是，受害人与保险人或者财务保证人之间既无直接的合同关系，也并未发生侵权行为，受害人和保险人之间并不存在直接的法律关系。

所以，在没有明文规定以及限于连带责任的法定性的情况下，法院多判决船舶所有人与保险人不承担连带责任，而将保险人所承担的保险责任作为一种替代性赔偿责任，于受害人向船舶所有人请求未得到全额赔偿时，要求保险人承担替代性赔偿责任或补充责任。因而，《海诉法》第 97 条规定可以将保险人或保证人作为被告起诉，在一定程度上是为了便利审判，往往会将船舶所有人和保险人列为共同被告，而不是在基础侵权事实未明确之时，仅将保险人列为被告。

但因为油污损害涉及的赔偿数额一般较为巨大，为了与环境公益诉讼中的严格责任相匹配，国家推行海上油污强制责任保险制度，将风险承担的类别规范化，并且针对油污等大型海洋生态环境损害引入社会化风险承担机制。可见，油污强制保险制度具有明显的社会公益保障性质。其次，因公益诉讼及生态环境损害赔偿诉讼本身即因索赔主体的“非直接利益性”，诉讼成本高昂以及赔付率低等问题的存在，致使油污损害赔偿多以调解或和解结案，导致对于生态环境的修复和保护仍处于乏力与缺失的状态。究其原因，即在于责任主体的义务履行并不充分、到位。虽然目前并未有实体法直接规定船舶所有人和保险人承担连带责任，但在《海商法》修改之际，于船舶污染损害赔偿部分，要求保险人与船舶所有人在保险金额范围内承担连带责任，对受害人的利益保护无疑是更为有利的。

此外，亦有学者认为，《海诉法》第 97 条具有令保险人与船舶所有人承担连带责任的立法意图，且船舶所有人与油污责任保险人之间成立不真正连带债务关系，所以，无论是成立连带责任还是不真正连带债务，对于受害人都具有相同的保护力度，[1]且更有利于实现多元责任主体对于海洋生态环境的积极关注，推动其提前识别风险与规范利用行为。

(四) 调查评估的规范

在明确索赔主体及责任主体之后，需要通过及时对污染海域以及海洋生态环境破坏的范围和程度进行调查评估，才能确定赔偿范围，并对后续的监测与恢复措施的执行提供方向指导。由此可见，在海洋生态损害赔偿认定中，规范的调查评估起到了重要的衔接与推进作用。

在样本案例中，原告大连市海洋与渔业局委托国家海洋环境监测中心司法鉴定所做出海洋生态环境价值损失评估报告，而一审法院委托山东海事司法鉴定中心进行鉴定。最终，三级法院均根据该报告得出海洋环境已经得到恢复的结论，而大连市海洋与渔业局亦无证据证明有对涉案海域进行污水处理的必要性，裁定驳回其诉讼请求及再审申请。相反，在其他案例中，也有两级法院依据原告出具的评估报告支持了其诉讼请求的情况。[2]

海洋生态环境损害并非人身及财产损害，不能通过市场机制来确定具体的赔偿额度。但是，采取法律以外的评估方法，例如《环境损害鉴定评估推荐方法（第Ⅱ版）》（以下简称《推荐方法（第Ⅱ版）》）提出的生态环境损害评估方法，包

---

〔1〕 参见陈萍萍：“油污责任保险人与油污责任人责任形式研究——兼谈油污损害赔偿的立法完善”，载《全国法院学术讨论会2003年年会论文集》。

〔2〕 威海市海洋与渔业局与利海有限公司侵权责任纠纷案，山东省高级人民法院二审［2014］鲁民四终字第193号。

括替代等值分析方法和环境价值评估方法，对海洋生态环境损害可测量的和可观察的内容进行固定，则可化抽象为具体，有利于赔偿范围的确定。

调查评估主要包括对评估主体、程序以及费用的规范。

首先，评估主体主要为海事司法鉴定中心。在样本案例中，原被告自行委托鉴定中心出具评估报告，不同司鉴中心在某些环节及评估内容上基于利益的驱动而采取不同的评估方法而拖延时间，因海水流动、海风等自然因素会对损害范围及程度产生影响，这对于海洋生态损害的确认是极为不利的。所以，对于评估主体的选择，法院应发挥一定的能动性，引导双方当事人选择一致的司鉴中心。

其次，关于评估程序的确定，美国已形成的两套自然资源损害评估系统即 DOI 规则和 NOAA 规则〔1〕可作参考。DOI 规则依据规模及损害大小分别施行不同的评估程序，对于规模较小的依据预设的计算机参考模型对损害进行估算；而对于需要实地测量的，通过定性、量化及赔偿金确定进行评估。前国家海洋局出台的《海洋溢油生态损害评估技术导则》即借鉴 NOAA 规则，其评估程序分为三个阶段，即事故调查阶段、编制评估大纲阶段以及确定损失总价值阶段。〔2〕

最后，评估费用应被纳入赔偿范围，在样本案例中，二审法院认定 50 万元的监测评估费用合理且属于《1992 年责任公约》中的恢复费用。该鉴定费应属于《1992 年责任公约》规定的“已实际采取的合理恢复措施费用”以及《油污损害赔偿规

〔1〕 DOI 规则是依据美国《综合环境反应、赔偿和责任法》制定的，NOAA 规则是经《石油污染法》授权美国国家海洋与大气管理局制定的。参见王树义、刘静：“美国自然资源损害赔偿制度探析”，载《法学评论》2009 年第 1 期，第 75 页。

〔2〕 参见刘丹、夏霁：“渤海溢油事故海洋生态损害赔偿法律问题研究”，载《河北法学》2012 年第 4 期，第 117 页。

定》第 17 条规定的“恢复措施费用包括合理的监测、评估、研究费用”，且《海洋生态损害赔偿解释》第 7 条已将调查评估费用单列，作为生态环境损失赔偿范围的一项。

此外，《推荐方法（第Ⅱ版）》明确了生态环境损害鉴定评估内容包括生态环境基线的确定、生态环境损害的确认、污染环境或破坏生态行为与生态环境损害间的因果关系判定、生态环境损害修复或恢复目标的确定、生态环境损害评估方法的选择、环境修复或生态恢复方案的筛选、环境修复或生态恢复费用的评估等内容，以上亦可作为海洋生态环境损害鉴定评估的具体内容参考。

（五）赔偿范围的认定

样本案例的典型意义之一即在于准确解释《1992 年责任公约》，并对赔偿范围进行固定，确保了国际公约适用的统一性。中国现行加入的船舶油污责任赔偿法律体系主要包括由国际海事组织（IMO）拟定的《1992 年责任公约》《修正 1971 年设立国际油污损害赔偿基金国际公约的 1992 年议定书》（以下简称《1992 年基金公约议定书》）及《2001 年燃油污染损害民事责任公约》，但《1992 年基金公约议定书》目前只适用于中国香港地区。此外，还包括中国于 1983 年 7 月 1 日加入的《1973 年国际防止船舶造成污染公约 1978 年议定书》。

在国内立法层面，包括《海商法》《海诉法》和《防治船舶污染海洋环境管理条例》等，但《海环法》第 89 条仅原则性地规定了对破坏海洋生态造成损失的应予以赔偿，并没有具体规定赔偿范围。随后陆续出台的《油污损害赔偿规定》及《海洋生态损害赔偿解释》对船舶油污造成的损害赔偿范围作了较为细致的规定，并且都将海洋生态环境损害归于赔偿范围之列。[1]涉及海洋生态环境损害赔偿范围的主要条款对比见下表。

表 6-1　涉及海洋生态环境损害赔偿范围的主要条款对比

公约及司法解释	涉及海洋生态环境损害赔偿范围的内容
《1992 年责任公约》	第 1 条第 6 款（a）项：对环境损害（不包括此种损害的利润损失）的赔偿，应限于已实际采取或将要采取的合理恢复措施的费用。
《油污损害赔偿规定》	第 9 条第 4 项：对受污染的环境已采取或将要采取合理恢复措施的费用。
	第 17 条：船舶油污事故造成环境损害的，对环境损害的赔偿应限于已实际采取或将要采取的合理恢复措施的费用。恢复措施的费用包括合理的监测、评估、研究费用。
《海洋生态损害赔偿解释》	第 7 条：海洋自然资源与生态环境损失赔偿范围包括：（一）预防措施费用；（二）恢复费用；（三）恢复期间损失；（四）调查评估费用。

可以看出，虽然国际公约已明确规定了生态环境损害，但也仅仅限于预防措施的费用和损失，《油污损害赔偿规定》则进一步将监测与评估费用纳入恢复措施的费用之中。随着中国对于海洋生态环境损害的进一步深化了解与认同，《海洋生态损害赔偿解释》在以《海洋生态损害评估技术指南（试行）》规定的海洋生态损害价值计算为直接技术依据规定了四类损失，并且，上表所列四类损失都包括实际发生和未来必然发生两个维

[1] 其他当事国法院的实践也承认，海洋环境损害可作为一类独立的可赔偿项目；海洋环境损害赔偿包含可计量性及不可计量性的因素。参见竺效："论在'国际油污民事责任公约'和'国际油污基金公约'框架下的生态损害赔偿"，载《政治与法律》2006 年第 2 期，第 95~97 页。

度，对于实际发生的合理恢复费用，亦包括制定和实施修复方案和监测、监管产生的费用；而未来必然发生的合理恢复费用和恢复期间损失，需经具有资质的鉴定机构评估确定。[1]

考察典型案例八，关于赔偿范围的认定，最高人民法院认为，海洋生态服务功能损失和海洋环境容量损失费用与《1992年责任公约》第1条第6款（a）项及《油污损害赔偿规定》第17条规定的赔偿范围不符。虽然该案例作为生效裁判已不适用新施行的《海洋生态损害赔偿解释》，但仍可在遵从新司法解释的规范指导意图下，对该案中关于海洋生态环境损害赔偿范围的认定予以反思。

第一，关于法律规范的适用。样本案例因海洋环境已经恢复且海洋与渔业局亦无证据证明对涉案海域进行污水处理的必要，所以，其计算的赔偿费用被公约所排除。而国际公约作为中国法律渊源之一，根据国际公约优先适用原则，用以解决国内法与国际公约的冲突问题。但是，在国际公约未规定或未明确规定的情形下，将适用国内法。《1992年责任公约》对于环境损害的赔偿规定仅限于已经实际采取或者将要采取的合理恢复措施的费用，但却未明确"实际"或"将要采取"的标准如何以及何为合理恢复措施的费用。而《海洋生态损害赔偿解释》第7条、第8条对《1992年责任公约》及《油污损害赔偿规定》进行了补缺。

所以，在嗣后的司法实践中，在处理油污造成的相关海洋生态环境赔偿时，亦有适用《海洋生态损害赔偿解释》的余地，而非唯一地适用《1992年责任公约》的规定。二者并不是完全的排斥关系，而是利用"提取公因式"的规范方法，在以海洋

---

〔1〕参见《最高人民法院关于审理海洋自然资源与生态环境损害赔偿纠纷案件若干问题的规定》第8条。

生态损害赔偿为“括号外”的主因素时，识别所有的法律规范，予以准确适用。

第二，关于恢复费用和恢复期间损失的认定。考察《海洋生态损害赔偿解释》关于“恢复费用”的规定，其是指采取或者将要采取措施恢复或者部分恢复受损害海洋自然资源与生态环境功能所需费用。即要注重恢复措施施行的时间节点，应以污染发生时间来计算现实修复实际发生和未来必然发生的合理费用，对于以往整体实施的资源修复计划，也应从该时间节点开始计算；在制定修复方案时应与已有的修复计划做好衔接，避免产生重复的制定修复方案和监测、监管费用。

恢复期间的损失即过渡期损失，主要是基于对海洋自然资源及生态环境服务功能损失的评估来确定。而对于难以确定恢复费用和恢复期间的损失的替代方法，按照以下顺序进行操作，首先是“责任者收支标准”，即根据责任主体因损害行为而获益或减少支付的污染防治费用合理确定；其次是“社会平均收支标准”，即参照政府部门相关统计资料或者其他证据所证明的同区域同类生产经营者同期平均收入、同期平均污染防治费用予以确定。[1]

四、结语

典型案例八的实践意义在于，引导行使环境监督管理权的部门明晰索赔请求，统一法院在适用《1992年责任公约》时应准确解释关于环境损害赔偿的索赔范围仅限于合理的恢复措施的费用（含监测评估费用）。此外，本案属于“一带一路”沿

〔1〕 最高人民法院：“依法审理海洋自然资源与生态环境损害赔偿纠纷案件”，载人民法院网：http://www.court.gov.cn/zixun-xiangqing-76512.html，访问日期：2018年1月5日。

线地区发生的海上环境污染损害赔偿纠纷，遵守对中外当事人平等保护的原则，且通过对法律事实的尽早发现以及证据资料的明确与固定，加快对损失及赔偿范围的认定，从而促使海洋生态环境损害的恢复获得稳定的司法及执行保障。

但是，油污损害造成的海洋生态损害索赔并不仅限于以上考虑，还包括公益与私益的诉讼交叉问题、油污损害赔偿基金的设立、责任限制、强制保险、赔偿责任限制基金等方面。在国外，有的国家采取相关财政手段，例如设立自然资源税，支持环境保护措施施行。〔1〕

2015 年发布的《生态文明体制改革总体方案》已明确提出，要建立生态环境损害赔偿制度。基于此，2017 年 12 月出台了《生态环境损害赔偿制度改革方案》。中国共产党的十九大报告进一步指出："坚持陆海统筹，加快建设海洋强国。"所以，完善海洋自然资源和生态环境损害赔偿制度作为推动海洋生态文明建设的重要组成部分，为人民法院正确审理该类案件提供了相应的制度基础和规范指引，有利于促进法律适用的统一性。

典型案例八为其后相关司法裁判提供了一定的参照经验，并对具有涉外因素的有关海洋生态环境资源保护、油污损害等海事海商案件提供了准确解释与适用国际公约以及严格贯彻对中外当事人平等保护原则的模范，有利于提升中国"一带一路"建设司法服务和保障的国际公信力，不断巩固中国的亚太地区海事司法中心地位。

〔1〕 See Laila Medin, "Compensation for Ecological Damage and Latvian Law", in: Franf Maes (ed.), *Marine Resource Damage Assessment, Liability and Compensation for Environmental Damage*, Springer Netherlands, 2005, p. 44.

结　论

Conclusion

在此，笔者将总结分为七个部分，概括海洋权益维护和争端解决的四项指导原则、中国应该倡导的航行制度、如何利用与维护海洋资源、利用各种法律和工具及制度保护海洋环境、以重要利益攸关方身份依法积极参与北极治理、几个案例的启示及维护国家正当海洋权益的路径和建议。

一、海洋权益维护和争端解决的四项指导原则

维护海洋权益和解决有关争端需要在公认的、适当的、法律的原则指导下进行。在国际法和国际政治领域，虽然存在许多原则和理念，但是，真正符合上述三项标准的指导性原则和理念主要是和平解决国际争端、正义法治、可持续发展、人类共同遗产等原则。

首先，毋庸置疑，采用和平的方式和方法，特别是非强制性解决方法之外交解决和法律解决，是国际社会和国际法解决国际争端的最合理、最有效、最常用的方法。采用和平的方式和方法的目的在于避免军事冲突和战争，符合《联合国海洋法

公约》的重点目标——“促进海洋的和平用途”〔1〕。

其次，正义可被解释为“公正和公平”。法与正义密不可分，法促进和保障了分配的正义及诉讼的正义。法治的路径能够保护社会主体的合法利益，惩治非正义的违法行为，实现社会正义。在维护海洋权益和解决争端的过程中，《联合国宪章》和《联合国海洋法公约》等权威国际公约及国际法院和国际海洋法法庭等国际裁判机构努力采用“公平的解决方法”，追求“公平的结果”。因而，正义法治原则是维护海洋权益和解决海洋争端的指导性原则。

再次，发轫于国际环境法的可持续发展原则在涉及海洋环境保护和保全及海洋生物资源养护的国际法律文件中逐步得到吸纳。海洋环境的流通性、整体性和局部脆弱性、海洋生物资源的再生性、有限性和洄游性等特性要求可持续发展原则在相关维护和争端中发挥作用。国际法院和国际海洋法法庭对可持续发展原则持更开放的态度。作为国际法的一般原则，可持续发展原则有望扩大和提高被国际社会认可的程度。

最后，“人类共同遗产”是一个法律概念，“人类共同遗产”原则是国际法上的一项特殊的财产性法律原则，是海洋法上的公平秩序的重要基础。“人类共同遗产”原则适用于月球等天体、国家管辖范围以外的海床、洋底及其底土，也适用于生物多样性保护和文化遗产保护等领域。“人类共同遗产”原则已成为海洋法的重要原则，也是国际法的重要原则，在维护海洋权益和解决争端中起指导作用。

---

〔1〕 参见《联合国海洋法公约》前言：“a legal order for the seas and oceans which …… will promote the peaceful uses of the seas and oceans.”

二、中国应该倡导的航行制度

“便利国际交通”是《联合国海洋法公约》所建海洋法律秩序追求的第一目标。[1]这里的“国际交通”指的是国际海上运输和航行，与此相关，国际海峡的作用十分重要。在1949年“科孚海峡案”判决中，国际法院明确了地理标准与功能标准，作为判断一海峡是否属于“用于国际航行的海峡”及给予通行权的必要条件。这些标准被1958年《领海与毗连区公约》和1982年《联合国海洋法公约》继承。

在适用于包括海峡、领海、专属经济区、公海等水域的航行制度中，过境通行权是介于无害通过权和自由航行权之间的一种航行权利，过境通行制度是介于无害通过制度和自由航行制度之间的一种航行制度。这三种制度在基本含义、权利主体、适用范围、通行限制等方面存在区别。

一方面，俄罗斯涉北极东北航道法律制度与《联合国海洋法公约》存在诸多冲突，例如俄罗斯国内法律违背无害通过制度、过境通行制度、责任承担制度和沿海国限制性原则等，亟待解决。这些冲突在本质上是国内法与国际法的冲突，由于国内法与国际法的关系尚无明确、统一的规定，国际法不必然优于国内法而适用。这导致一些俄罗斯国内法在实践中限制着各国船舶在北部海航道的航行。

另一方面，美国奉行“航行自由”原则，其军舰航行于全球各个海域（包括南中国海），时常出现违背《联合国海洋法公约》的情形。

---

〔1〕参见《联合国海洋法公约》前言：“a legal order for the seas and oceans which will facilitate international communication.”

在如此理论与现实状况下，中国应该倡导何种航行制度？根据中国国情，特别是顾及“21世纪海上丝绸之路”沿线和北极航线的重要性，应该综合考虑如下事项：第一，在存在主权争议的中国海域，通过海军巡航捍卫国家主权；第二，在打击海盗和海上恐怖主义方面，依法实施登临、检查、扣押、逮捕等强制性措施；第三，通过国际合作和多边谈判，要求航行船舶向国际海事组织报告信息；第四，海上通道安全对中国经济发展的重要性与日俱增，应该充分利用航行自由制度。

三、海洋资源的利用与维护需要依法由国家和国际组织合作推进

“海洋资源的公平而有效的利用，海洋生物资源的养护以及研究”是《联合国海洋法公约》所建海洋法律秩序追求的重要目标。[1]

关于海洋遗传资源获取和惠益分享机制的构建，首先，需要明确国家管辖范围外海洋遗传资源的定义。其次，明确国家管辖范围外海洋遗传资源的法律地位，应始终坚持“人类共同遗产”原则，并在该原则的基础上构建获取和惠益分享机制。最后，借助BBNJ谈判及国际协定的制定，中国应不断提升科研水平，加强对相关领域的法学研究，建立与中国安全和长远发展相适应的、符合全人类共同利益、可持续发展的全球海洋战略布局。

关于对在国家管辖范围外开展的活动进行环境影响评价，对于国家权利和义务、进行环境影响评价的标准、遵守和执行

---

〔1〕参见《联合国海洋法公约》前言：“the equitable and efficient utilization of their resources, the conservation of their living resources, and the study.”

方面存在不足。可以考虑从五个方面完善该环境影响评价制度，即加快全球协议的谈判进程、区分发达国家和发展中国家的义务、加强国家的主导作用、建立监督机制、实施国家责任制度。

关于国际海底资源开发制度，平行开发制实际上是发展中国家和发达国家最易于接受的制度和安排，原因在于，它既保护了发展中国家的利益，又满足了发达国家优先进行海底资源开发的要求。国际海底管理局作为“区域”开发活动的管理机关，代表全人类对“区域”内的活动进行组织和控制。

渔业资源属于有限资源，全球渔业资源现状不容乐观。在公海渔业治理及公海渔业执法问题上，需要加强国际合作。

总之，在海洋资源的利用与维护方面，需要依据国际法，特别是《联合国海洋法公约》，由国家和国际组织密切合作，逐步建构公平、合理、高效的制度。

四、充分利用各种法律和工具及制度保护海洋环境

“保护和保全海洋环境”是《联合国海洋法公约》所建海洋法律秩序追求的重要目标之一。[1]

（一）特别敏感海域制度的发展及中国的应对

特别敏感海域制度、海洋保护区制度、特殊区域制度都是海洋环境保护和保全的有力制度和工具。三者相比，既有共性，也有差异，各有利弊。目前已建成的 16 个特别敏感海域无一处位于南北极和亚洲。

中国有必要、有条件在渤海海域和南海海域申请建立特别敏感海域。在两海域建立特别敏感海域，对其海洋环境保护、

〔1〕 参见《联合国海洋法公约》前言：“protection and preservation of the marine environment.”

航行安全和维护中国国家权益意义重大。

（二）地中海海洋保护区发展的新成果

地中海海洋保护区发展的新成果表现在三个方面：

第一，建构了“综合-分立”双层级海洋保护法律制度。这种制度能够成功地规避因制度不公而引发的新的冲突。

第二，建立了富有成效的地中海环境保护区建设方案。该方案促进了相关国家之间自然区域管理保护的合作，回避了包括划界在内的各种海洋争端。

第三，构建了海洋保护区“软法”支持体系。地中海行动计划中形成的“软法”体系同其“硬法”体系一起，推动了海洋环境资源保护事业的发展。

（三）波罗的海海洋保护区制度建设的特点

首先，波罗的海海洋保护区的建立目的相对较为单一，将排除海洋污染作为工作的中心。

其次，通过有效的合作与协调，使各个国家与不同层次、不同重点的国际组织高效地参与到环境问题治理当中。

最后，在波罗的海海洋保护区中，赫尔辛基委员会拥有决策权。

（四）南海环境保护制度建设

南海环境共同保护机制面临三大困难：第一，国际公约对南海环境保护缺乏针对性和强制力；第二，缺乏强有力的区域性组织推动各国达成利益共识；第三，地缘政治因素破坏一致性、降低行动效率。

完善南海环境共同保护制度，可从下列四个方面着手：建立具有执行力的区域组织和达成区域框架公约；为达成利益共识，需要建立统一组织和合理设置议程；总体目标应该是海洋环境与生物资源的可持续利用；标准和治理方法要兼顾生态学和人类经济生活的要求。

五、以重要利益攸关方身份依法积极参与北极治理

迄今为止，国际社会未能对北极地区的法律地位达成一致。北极的陆地争端都已经尘埃落定，只剩下北极海洋的权益划分仍存争议。

在现有格局下，北极国家中有俄罗斯和美国两个超级大国，要将整个北极制度化为“人类共同遗产”困难很大，而若完全按照《联合国海洋法公约》处理北极，又将侵蚀大量“人类共同遗产”。在没有国际公约和国际制度约束、没有相关国家和国际组织干预的情况下，“公地悲剧”在北极发生的概率很大。

关于北极活动的开展与权益的维护则主要聚焦于航运、科研、资源开发以及环保与可持续发展等方面。

中国是北极事务的重要利益攸关方。中国利用北极东北航道的权利完全符合国际法。

在法律层面上，中国参与和平利用北极东北航道应重视以下五点：第一，作为《斯瓦尔巴德条约》的缔约国，中国享有参与北极事务的权利。第二，利用涉北极事务的各个国际组织的平台，通过参与立法活动，争取更多权益。第三，争取在可行的范围内在国际社会达成共识，确认北极东北航道作为用于航行的国际海峡性质。第四，厘清《联合国海洋法公约》第234条冰封区域和用于国际航行的海峡问题，参与并推动修订《联合国海洋法公约》。第五，确认国际法的优先地位，逐步消除或者解决俄罗斯国内法涉及北极东北航道法律法规与国际法的冲突问题。

对于北极科考问题，一方面可在北极理事会下设立部门委员会，对科学研究活动进行相关规则制定；另一方面，对于科

考活动发布具体的等级标准，对不同国家同一性质的科考活动可在部门委员会的建议下合作开展，增强国家间的技术合作。

北极治理问题主要是政策问题。依法治理北极是实现北极善治的必选项。应该不断加强北极理事会的职能；在北极理事会下，可考虑根据北极权益维护进行类别划分，形成主权与管辖权行使、科学研究、环境保护与可持续发展、航运贸易、资源开发等方面的各分委会；北极八国应该承担更多的义务；北极域外国家、北极利益攸关国家依法享有权利并承担义务。

六、依法制裁滥用法律者

法律裁判有定纷止争的作用，还应该有惩罚、震慑、引导的作用。

（一）违法捕鲸损害海洋资源可持续利用和发展

通过“澳大利亚诉日本南极捕鲸案”可以看出：第一，《国际管制捕鲸公约》的宗旨是维护捕鲸业；第二，《国际管制捕鲸公约》第8条规定不明确，引发了争议；第三，日本不是出于科学研究的目的捕杀鲸鱼，而是出于国家的经济利益；第四，国家间应加强针对鲸类科研领域的国际合作。

日本违法捕鲸的行为损害了海洋资源的可持续利用和发展，侵犯了其他国家的合法权益。但是，日本的违法行为仍在继续。日本并未因为违法行为而受到应有的制裁。此类难题应该通过国家间加强鲸类科研领域的国际合作来逐步解决，以期达到科学研究和保护鲸类之间的适当平衡。国际法院的法官们应该考虑，如何惩罚违法者，以儆效尤。

（二）“加纳诉科特迪瓦大西洋划界案”对中国的启示

“加纳诉科特迪瓦大西洋划界案”与中国东海、南海与邻国的海洋权益争端存在类似之处，例如在临时措施、石油活动、海洋划界方法等问题上的分歧。

关于中国与日本东海油气纷争，中国有必要加强对《联合国海洋法公约》第 290 条临时措施规定的分析和研究。

在南海争端方面，面对南海诸国单方面的违法石油活动，由于中国持续抗议，若日后诉诸法律，中国可以要求国际司法机构不支持对方关于单方面石油活动的相关主张。因为，根据“加纳诉科特迪瓦大西洋划界案”的判决，单方面石油活动不能作为日后划定海洋界限的基础和考虑因素。

在海洋划界方法上，等距离/相关情况、等距离中间线、大陆架自然延伸理论和公平原则等的具体适用，值得深入研究，避免自相矛盾。

（三）“南海仲裁案”的启示

针对 2016 年 7 月 12 日仲裁庭发布的“南海仲裁案”裁决，中国政府严正声明，裁决是无效的，没有拘束力，中国不接受、不承认。“南海仲裁案”裁决存在多处解释、适用或造法问题，例如管辖权、历史性权利、岛礁定性标准等。

需要思考的是，如何制裁菲律宾和仲裁庭滥用法律的行径？这或许超出了法律范畴。

（四）继续完善海洋自然资源和生态环境损害赔偿制度

中国法院审理的典型案例八属于“一带一路”沿线地区发生的海上环境污染损害赔偿纠纷。各级法院遵守对中外当事人平等保护的原则，尽早发现法律事实，尽早明确与固定证据资料，加快对损失及赔偿范围的认定，促使海洋生态环境损害的恢复获得稳定的司法及执行保障。

但是，油污损害造成的海洋生态损害索赔还包括公益与私益的诉讼交叉问题、油污损害赔偿基金的设立、责任限制、强制保险、赔偿责任限制基金等方面，值得研究。中国应该继续完善海洋自然资源和生态环境损害赔偿制度，为人民法院正确审理该类案件提供相应的制度基础和规范指引，提高法律适用的统一性。

七、维护国家正当海洋权益的路径

在此，笔者谨以南海争端为例，提出思考和建议。

首先，坚持“主权属我”。中国对南海诸岛及附近海域拥有无可争辩的主权，这点应当坚持。

其次，灵活与务实。中国应当坚持“主权属我，搁置争议，共同开发”的方针，既有捍卫中国海洋主权的决心和军事行动，又有灵活务实的方法，在维护中国稳定与发展的局势下妥善处理南海主权争端。

再次，加强对争议海域的实际控制，确立和持续行使管辖权。充分利用各种手段，强化中国在争议海域的存在，加强对争议海域和岛屿的行政管理、经济开发、科研调查、文化传播及旅游开发等，争取在解决矛盾时赢得主动。必须增强中国在南沙的军事存在。

复次，完善中国的海洋法律制度。中国的海洋法律体系还有待健全和完善。在按照《联合国海洋法公约》规定完成其配套法规方面，中国还有一些领域有待建立正式的法律制度，例如专属经济区的配套法律、参加国际海底矿产资源开发管理制度、公海生物资源利用与养护制度等。

最后，增强国际法人才的培养和维权能力。为了适应国际争端解决的司法化趋势，中国应继续加强国际法律人才的培育机制，从而提高其法律维权的能力。其核心任务是培养和锻炼一批优秀的中国籍国际法官和国际律师。

附　录

Appendix

附录一　《中华人民共和国政府关于菲律宾共和国所提南海仲裁案管辖权问题的立场文件》（2014 年 12 月 7 日）

附录二　《中华人民共和国外交部关于应菲律宾共和国请求建立的南海仲裁案仲裁庭关于管辖权和可受理性问题裁决的声明》（2015 年 10 月 30 日）

附录三　《中华人民共和国外交部关于应菲律宾共和国请求建立的南海仲裁案仲裁庭所作裁决的声明》（2016 年 7 月 12 日）

附录四　本书使用和提及的主要法律法规及会议文件清单

附录一

中华人民共和国政府关于菲律宾共和国所提南海仲裁案管辖权问题的立场文件

（2014 年 12 月 7 日）

一、引言

1. 2013 年 1 月 22 日，菲律宾共和国外交部照会中华人民共和国驻菲律宾大使馆称，菲律宾依据 1982 年《联合国海洋法公约》（以下简称《公约》）第二百八十七条和附件七的规定，就中菲有关南海“海洋管辖权”的争端递交仲裁通知，提起强制仲裁。2013 年 2 月 19 日，中国政府退回菲律宾政府的照会及所附仲裁通知。中国政府多次郑重声明，中国不接受、不参与菲律宾提起的仲裁。

2. 本立场文件旨在阐明仲裁庭对于菲律宾提起的仲裁没有管辖权，不就菲律宾提请仲裁事项所涉及的实体问题发表意见。本立场文件不意味着中国在任何方面认可菲律宾的观点和主张，无论菲律宾有关观点或主张是否在本立场文件中提及。本立场文件也不意味着中国接受或参与菲律宾提起的仲裁。

3. 本立场文件将说明：菲律宾提请仲裁事项的实质是南海部分岛礁的领土主权问题，超出《公约》的调整范围，不涉及《公约》的解释或适用；以谈判方式解决有关争端是中菲两国通过双边文件和《南海各方行为宣言》所达成的协议，菲律宾单方面将中菲有关争端提交强制仲裁违反国际法；即使菲律宾提出的仲裁事项涉及有关《公约》解释或适用的问题，也构成中菲两国海域划界不可分割的组成部分，而中国已根据《公约》的规定于 2006 年作出声明，将涉及海域划界等事项的争端排除适用仲裁等强制争端解决程序。因此，仲裁庭对菲律宾提起的仲裁明显没有管辖权。基于上述，并鉴于各国有权自主选择争端解决方式，中国不接受、不参与菲律宾提起的仲裁有充分的国际法依据。

二、菲律宾提请仲裁事项的实质是南海部分岛礁的领土主权问题，不涉及《公约》的解释或适用

4. 中国对南海诸岛及其附近海域拥有无可争辩的主权。中国在南海的活动已有 2000 多年的历史。中国最早发现、命名和开发经营南海诸岛，最早并持续对南海诸岛实施主权管辖。20 世纪 30 年代至 40 年代，日本在侵华战争期间非法侵占中国南海岛礁。第二次世界大战结束后，中国政府恢复对南海诸岛行使主权，派遣军政官员乘军舰前往南海岛礁举行接收仪式，树碑立标，派兵驻守，进行地理测量，于 1947 年对南海诸岛进行了重新命名，并于 1948 年在公开发行的官方地图上标绘南海断续线。中华人民共和国 1949 年 10 月 1 日成立以来，中国政府一直坚持并采取实际行动积极维护南海诸岛的主权。1958 年《中华人民共和国政府关于领海的声明》和 1992 年《中华人民共和国领海及毗连区法》均明确规定，中华人民共和国的领土包括东沙群岛、西沙群岛、中沙群岛和南沙群岛。上述行动一再重申了中国在南海的领土主权和相关的海洋权益。

5. 20 世纪 70 年代之前，菲律宾的法律对其领土范围有明确限定，没有涉及中国的南海岛礁。1935 年《菲律宾共和国宪法》第一条“国家领土”明确规定：“菲律宾的领土包括根据

1898 年 12 月 10 日美国同西班牙缔结的《巴黎条约》割让给美国的该条约第三条所述范围内的全部领土，连同 1900 年 11 月 7 日美国同西班牙在华盛顿缔结的条约和 1930 年 1 月 2 日美国同英国缔结的条约中包括的所有岛屿，以及由菲律宾群岛现政府行使管辖权的全部领土。”根据上述规定，菲律宾的领土范围限于菲律宾群岛，不涉及中国的南海岛礁。1961 年《关于确定菲律宾领海基线的法案》（菲律宾共和国第 3046 号法案）重申了菲律宾 1935 年宪法关于其领土范围的规定。

6. 自 20 世纪 70 年代起，菲律宾非法侵占中国南沙群岛的马欢岛、费信岛、中业岛、南钥岛、北子岛、西月岛、双黄沙洲和司令礁等岛礁；非法将中国南沙群岛部分岛礁宣布为所谓“卡拉延岛群”，对上述岛礁及其周边大范围海域提出主权主张；并对中国中沙群岛的黄岩岛提出非法领土要求。菲律宾还在有关岛礁及其附近海域非法从事资源开发等活动。

7. 菲律宾上述行为违反《联合国宪章》和国际法，严重侵犯中国的领土主权和海洋权益，是非法、无效的。中国政府对此一贯坚决反对，一直进行严正交涉和抗议。

8. 菲律宾将其所提仲裁事项主要归纳为以下三类：

第一，中国在《公约》规定的权利范围之外，对“九段线”（即中国的南海断续线）内的水域、海床和底土所主张的“历史性权利”与《公约》不符；

第二，中国依据南海若干岩礁、低潮高地和水下地物提出的 200 海里甚至更多权利主张与《公约》不符；

第三，中国在南海所主张和行使的权利非法干涉菲律宾基于《公约》所享有和行使的主权权利、管辖权以及航行权利和自由。

9. 菲律宾提请仲裁的上述事项的实质是南海部分岛礁的领

土主权问题，超出《公约》的调整范围，不涉及《公约》的解释或适用。仲裁庭对菲律宾提出的这些仲裁事项均无管辖权。

10. 关于菲律宾提出的第一类仲裁事项，很显然，菲律宾主张的核心是中国在南海的海洋权利主张超出《公约》允许的范围。然而，无论遵循何种法律逻辑，只有首先确定中国在南海的领土主权，才能判断中国在南海的海洋权利主张是否超出《公约》允许的范围。

11. 国家的领土主权是其海洋权利的基础，这是国际法的一般原则。国际法院指出，"海洋权利源自沿海国对陆地的主权，这可概括为'陆地统治海洋'原则"（2001 年卡塔尔-巴林案判决第 185 段，亦参见 1969 年北海大陆架案判决第 96 段和 1978 年爱琴海大陆架案判决第 86 段），"因此陆地领土状况必须作为确定沿海国海洋权利的出发点"（2001 年卡塔尔-巴林案判决第 185 段、2007 年尼加拉瓜-洪都拉斯案判决第 113 段）。国际法院还强调，"国家对大陆架和专属经济区的权利基于陆地统治海洋的原则"，"陆地是一个国家对其领土向海延伸部分行使权利的法律渊源"（2012 年尼加拉瓜-哥伦比亚案判决第 140 段）。

12. 《公约》序言开宗明义地指出，"认识到有需要通过本公约，在妥为顾及所有国家主权的情形下，为海洋建立一种法律秩序"。显然，"妥为顾及所有国家主权"是适用《公约》确定缔约国海洋权利的前提。

13. 就本案而言，如果不确定中国对南海岛礁的领土主权，仲裁庭就无法确定中国依据《公约》在南海可以主张的海洋权利范围，更无从判断中国在南海的海洋权利主张是否超出《公约》允许的范围。然而，领土主权问题不属于《公约》调整的范畴。

14. 菲律宾也十分清楚，根据《公约》第二百八十七条和附件七组成的仲裁庭对于领土争端没有管辖权。菲律宾为了绕过这一法律障碍，制造提起仲裁的依据，蓄意对自己提请仲裁的实质诉求进行精心的包装。菲律宾一再表示自己不寻求仲裁庭判定哪一方对两国均主张的岛礁拥有主权，只要求仲裁庭对中国在南海所主张的海洋权利是否符合《公约》的规定进行判定，使仲裁事项看起来好像只是关于《公约》的解释或适用问题，不涉及领土主权问题。然而，菲律宾的包装无法掩饰其提请仲裁事项的实质就是南海部分岛礁的领土主权问题。

15. 关于菲律宾提出的第二类仲裁事项，中国认为，南海部分岛礁的性质和海洋权利问题与主权问题不可分割。

16. 首先，只有先确定岛礁的主权，才能确定基于岛礁的海洋权利主张是否符合《公约》。

17. 《公约》规定的有关专属经济区和大陆架的海洋权利均赋予对相关陆地领土享有主权的国家。脱离了国家主权，岛礁本身不拥有任何海洋权利。只有对相关岛礁拥有主权的国家，才可以依据《公约》基于相关岛礁提出海洋权利主张。在确定了领土归属的前提下，如果其他国家对该国的海洋权利主张是否符合《公约》的规定提出质疑或者提出了重叠的海洋权利主张，才会产生关于《公约》解释或适用的争端。如果岛礁的主权归属未定，一国基于岛礁的海洋权利主张是否符合《公约》规定就不能构成一个可以提交仲裁的具体而真实的争端。

18. 就本案而言，菲律宾不承认中国对相关岛礁拥有主权，意在从根本上否定中国依据相关岛礁主张任何海洋权利的资格。在这种情形下，菲律宾要求仲裁庭先行判断中国的海洋权利主张是否符合《公约》的规定，是本末倒置。任何国际司法或仲裁机构在审理有关岛礁争端的案件中，从未在不确定有关岛礁主权归属的情况下适用《公约》的规定先行判定这些岛礁的海洋权利。

19. 其次，在南沙群岛中，菲律宾仅仅挑出少数几个岛礁，要求仲裁庭就其海洋权利作出裁定，实质上是否定中国对南沙群岛的领土主权。

20. 南沙群岛包括众多岛礁。中国历来对整个南沙群岛、而非仅对其中少数几个岛礁享有主权。1935 年中国政府水陆地图审查委员会出版《中国南海各岛屿图》，1948 年中国政府公布《南海诸岛位置图》，均将现在所称的南沙群岛以及东沙群岛、西沙群岛和中沙群岛划入中国版图。1958 年《中华人民共和国政府关于领海的声明》指出，中华人民共和国的领土包括南沙群岛。1983 年中国地名委员会公布南海诸岛部分标准地名，其中包括南沙群岛的岛礁。1992 年《中华人民共和国领海及毗连区法》也明确规定，中华人民共和国的陆地领土包括南沙群岛。

21. 2011 年 4 月 14 日，中国常驻联合国代表团就有关南海问题致联合国秘书长的第 CML/8/2011 号照会中亦指出："按照《联合国海洋法公约》、1992 年《中华人民共和国领海及毗连区法》和 1998 年《中华人民共和国专属经济区和大陆架法》的有关规定，中国的南沙群岛拥有领海、专属经济区和大陆架"。显然，按照《公约》确定中国南沙群岛的海洋权利，必须考虑该群岛中的所有岛礁。

22. 菲律宾在仲裁诉求中对南沙群岛作出"切割"，只要求对其声称的"中国占领或控制的"岛礁的海洋权利进行判定，刻意不提南沙群岛中的其他岛礁，包括至今仍为菲律宾非法侵占或主张的岛礁，旨在否定中国对整个南沙群岛的主权，否认菲律宾非法侵占或主张中国南沙群岛部分岛礁的事实，从而篡改中菲南沙群岛主权争端的性质和范围。菲律宾还刻意将中国台湾驻守的南沙群岛最大岛屿——太平岛排除在"中国占领或控制”的岛礁之外，严重违反了一个中国的原则，侵犯了中国的主权和领土完整。显而易见，此类仲裁事项的实质是中菲有关领土主权的争端。

23. 最后，低潮高地能否被据为领土本身明显是一个领土主权问题。

24. 菲律宾认为其仲裁诉求所涉及的几个岛礁是低潮高地，不能被据为领土。对于上述岛礁是否属于低潮高地，本立场文件不作评论。应该指出的是，无论这些岛礁具有何种性质，菲律宾自己从上世纪 70 年代以来却一直对这些岛礁非法主张领土主权。菲律宾 1978 年 6 月 11 日颁布第 1596 号总统令，对包括上述岛礁在内的南沙群岛部分岛礁及其周边大范围的海域、海床、底土、大陆边及其上空主张主权，并将该区域设立为巴拉望省的一个市，命名为“卡拉延”。虽然 2009 年 3 月 10 日菲律宾通过了第 9522 号共和国法案，规定“卡拉延岛群”（即中国南沙群岛部分岛礁）和“斯卡伯勒礁”（即中国黄岩岛）的海洋区域将与《公约》第一百二十一条（即“岛屿制度”）保持一致，但该规定仅是对上述区域内海洋地物的海洋权利主张进行了调整，并没有涉及菲律宾对这些海洋地物，包括低潮高地的领土主张。菲律宾常驻联合国代表团在 2011 年 4 月 5 日致联合国秘书长的第 000228 号照会中还明确表示：“卡拉延岛群构成菲律宾不可分割的一部分。菲律宾共和国对卡拉延岛群的地理构造拥有主权和管辖权”。菲律宾至今仍坚持其对南沙群岛中 40 个岛礁的主张，其中就包括菲律宾所称的低潮高地。可见，菲律宾提出低潮高地不可被据为领土，不过是想否定中国对这些岛礁的主权，从而可以将这些岛礁置于菲律宾的主权之下。

25. 低潮高地能否被据为领土本身是一个领土主权问题，不是有关《公约》的解释或适用问题。《公约》没有关于低潮高地能否被据为领土的规定。国际法院在 2001 年卡塔尔-巴林案的判决中明确表示："条约国际法对于低潮高地能否被视为领土的问题保持沉默。法院也不知道存在统一和广泛的国家实践，从而可能产生一项明确允许或排除将低潮高地据为领土的习惯法规则"（判决第 205 段）。这里的条约国际法当然包括 1994 年即已生效的《公约》。国际法院在 2012 年尼加拉瓜-哥伦比亚案的判决中虽然表示"低潮高地不能被据为领土"（判决第 26 段），但未指出此论断的法律依据，未涉及低潮高地作为群岛组成部分时的法律地位，也未涉及在历史上形成的对特定的海洋区域内低潮高地的主权或主权主张。无论如何，国际法院在该案中作出上述判定时没有适用《公约》。低潮高地能否被据为领土不是有关《公约》解释或适用的问题。

26. 关于菲律宾提出的第三类仲裁事项，中国认为，中国在南沙群岛和黄岩岛附近海域采取行动的合法性是基于中国对有关岛礁享有的主权以及基于岛礁主权所享有的海洋权利。

27. 菲律宾声称，中国在南海所主张和行使的权利非法干涉菲律宾基于《公约》所享有和行使的主权权利、管辖权以及航行权利和自由。菲律宾这一主张的前提是，菲律宾的海域管辖范围是明确而无争议的，中国的活动进入了菲律宾的管辖海域。然而事实并非如此。中菲尚未进行海域划界。对菲律宾这一主张进行裁定之前，首先要确定相关岛礁的领土主权，并完成相关海域划界。

28. 需要特别指出的是，中国一贯尊重各国依据国际法在南海享有的航行自由和飞越自由。

29. 综上所述，菲律宾要求在不确定相关岛礁主权归属的情况下，先适用《公约》的规定确定中国在南海的海洋权利，并提出一系列仲裁请求，违背了解决国际海洋争端所依据的一般国际法原则和国际司法实践。仲裁庭对菲律宾提出的任何仲裁请求作出判定，都将不可避免地直接或间接对本案涉及的相关岛礁以及其他南海岛礁的主权归属进行判定，都将不可避免地产生实际上海域划界的效果。因此，中国认为，仲裁庭对本案明显没有管辖权。

三、通过谈判方式解决在南海的争端是中菲两国之间的协议，菲律宾无权单方面提起强制仲裁

30. 中国在涉及领土主权和海洋权利的问题上，一贯坚持由直接有关国家通过谈判的方式和平解决争端。中菲之间就通过友好磋商和谈判解决两国在南海的争端也早有共识。

31. 1995 年 8 月 10 日《中华人民共和国和菲律宾共和国关于南海问题和其他领域合作的磋商联合声明》指出，双方“同意遵守”下列原则：“有关争议应通过平等和相互尊重基础上的磋商和平友好地加以解决”（第一点）；“双方承诺循序渐进地进行合作，最终谈判解决双方争议”（第三点）；“争议应由直接有关国家解决，不影响南海的航行自由”（第八点）。

32. 1999 年 3 月 23 日《中菲建立信任措施工作小组会议联合公报》指出，双方承诺“遵守继续通过友好磋商寻求解决分歧方法的谅解”（联合公报第 5 段）。“双方认为，中菲之间的磋商渠道是畅通的。他们同意通过协商和平解决争议”（联合公报第 12 段）。

33. 2000 年 5 月 16 日《中华人民共和国政府和菲律宾共和国政府关于 21 世纪双边合作框架的联合声明》第九点规定：“双方致力于维护南海的和平与稳定，同意根据公认的国际法原则，包括 1982 年《联合国海洋法公约》，通过双边友好协商和谈判促进争议的和平解决。双方重申遵守 1995 年中菲两国关于

南海问题的联合声明”。

34. 2001 年 4 月 4 日《中国–菲律宾第三次建立信任措施专家组会议联合新闻声明》第四点指出：“双方认识到两国就探讨南海合作方式所建立的双边磋商机制是富有成效的，双方所达成的一系列谅解与共识对维护中菲关系的健康发展和南海地区的和平与稳定发挥了建设性作用。”

35. 中菲之间关于以谈判方式解决有关争端的共识在多边合作文件中也得到确认。2002 年 11 月 4 日，时任中国外交部副部长王毅作为中国政府代表与包括菲律宾在内的东盟各国政府代表共同签署了《南海各方行为宣言》（以下简称《宣言》）。《宣言》第四条明确规定，“有关各方承诺根据公认的国际法原则，包括 1982 年《联合国海洋法公约》，由直接有关的主权国家通过友好磋商和谈判，以和平方式解决它们的领土和管辖权争议”。

36.《宣言》签署后，中菲两国领导人又一再确认通过对话解决争端。2004 年 9 月 3 日，时任菲律宾总统格罗丽亚·马卡帕加尔·阿罗约对中国进行国事访问，双方发表了《中华人民共和国政府和菲律宾共和国政府联合新闻公报》，“双方一致认为尽快积极落实中国与东盟于 2002 年签署的《南海各方行为宣言》有助于将南海变为合作之海”（联合新闻公报第 16 段）。

37. 2011 年 8 月 30 日至 9 月 3 日，菲律宾总统贝尼尼奥·阿基诺对中国进行国事访问。9 月 1 日，双方发表《中华人民共和国和菲律宾共和国联合声明》，“重申将通过和平对话处理争议”，并“重申尊重和遵守中国与东盟国家于 2002 年签署的《南海各方行为宣言》”（联合声明第 15 段）。《联合声明》确认了《宣言》第四条关于谈判解决有关争端的规定。

38. 中菲双边文件在提及以谈判方式解决有关争端时反复使

用了“同意”一词，确立两国之间相关义务的意图非常明显。《宣言》第四条使用了“承诺”一词，这也是协议中通常用以确定当事方义务的词语。国际法院在2007年波斯尼亚和黑塞哥维那诉塞尔维亚和黑山关于适用《防止和惩治灭种罪公约》案的判决中对“承诺”一词有以下明确的解释：“‘承诺’这个词的一般含义是给予一个正式的诺言，以约束自己或使自己受到约束，是给予一个保证或诺言来表示同意、接受某一义务。它在规定缔约国义务的条约中经常出现……它并非只被用来提倡或表示某种目标”（判决第162段）。此外，根据国际法，一项文件无论采用何种名称和形式，只要其为当事方创设了权利和义务，这种权利和义务就具有拘束力（参见1994年卡塔尔-巴林案判决第22段至第26段；2002年喀麦隆-尼日利亚案判决第258段、第262段和第263段）。

39. 上述中菲两国各项双边文件以及《宣言》的相关规定一脉相承，构成中菲两国之间的协议。两国据此承担了通过谈判方式解决有关争端的义务。

40. 中菲双边文件和《宣言》第四条反复重申以谈判方式和平解决南海争端，并且规定必须在直接有关的主权国家之间进行，显然排除了第三方争端解决程序。前述1995年8月10日《中华人民共和国和菲律宾共和国关于南海问题和其他领域合作的磋商联合声明》第三点指出“双方承诺循序渐进地进行合作，最终谈判解决双方争议”，这里的“最终”一词显然在强调“谈判”是双方唯一的争端解决方式，双方没有意向选择第三方争端解决程序。中菲双边文件和《宣言》第四条虽然没有明文使用“排除其他程序”的表述，但正如2000年南方蓝鳍金枪鱼仲裁案裁决所称：“缺少一项明示排除任何程序［的规定］不是决定性的”（裁决第57段）。如前所述，中国在涉及领土主权和海洋权利的问题上，一贯坚持由直接有关国家通过谈判的方式和平解决争端。在上述中菲双边文件和《宣言》的制订过程中，中国的这一立场始终是明确的，菲律宾及其他有关各方对此也十分清楚。

41. 因此，对于中菲在南海的争端的所有问题，包括菲律宾提出的仲裁事项，双方同意的争端解决方式只是谈判，排除了其他任何方式。

42. 即使菲律宾提出的仲裁事项涉及《公约》的解释或适用问题，在中菲之间已就通过谈判方式解决有关争端达成协议的情况下，《公约》第十五部分第二节的强制争端解决程序也不适用。

43. 《公约》第二百八十条规定："本公约的任何规定均不损害任何缔约国于任何时候协议用自行选择的任何和平方法解决它们之间有关本公约的解释或适用的争端的权利。"《公约》第二百八十一条第一款规定："作为有关本公约的解释或适用的争端各方的缔约各国，如已协议用自行选择的和平方法来谋求解决争端，则只有在诉诸这种方法而仍未得到解决以及争端各方间的协议并不排除任何其他程序的情形下，才适用本部分所规定的程序。"

44. 如前分析，中菲两国已通过双边、多边协议选择通过谈判方式解决有关争端，没有为谈判设定任何期限，而且排除适用任何其他程序。在此情形下，根据《公约》上述条款的规定，有关争端显然应当通过谈判方式来解决，而不得诉诸仲裁等强制争端解决程序。

45. 菲律宾声称，1995 年之后中菲两国就菲律宾仲裁请求中提及的事项多次交换意见，但未能解决争端；菲律宾有正当理由认为继续谈判已无意义，因而有权提起仲裁。事实上，迄今为止，中菲两国从未就菲律宾所提仲裁事项进行过谈判。

46. 根据国际法，一般性的、不以争端解决为目的的交换意见不构成谈判。2011 年国际法院在格鲁吉亚–俄罗斯联邦案的判决中表示，“谈判不仅是双方法律意见或利益的直接对抗，或一系列的指责和反驳，或对立主张的交换”，“谈判……至少要求争端一方有与对方讨论以期解决争端的真诚的努力”（判决第 157 段），且“谈判的实质问题必须与争端的实质问题相关，后者还必须与相关条约下的义务相关”（判决第 161 段）。

47. 南海问题涉及多个国家，其解决绝非易事。有关各方至今仍在为最终谈判解决南海问题创造条件。在此背景下，中菲之间就有关争端交换意见，主要是应对在争议地区出现的突发事件，围绕防止冲突、减少摩擦、稳定局势、促进合作的措施而进行的。即使按照菲律宾列举的证据，这些交换意见也远未构成谈判。

48. 近年来，中国多次向菲律宾提出建立“中菲海上问题定期磋商机制”的建议，但一直未获菲律宾答复。2011 年 9 月 1 日，双方发表《中华人民共和国和菲律宾共和国联合声明》，双方再次承诺通过谈判解决南海争端。然而未待谈判正式开始，菲律宾却于 2012 年 4 月 10 日动用军舰进入中国黄岩岛海域抓扣中国的渔船和渔民。对于菲律宾的挑衅性行动，中国被迫采取了维护主权的反制措施。此后，中国再次向菲律宾建议重启中菲建立信任措施磋商机制，仍未得到菲律宾回应。2012 年 4 月 26 日，菲律宾外交部照会中国驻菲律宾大使馆，提出要将黄岩岛问题提交第三方司法机构，没有表达任何谈判的意愿。2013 年 1 月 22 日，菲律宾即单方面提起了强制仲裁程序。

49. 中菲此前围绕南海问题所进行的交换意见，也并非针对菲律宾所提的仲裁事项。例如，菲律宾援引 1997 年 5 月 22 日中国外交部关于黄岩岛问题的声明，以证明中菲之间就黄岩岛的海洋权利问题存在争端并已交换意见；但菲律宾故意没有援引的是，中国外交部在声明中明确指出："黄岩岛的问题是领土主权问题，专属经济区的开发和利用是海洋管辖权问题，两者的性质和所适用的法律规则都截然不同，不能混为一谈。菲方试图以海洋管辖权侵犯中国领土主权的企图是完全站不住脚的。"这一声明的含义是，菲律宾不得借口黄岩岛位于其主张的专属经济区范围内，否定中国对该岛的领土主权。可见，上述交换意见的核心是主权问题。

50. 还需注意的是，菲律宾试图说明中菲两国自 1995 年起交换意见的事项是关于《公约》解释或适用的问题，但这是不符合事实的。历史上，菲律宾于 1961 年 6 月 17 日颁布第 3046 号共和国法案，将位于菲律宾群岛最外缘各岛以外、由 1898 年美西《巴黎条约》等国际条约所确定的菲律宾边界线以内的广阔水域纳入菲律宾领海，领海的宽度大大超过 12 海里。菲律宾于 1978 年 6 月 11 日颁布第 1596 号总统令，对所谓"卡拉延岛群"（即中国南沙群岛部分岛礁）及其周边大范围的海域、海床、底土、大陆边及其上空主张主权。菲律宾自己也承认，直到 2009 年 3 月 10 日通过的第 9522 号共和国法令，菲律宾才开始使其国内法与《公约》相协调，以期完全放弃与《公约》不符的海洋权利主张。该法令首次规定，"卡拉延岛群"（即中国南沙群岛部分岛礁）和"斯卡伯勒礁"（即中国黄岩岛）的海洋区域将与《公约》第一百二十一条（即"岛屿制度"）保持一致。既然菲律宾自己都认为，其直到 2009 年才开始放弃以往与《公约》不符的海洋权利主张，那么何谈中菲两国自 1995 年起已就与本仲裁案有关的《公约》解释或适用的问题交换意见。

51. 菲律宾声称，由于中国自己已严重违反了《宣言》的规定，所以无权援引《宣言》第四条来排除仲裁庭对本案的管辖权。上述说法严重违背事实。菲律宾指责中国采取包括威胁使用武力的行动驱离在黄岩岛海域长期、持续作业的菲律宾渔民，以及中国阻止菲律宾对在仁爱礁坐滩的军舰和人员进行补给，试图说明中国违反了《宣言》的规定。但事实是，在黄岩岛问题上，菲律宾首先采取威胁使用武力的手段，于 2012 年 4 月 10 日非法派出军舰在黄岩岛海域强行扣留、逮捕中国渔船和渔民。在仁爱礁问题上，菲律宾一艘军舰于 1999 年 5 月以所谓“技术故障”为借口，在中国南沙群岛的仁爱礁非法坐滩。中国多次向菲律宾提出交涉，要求菲律宾立即拖走该舰。菲律宾也曾多次向中国明确承诺拖走因“技术故障”坐滩的军舰。然而 15 年来，菲律宾不仅违背此前承诺，拒不拖走有关军舰，反而试图在该礁上修建固定设施。2014 年 3 月 14 日，菲律宾还公开宣称其在 1999 年是将该军舰作为永久设施部署在仁爱礁。针对菲律宾的上述挑衅行为，中国被迫采取了必要的措施。因此，菲律宾对中国的指责是毫无道理的。

52. 菲律宾一方面为支持其提起的仲裁而否认《宣言》第四条的效力，另一方面，却又在 2014 年 8 月 1 日外交部声明中提出解决南海问题的倡议，要求各方遵守《宣言》第五条的规定，并且“全面、有效执行《宣言》”。菲律宾对《宣言》所采取的这种自相矛盾、出尔反尔的做法，明显违反国际法上的诚信原则。

53. 诚信原则要求各国对相互达成的协议作出诚实的解释，不得为了获取不正当的利益，而对协议作出违反原意的曲解。诚信原则至关重要，它体现在《联合国宪章》第二条第二款中，涉及国际法的各个方面（参见罗伯特·詹宁斯和亚瑟·瓦茨 1992 年所编《奥本海国际法》第 9 版第一卷第 38 页）。国际法院在 1974 年澳大利亚–法国核试验案的判决中指出，“指导制订和履行国际义务的基本原则之一就是诚信原则，无论这种义务是基于什么渊源，信任与信心是国际合作的根本”（判决第 46 段）。

54. 中国愿借此机会强调，《宣言》是中国与东盟国家经过多年耐心的谈判，在相互尊重、互谅互让的基础上达成的重要文件。在《宣言》中，有关各方承诺由直接有关的主权国家通过友好磋商和谈判解决它们的领土和管辖权争议；各方重申以《联合国宪章》宗旨和原则、1982 年《公约》、《东南亚友好合作条约》、和平共处五项原则以及其它公认的国际法原则作为处理国家间关系的基本准则；各方承诺根据上述原则，在平等和相互尊重的基础上，探讨建立信任的途径；各方重申尊重并承诺包括 1982 年《公约》在内的公认的国际法原则所规定的在南海的航行及飞越自由；各方承诺保持自我克制，不采取使争议复杂化、扩大化和影响和平与稳定的行动，包括不在现无人居住的岛、礁、滩、沙或其他自然构造上采取居住的行动，并以建设性的方式处理它们的分歧。此外，《宣言》还详细列出有关各方在和平解决它们的领土和管辖权争议之前，建立相互信任的途径和开展合作的领域。作为落实《宣言》的后续行动，各方承诺将磋商制定“南海行为准则”。

55.《宣言》对稳定南海局势、促进中国与东盟国家的海上合作和增信释疑起到了积极作用。《宣言》每项条款均构成该文件不可分割的组成部分。否定《宣言》的作用，将导致中国和东盟国家南海合作关系的严重倒退。

56. 菲律宾作为东盟成员，参与了《宣言》的整个磋商过程，应当十分清楚《宣言》对通过谈判和平解决南海问题的重要性。目前，中国和包括菲律宾在内的东盟国家已建立工作机制积极落实《宣言》，并就“南海行为准则”展开磋商，维护南海局势的稳定，为南海问题的最终和平解决创造条件。菲律宾现在提起强制仲裁程序，与中国和东盟国家的共同愿望和努力背道而驰，其目的并非像菲律宾所标榜的那样寻求和平解决南海问题，而是试图通过仲裁向中国施加政治压力，以通过对《公约》的所谓“解释或适用”来达到否定中国在南海的合法权利，并按其单方面主张和意愿解决南海问题的目的。对此，中国当然不能接受。

四、即使菲律宾提出的仲裁事项涉及有关《公约》解释或适用的问题，也构成海域划界不可分割的组成部分，已被中国2006年声明所排除，不得提交仲裁

57.《公约》第十五部分确认了缔约国可以书面声明就特定事项排除适用该部分第二节规定的强制争端解决程序。中国2006年作出此类声明，符合《公约》有关规定。

58. 2006年8月25日，中国根据《公约》第二百九十八条的规定向联合国秘书长提交声明。该声明称：“关于《公约》第二百九十八条第1款（a）、（b）和（c）项所述的任何争端，中华人民共和国政府不接受《公约》第十五部分第二节规定的任何程序”。也就是说，对于涉及海域划界、历史性海湾或所有权、军事和执法活动以及安理会执行《联合国宪章》所赋予的职务等争端，中国政府不接受《公约》第十五部分第二节下的任何强制争端解决程序，包括强制仲裁。中国坚信，直接有关的主权国家进行友好磋商和谈判，是和平解决中国与周边邻国间的海洋争端最有效的方式。

59. 中国与菲律宾是海上邻国，两国属于《公约》第七十四条和第八十三条所指的“海岸相向或相邻的国家”，两国之间

存在海域划界问题。由于中菲有关岛礁领土争端悬而未决，两国尚未进行海域划界谈判，但已开展合作为最终划界创造条件。

60. 2004 年 9 月 3 日，中菲双方发表《中华人民共和国政府和菲律宾共和国政府联合新闻公报》，指出“双方重申将继续致力于维护南海地区的和平与稳定。在尚未全面并最终解决南海地区的领土和海洋权益争端前，双方将继续探讨共同开发等合作”（联合新闻公报第 16 段）。

61. 上述联合声明发表的前两天，经中菲两国政府批准并在两国元首的见证下，中国海洋石油总公司与菲律宾国家石油公司签署《南中国海部分海域联合海洋地震工作协议》。该协议于 2005 年 3 月 14 日扩大为中国、菲律宾、越南三方之间的协议。这是有关国家加强合作，为谈判解决南海争端创造条件的有益尝试。该协议适用范围就在菲律宾此次提起仲裁所涉海域之内。

62. 2005 年 4 月 28 日，时任中国国家主席胡锦涛对菲律宾进行国事访问期间，双方发表《中华人民共和国和菲律宾共和国联合声明》，“同意继续致力于维护南海地区的和平与稳定”，“对中国海洋石油总公司、越南油气总公司和菲律宾国家石油公司签订《南中国海协议区三方联合海洋地震工作协议》表示欢迎”（联合声明第 16 段）。

63. 2007 年 1 月 16 日，时任中国国务院总理温家宝对菲律宾进行正式访问期间，双方发表《中华人民共和国和菲律宾共和国联合声明》，再次表示，“南海三方联合海洋地震工作可以成为本地区合作的一个示范。双方同意，可以探讨将下一阶段的三方合作提升到更高水平，以加强本地区建立互信的良好势头”（联合声明第 12 段）。

64. 可见，中菲之间对于通过合作促进海域划界问题的最终解决已有共识。鉴于中国 2006 年作出的声明，菲律宾不得单方面将海域划界问题提交仲裁。

65. 为了掩盖中菲海域划界争端的实质，绕过中国2006年声明，菲律宾将海域划界争端拆分，抽取其中几个事项作为孤立的问题提交仲裁，要求仲裁庭分别进行所谓的“法律解释”。

66. 不难看出，菲律宾提出的各项仲裁事项，包括海洋权利主张、岛礁性质和海洋权利范围，以及海上执法活动等等，均是国际司法或仲裁机构在以往海域划界案中所审理的主要问题，也是国家间海域划界实践中需要处理的问题。这些问题属于海域划界不可分割的组成部分。

67. 海域划界是一项整体、系统工程。《公约》第七十四条和第八十三条规定，海岸相向或相邻国家间的海域划界问题，“应在《国际法院规约》第三十八条所指国际法的基础上以协议划定，以便得到公平解决”。国际司法判例和国家实践均确认，为使海域划界取得公平的结果，必须考虑所有相关因素。基于上述，适用于海域划界的国际法，既包括《公约》，也包括一般国际法。海域划界既涉及权利基础、岛礁效力等问题，也涉及划界原则和方法，以及为实现公平解决所必须考虑的所有相关因素。

68. 菲律宾提出的仲裁事项构成中菲海域划界不可分割的组成部分，只能在中菲海域划界的框架下，与有关当事方基于《公约》、一般国际法和长期历史实践所享有的相关权利和利益结合起来，予以综合考虑。菲律宾将中菲海域划界问题拆分并将其中的部分问题提交仲裁，势必破坏海域划界问题的整体性和不可分割性，违背海域划界应以《国际法院规约》第三十八条所指国际法为基础以及必须“考虑所有相关因素”的原则，将直接影响今后中菲海域划界问题的公平解决。

69. 菲律宾表面上不要求进行划界，但却请求仲裁庭裁定部分岛礁是菲律宾专属经济区和大陆架的一部分，裁定中国非法干涉菲律宾对其专属经济区和大陆架享有和行使主权权利，等等。上述仲裁请求显然是要求仲裁庭确认相关海域属于菲律宾的专属经济区和大陆架，菲律宾在该海域有权行使主权权利和管辖权，这实际上是在变相地要求仲裁庭进行海域划界。菲律宾提出的各项仲裁事项，实际上已涵盖了海域划界的主要步骤和主要问题，如果仲裁庭实质审议菲律宾的各项具体主张，就等于是间接地进行了海域划界。

70. 缔约国根据《公约》第二百九十八条作出的排除性声明理应受到尊重，菲律宾试图绕过中国排除性声明提起强制仲裁的做法是滥用《公约》规定的争端解决程序。

71. 中国 2006 年排除性声明一经作出即应自动适用，其效力是，根据《公约》第二百九十九条的规定，未经中方同意，其他国家不得针对中国就相关争端单方面提交强制争端解决程序。同时，中国也放弃了就同类争端针对其他国家单方面提起强制争端解决程序的权利，体现了权利与义务的对等。

72. 菲律宾辩称，中国作为《公约》的缔约国，按照《公约》第二百八十七条的规定，未在该条所列的四种强制争端解决程序中作出选择，应被视为已接受强制仲裁程序。这种观点是有意误导。中国 2006 年声明的目的和效果就是对于特定事项完全排除适用强制争端解决程序。无论中国对《公约》第二百八十七条所列的四种强制争端解决程序是否作出选择，只要是属于中国 2006 年声明所涵盖的争端，中国就已经明确排除了适用《公约》第十五部分第二节下的任何强制争端解决程序包括强制仲裁的可能性。

73. 尽管菲律宾认为其所提仲裁事项不属于中方 2006 年声明所涵盖的争端，但在中国对此持不同看法的情况下，菲律宾应先行与中国解决该问题，然后才能决定能否提交仲裁。如果按照菲律宾的逻辑，任何国家只要单方面声称有关争端不是另一国排除性声明所排除的争端，即可单方面启动强制仲裁程序，那么《公约》第二百九十九条的规定就变得毫无意义。

74. 自《公约》生效以来，本案是第一例在一国已作出排除性声明的情况下，另一国针对该声明所涵盖的争端单方面启动强制仲裁程序的案件。如果菲律宾这种“设计”的争端被认为可以满足强制仲裁管辖权的条件，那么可以设想，第二百九十八条所列的任何争端均可以按照菲律宾的方法与《公约》某些条款的解释或适用问题联系起来，都可以提起第十五部分第二节的强制争端解决程序。若可以如此适用《公约》，那么，《公约》第二百九十八条还有何价值？目前35个国家所作出的排除性声明还有何意义？中国认为，菲律宾单方面提起仲裁，是在滥用《公约》规定的强制争端解决程序，对《公约》争端解决机制的严肃性构成严重的挑战。

75. 综上所述，即使菲律宾提请仲裁的事项涉及有关《公约》的解释或适用的问题，也是海域划界争端不可分割的组成部分，已被中国2006年声明所排除，菲律宾不得就此提起强制仲裁程序。

五、中国自主选择争端解决方式的权利应得到充分尊重，中国不接受、不参与菲律宾提起的仲裁具有充分的国际法依据

76. 根据国际法，各国享有自主选择争端解决方式的权利。任何国际司法或仲裁机构针对国家间争端行使管辖权必须以当事国的同意为基础，即“国家同意原则”。基于这一原则，出席第三次联合国海洋法会议的各国代表经过长期艰苦的谈判，作

为一揽子协议，达成了《公约》第十五部分有关争端解决机制的规定。

77. 《公约》第十五部分规定的强制争端解决程序只适用于有关《公约》解释或适用的争端；缔约国有权自行选择第十五部分规定以外的其他争端解决方式；《公约》第二百九十七条和第二百九十八条还针对特定种类的争端规定了适用强制争端解决程序的限制和例外。

78. 《公约》第十五部分这种平衡的规定，也是许多国家决定是否成为《公约》缔约国时的重要考虑因素。在 1974 年第三次联合国海洋法会议第二期会议上，萨尔瓦多大使雷纳多·佳林多·波尔在介绍关于《公约》争端解决的第一份草案时强调，有必要将直接涉及国家领土完整的问题作为强制管辖的例外。否则，许多国家可能不会批准甚至不会签署《公约》（参见沙巴泰·罗森和路易斯·索恩 1989 年所编《1982 年〈联合国海洋法公约〉评注》第 5 卷第 88 页第 297. 1 段）。因此，在解释和适用《公约》第十五部分的规定时，必须维护该部分的平衡和完整。

79. 中国重视《公约》强制争端解决程序在维护国际海洋法律秩序方面的积极作用。中国作为《公约》缔约国，接受了《公约》第十五部分第二节有关强制争端解决程序的规定。但是，中国接受该规定的适用范围不包括领土主权争端，不包括中国与其他缔约国同意以自行选择的方式加以解决的争端，也不包括《公约》第二百九十七条和中国 2006 年根据《公约》第二百九十八条所作声明排除的所有争端。对于菲律宾所提仲裁事项，中国从未接受《公约》第十五部分第二节规定的任何强制争端解决程序。

80. 根据国家主权原则，争端当事国可自行选择争端解决方式，《公约》对此予以确认。《公约》第二百八十条规定："本公约的任何规定均不损害任何缔约国于任何时候协议用自行选择的任何和平方法解决它们之间有关本公约的解释或适用的争端的权利。"

81. 当事国自行选择的争端解决方式优先于《公约》第十五部分第二节规定的强制争端解决程序。《公约》第十五部分第一节的第二百八十一条第一款规定："作为有关本公约的解释或适用的争端各方的缔约各国，如已协议用自行选择的和平方法来谋求解决争端，则只有在诉诸这种方法而仍未得到解决以及争端各方间的协议并不排除任何其他程序的情形下，才适用本部分所规定的程序。"《公约》第二百八十六条也规定："在第三节限制下，有关本公约的解释或适用的任何争端，如已诉诸第一节而仍未得到解决，经争端任何一方请求，应提交根据本节具有管辖权的法院或法庭。"可见，只要当事方已经自行选择争端解决方式并且排除其他任何程序，《公约》规定的强制争端解决程序就完全不适用。

82. 缔约国自行选择争端解决方式的优先性和重要性在2000年南方蓝鳍金枪鱼仲裁案裁决中得到了进一步肯定。仲裁庭指出，"《公约》远未建立一个真正全面的、有拘束力的强制管辖制度"（裁决第62段），"《公约》第二百八十一条第一款允许缔约国将第十五部分第二节强制程序的适用限定在所有当事方均同意提交的案件"（裁决第62段）。如果第十五部分第一节的规定不能得到有效遵守，就会实质上剥夺缔约国基于国家主权自行选择争端解决方式的权利，从而违反国家同意原则，破坏《公约》第十五部分的平衡和完整。

83. 相关司法或仲裁机构在行使确定自身管辖权方面的权力时，也必须充分尊重缔约国自行选择争端解决方式的权利。《公约》第二百八十八条第四款规定："对于法院或法庭是否具有管辖权如果发生争端，这一问题应由该法院或法庭以裁定解决。"中国尊重相关司法或仲裁机构根据《公约》所享有的上述权力，但同时强调，相关司法或仲裁机构在行使其权力时不应损害缔约国自行选择争端解决方式的权利，不应损害国际司法或仲裁必须遵循的国家同意原则。中国认为，这是仲裁庭在适用第二百八十八条第四款的规定确定自身管辖权时所必须受到的限制。总而言之，"争端当事方是争端解决程序完全的主人"（沙巴泰·罗森和路易斯·索恩 1989 年所编《1982 年〈联合国海洋法公约〉评注》第 5 卷第 20 页第 280. 1 段）。

84. 中国尊重所有缔约国依据《公约》的规定适用强制争端解决程序的权利。同时，需要强调的是，《公约》第三百条规定："缔约国应诚意履行根据本公约承担的义务，并应以不致构成滥用权利的方式，行使本公约所承认的权利、管辖权和自由。"菲律宾明知其所提出的仲裁事项本质上是岛礁领土主权问题，明知中国从未同意就有关争端接受强制争端解决程序，明知中菲之间存在关于通过谈判方式解决有关争端的协议，还要单方面提起强制仲裁，违反了《公约》的相关规定，无助于争端的和平解决。

85. 鉴于上述，并基于仲裁庭对本案显然不具有管辖权，中国政府决定不接受、不参与仲裁程序，以捍卫中国自主选择争端解决方式的主权权利，确保中国依据《公约》于 2006 年作出的排除性声明起到应有的效力，维护《公约》第十五部分的完整性以及国际海洋法律制度的权威性和严肃性。中国的这一立场不会改变。

六、结论

86. 中国认为，仲裁庭对于菲律宾单方面就中菲在南海的争端提起的强制仲裁明显没有管辖权。

第一，菲律宾提请仲裁事项的实质是南海部分岛礁的领土主权问题，超出《公约》的调整范围，不涉及《公约》的解释或适用；

第二，以谈判方式解决在南海的争端是中菲两国通过双边文件和《宣言》所达成的协议，菲律宾单方面将中菲有关争端提交强制仲裁违反国际法；

第三，即使菲律宾提出的仲裁事项涉及有关《公约》解释或适用的问题，也构成中菲两国海域划界不可分割的组成部分，而中国已经根据《公约》的规定于 2006 年作出声明，将涉及海域划界等事项的争端排除适用仲裁等强制争端解决程序；

第四，中国从未就菲律宾提出的仲裁事项接受过《公约》规定的强制争端解决程序；仲裁庭应充分尊重缔约国自行选择争端解决方式的权利，在《公约》规定的限度内行使其确定管辖权方面的权力；菲律宾提起仲裁是对《公约》强制争端解决程序的滥用。中国不接受、不参与该仲裁具有充分的国际法依据。

87. 中国一贯奉行睦邻友好政策，主张在和平共处五项原则基础上，通过平等协商，公平合理地解决领土争端和海域划界问题。中国认为，谈判始终是国际法认可的和平解决国际争端最直接、最有效和最普遍的方式。

88. 经过长期的外交努力和谈判，中国与 14 个陆地邻国中的 12 个国家妥善解决了边界问题，划定和勘定的边界线长度达两万公里，占中国陆地边界总长度的 90%。在海上，2000 年 12

月 25 日中国与越南通过谈判签订了《中华人民共和国和越南社会主义共和国关于两国在北部湾领海、专属经济区和大陆架的划界协定》，划定了两国在北部湾的海上边界。中国还于 1997 年 11 月 11 日与日本签署了《中华人民共和国和日本国渔业协定》，2000 年 8 月 3 日与韩国签署了《中华人民共和国政府和大韩民国政府渔业协定》，2005 年 12 月 24 日与朝鲜签署了《中华人民共和国政府和朝鲜民主主义人民共和国政府关于海上共同开发石油的协定》，作为海域划界前的临时性安排。

89. 事实证明，只要相关国家秉持善意，在平等互利基础上进行友好协商谈判，就可以妥善地解决领土争端和海域划界问题。对于中国与菲律宾之间的有关争端，中国也坚持同样的原则和立场。

90. 中国不认为在当事方同意的基础上将争端提交仲裁是不友好的行为。但是，在涉及领土主权和海洋权利的问题上，明知他国已明确表示不接受仲裁，明知双方已承诺通过双边直接谈判解决争端，还要强行将争端诉诸仲裁，就不能被认为是友善的行为，更不能被认为是坚持法治的精神，因为这与国际法的基本原则背道而驰，违反国际关系基本准则。这种做法不仅不可能使两国争端得到妥善解决，反而会进一步损害两国之间的互信，使两国之间的问题进一步复杂化。

91. 近年来，菲律宾在黄岩岛和仁爱礁等问题上不断采取新的挑衅行动，不仅严重损害了中菲之间的政治互信，也破坏了中国与东盟国家共同落实《宣言》、磋商制订“南海行为准则”的良好氛围。事实上，过去几年来，在东南亚地区，不是菲律宾所描绘的“中国变得更强势”，而是菲律宾自己变得更具挑衅性。

92. 南海问题涉及多个国家，加上各种复杂的历史背景和敏感的政治因素，需要各方的耐心和政治智慧才能实现最终解决。中国坚持认为，有关各方应当在尊重历史事实和国际法的基础上，通过协商和谈判寻求妥善的解决办法。在有关问题得到彻底解决之前，各方应当开展对话，寻求合作，维护南海的和平与稳定，不断增信释疑，为问题的最终解决创造条件。

93. 菲律宾单方面提起仲裁的做法，不会改变中国对南海诸岛及其附近海域拥有主权的历史和事实，不会动摇中国维护主权和海洋权益的决心和意志，不会影响中国通过直接谈判解决有关争议以及与本地区国家共同维护南海和平稳定的政策和立场。[1]

---

〔1〕 中华人民共和国外交部网站：https://www.fmprc.gov.cn/web/ziliao_674904/tytj_674911/zcwj_674915/t1217143.shtml，访问日期：2019年9月16日。

附录二

中华人民共和国外交部关于应菲律宾共和国请求建立的南海仲裁案仲裁庭关于管辖权和可受理性问题裁决的声明

（2015 年 10 月 30 日）

应菲律宾共和国单方面请求建立的南海仲裁案仲裁庭（以下简称“仲裁庭”）于 2015 年 10 月 29 日就管辖权和可受理性问题作出的裁决是无效的，对中方没有拘束力。

一、中国对南海诸岛及其附近海域拥有无可争辩的主权。中国在南海的主权和相关权利是在长期的历史过程中形成的，为历届中国政府长期坚持，为中国国内法多次确认，受包括《联合国海洋法公约》在内的国际法保护。在领土主权和海洋权益问题上，中国不接受任何强加于中国的方案，不接受单方面诉诸第三方的争端解决办法。

二、菲律宾滥用《公约》强制争端解决机制，单方面提起并执意推动南海仲裁，是披着法律外衣的政治挑衅，其实质不是为了解决争端，而是妄图否定中国在南海的领土主权和海洋权益。在 2014 年 12 月 7 日中国外交部受权发表的《中华人民共和国政府关于菲律宾共和国所提南海仲裁案管辖权问题的立场文件》中，中国政府已指出仲裁庭对菲律宾所提出的仲裁明显没有管辖权，并阐明了中国不接受、不参与仲裁案的法理依据。这一立场是清晰的、明确的，不会改变。

三、作为主权国家和《联合国海洋法公约》的缔约国，中国享有自主选择争端解决方式和程序的权利。中国始终坚持通过谈判和协商解决与邻国间的领土争端和海洋管辖权争端。上世纪 90 年代以来，中国和菲律宾多次在双边文件中确认通过谈判和协商解决双方之间的有关争端。《南海各方行为宣言》明确规定，由直接有关的主权国家通过友好磋商和谈判，以和平方式解决它们的领土和管辖权争端。这一系列文件表明，中国与菲律宾早已选择通过谈判和协商解决双方在南海的争端。菲律宾违背这一共识，损害国家之间互信的基础。

四、菲律宾和仲裁庭无视仲裁案的实质是领土主权和海洋划界及其相关问题，恶意规避中国于 2006 年根据《公约》第 298 条有关规定作出的排除性声明，否定中菲双方通过谈判和协商解决争端的共识，滥用程序，强行推进仲裁，严重侵犯中国作为《公约》缔约国的合法权利，完全背离了《公约》的宗旨和目的，损害了《公约》的完整性和权威性。作为《公约》缔约国，中国坚决反对滥用《公约》强制争端解决机制的行径，呼吁各方共同努力，维护《公约》的完整性和权威性。

五、菲律宾企图通过仲裁否定中国在南海的领土主权和海洋权益，不会有任何效果。中国敦促菲律宾遵守自己的承诺，尊重中国依据国际法享有的权利，改弦易辙，回到通过谈判和协商解决南海有关争端的正确道路上来。[1]

---

〔1〕 中华人民共和国中央政府门户网站：http://www.gov.cn/xinwen/2015-10/30/content_2956426，htm，访问日期：2019 年 7 月 24 日。

附录三

中华人民共和国外交部关于应菲律宾共和国请求建立的南海仲裁案仲裁庭所作裁决的声明

（2016 年 7 月 12 日）

关于应菲律宾共和国单方面请求建立的南海仲裁案仲裁庭（以下简称“仲裁庭”）于 2016 年 7 月 12 日作出的裁决，中华人民共和国外交部郑重声明，该裁决是无效的，没有拘束力，中国不接受、不承认。

一、2013 年 1 月 22 日，菲律宾共和国时任政府单方面就中菲在南海的有关争议提起仲裁。2013 年 2 月 19 日，中国政府郑重宣布不接受、不参与菲律宾提起的仲裁，此后多次重申此立场。2014 年 12 月 7 日，中国政府发表《中华人民共和国政府关于菲律宾共和国所提南海仲裁案管辖权问题的立场文件》，指出菲律宾提起仲裁违背中菲协议，违背《联合国海洋法公约》（以下简称《公约》），违背国际仲裁一般实践，仲裁庭不具有管辖权。2015 年 10 月 29 日，仲裁庭作出管辖权和可受理性问题的裁决。中国政府当即声明该裁决是无效的，没有拘束力。中国上述立场是明确的、一贯的。

二、菲律宾单方面提起仲裁，目的是恶意的，不是为了解决与中国的争议，也不是为了维护南海的和平与稳定，而是为了否定中国在南海的领土主权和海洋权益。菲律宾提起仲裁的行为违反国际法。一是菲律宾提起仲裁事项的实质是南沙群岛部分岛礁的领土主权问题，有关事项也必然涉及中菲海洋划界，与之不可分割。在明知领土问题不属于《公约》调整范围，海洋划界争议已被中国2006年有关声明排除的情况下，菲律宾将有关争议刻意包装成单纯的《公约》解释或适用问题。二是菲律宾单方面提起仲裁，侵犯中国作为《公约》缔约国享有的自主选择争端解决程序和方式的权利。中国早在2006年即根据《公约》第298条将涉及海洋划界、历史性海湾或所有权、军事和执法活动等方面的争端排除出《公约》强制争端解决程序。三是菲律宾单方面提起仲裁，违反中菲两国达成并多年来一再确认的通过谈判解决南海有关争议的双边协议。四是菲律宾单方面提起仲裁，违反中国与包括菲律宾在内的东盟国家在2002年《南海各方行为宣言》（以下简称《宣言》）中作出的由直接有关当事国通过谈判解决有关争议的承诺。菲律宾单方面提起仲裁，违反了《公约》及其适用争端解决程序的规定，违反了“约定必须遵守”原则，也违反了其他国际法原则和规则。

三、仲裁庭无视菲律宾提起仲裁事项的实质是领土主权和海洋划界问题，错误解读中菲对争端解决方式的共同选择，错误解读《宣言》中有关承诺的法律效力，恶意规避中国根据《公约》第298条作出的排除性声明，有选择性地把有关岛礁从南海诸岛的宏观地理背景中剥离出来并主观想象地解释和适用《公约》，在认定事实和适用法律上存在明显错误。仲裁庭的行为及其裁决严重背离国际仲裁一般实践，完全背离《公约》促进和平解决争端的目的及宗旨，严重损害《公约》的完整性和权威性，严重侵犯中国作为主权国家和《公约》缔约国的合法权利，是不公正和不合法的。

四、中国在南海的领土主权和海洋权益在任何情况下不受仲裁裁决的影响，中国反对且不接受任何基于该仲裁裁决的主张和行动。

五、中国政府重申，在领土问题和海洋划界争议上，中国不接受任何第三方争端解决方式，不接受任何强加于中国的争端解决方案。中国政府将继续遵循《联合国宪章》确认的国际法和国际关系基本准则，包括尊重国家主权和领土完整以及和平解决争端原则，坚持与直接有关当事国在尊重历史事实的基础上，根据国际法，通过谈判协商解决南海有关争议，维护南海和平稳定。〔1〕

〔1〕 中华人民共和国外交部网站：https://www.fmprc.gov.cn/web/zyxw/t1379490.shtml，访问日期：2019年7月24日。

附录四

本书使用和提及的主要法律法规及会议文件清单

1899 年 7 月 29 日《海牙和平解决国际争端公约》(Hague Convention for the Peaceful Settlement of International Disputes)

1920 年《斯瓦尔巴德条约》(The Svalbard Treaty)

1945 年 6 月 26 日《国际法院规约》(Statute of the International Court of Justice)

1945 年 6 月 26 日《联合国宪章》(Charter of the United Nations)

1956 年 11 月 19 日《国际管制捕鲸公约》(International Convention for the Regulation of Whaling)

1958 年 2 月 24 日《公海公约》(Geneva Convention on the High Sea)

1959 年 12 月 1 日《南极条约》(The Antarctic Treaty)

1968 年 7 月 1 日《不扩散核武器公约》(Treaty on the Non-Proliferation of Nuclear Weapons)

1970 年 10 月 24 日《关于各国依联合国宪章建立友好关系及合作之国际法原则之宣言》

1974 年 3 月《赫尔辛基公约》(Helsinki Convention)

1982 年 12 月 10 日《联合国海洋法公约》(United Nations Convention on the Law of the Sea, UNCLOS)

1992 年 6 月 1 日《生物多样性公约》(Convention on Biological Diversity, CBD)

2002 年《关于获取遗传资源并公平和公正分享通过其利用所产生惠益的波恩准则》(Bonn Guidelines on Access to Genetic Resources and Fair and Equitable Sharing of the Benefits Arising out of their Utilization)

2002 年 11 月 4 日《南海各方行为宣言》(the Declaration on the Conduct of Parties in the South China Sea, DOC)

2008 年 5 月《伊鲁丽塞特宣言》(The Ilulissat Declaration)

2010 年 10 月 30 日《名古屋议定书》(Nagoya Protocol)

CBD Conference For The Parties: "Decision Adopted by The Conference of the Parties to the Convention on Biological Diversity at its Seventh Meeting", 7. Ⅶ/5, 13 Apr. 2004.

CBD Conference of The Parties: "Decision Adopted by The Conference of the Parties to the Convention on Biological Diversity at its Ninth Meeting", [COP] 9. Ⅸ/20, 9 Oct. 2008.

CBD Conference of The Parties: "Decision Adopted by The Conference of the Parties to the Convention on Biological Diversity", [COP] 13. XIII/12, 17 Dec. 2016.

CCAMLR: "Report of the Thirty-fifth Meeting of the Commission", CCAMLR-XXXV, 17-28 Oct. 2016.

Chair's streamlined non-paper on elements of a draft text of an international legally-binding instrument under the United Nations Convention on the Law of the Sea on the conservation and sustainable use of marine biological diversity of areas beyond national jurisdiction, 10-21 July 2017.

Draft text of an agreement under the United Nations Convention on the Law of the Sea on the conservation and sustainable use of marine biological diversity of areas beyond national jurisdiction, note by President, 25 June 2019 (corr.)

FAO, The State of World Fisheries and Aquaculture 2018–Meeting the sustainable development goals, Rome, FAO Working Paper, 2018.

IMO, International Maritime Organization. Resolution A. 927 (22). Guidelines for the Identification and Designation of Particularly Sensitive Sea Areas, London: IMO, 2002.

IMO, International Maritime Organization. Resolution A. 982 (24). Revised Guidelines for the Identification and Designation of Particularly Sensitive Sea Areas, London: IMO, 2006.

Northern Sea Route Administration. Regulations for Navigation on the Seaways of the Northern Sea Route, 1991.

Northern Sea Route Administration. Rules of navigation in the Northern Sea Route water area, 2013.

Prevention of Transboundary Harm from Hazardous Activities, 2001.

Protocol on Environmental Protection to the Antarctic Treaty, 23 June 1991.

The Eighth Ministerial Meeting of the Arctic Council, "Sweden Kiruna Declaration", MM08–15, Kiruna, Sweden, May 2013.

The Russian Federation Federal Law on Amendments to Specific Legislative Acts of the Russian Federation Related to Governmental Regulation of Merchant Shipping in the Water Area of the Northern Sea Route, 2012.

Written Submission of the Chinese Government on Elements of a Draft Text of an International Legally Binding Instrument under the United Nations Convention on the Law of the Sea on the Conservation and Sustainable Use of Marine Biological Diversity of Areas Beyond National Jurisdiction, 7 March 2017.

Written Submission of the EU and its Member States. Environm-ental Impact Assessments, 15 February 2017.

参考文献

Reference

中文文献

[德] 伯恩·魏德士:《法理学》，丁小春、吴越译，法律出版社 2003 年版。

[法] 孟德斯鸠:《论法的精神》(上册)，张雁深译，商务印书馆 1997 年版。

[荷] 雨果·格劳秀斯:《论海洋自由或荷兰参与东印度贸易的权利》，马忠法译，张乃根校，上海世纪出版集团 2013 年版。

[荷] 尼科·斯赫雷弗:《可持续发展在国际法中的演进：起源、涵义及地位》，汪习根、黄海滨译，社会科学文献出版社 2010 年版。

[美] 马汉:《海权论》，萧伟中、梅然译，中国言实出版社 1997 年版。

[美] 巴巴拉·劳瑎:《保护地立法指南》，王曦、卢锟、唐瑭译，法律出版社 2016 年版。

[美] 约翰·罗尔斯:《正义论》，何怀宏、何包钢、廖申白译，中国社会科学出版社 2006 年版。

[英] 马尔科姆·N. 肖:《国际法》(第 6 版)，白桂梅等译，北京大学出版社 2011 年版。

[英] 伊恩·布朗利:《国际公法原理》，曾令良等译，余敏友、曾令良审校，法律出版社 2003 年版。

[英] 詹宁斯、瓦茨修订:《奥本海国际法》(第 1 卷第 2 分册)，王铁崖等

译，中国大百科全书出版社 1998 年版。

《法理学》编写组编：《法理学》，人民出版社、高等教育出版社 2018 年版。

《国际法院判决、咨询意见和命令摘要（1948-1991）》，联合国，纽约，1993 年版。

［美］Y. 巴泽尔：《产权的经济分析》，费方域、段毅才译，上海人民出版社 1997 年版。

白佳玉、李玲玉、陈敬根："论特别敏感海域制度在南中国海环境保护中的适用"，载《中国海商法研究》2015 年第 4 期。

白佳玉："我国科考船北极航行的国际法问题研究"，载《政法论坛》2014 年第 5 期。

白洋、朱伯玉："公海渔业资源养护和利用国际法律制度研究"，载《中国人口·资源与环境》2014 年第 6 期。

《北极问题研究》编写组编：《北极问题研究》，海洋出版社 2011 年版。

北京大学法律系国际法教研室编：《海洋法资料汇编》，人民出版社 1974 年版。

曹兴国、初北平："我国涉海法律的体系化完善路径"，载《太平洋学报》2016 年第 9 期。

常黎明："我最大渔政船南海首航　宣示中国对南海主权"，载《环球时报》2009 年 3 月 11 日。

陈嘉、杨翠柏："南海生态环境保护区域合作：反思与前瞻"，载《南洋问题研究》2016 年第 2 期。

陈进贤："论日本科研捕鲸的谎言"，载《科技创业月刊》2015 年第 8 期。

陈萍萍："油污责任保险人与油污责任人责任形式研究——兼谈油污损害赔偿的立法完善"，载《全国法院学术讨论会 2003 年年会论文集》。

陈思行："公海渔业及其管理"，载《海洋渔业》1997 年第 3 期。

陈志敏："全球主义、国家路径和中国特色大国外交"，载《国际政治研究》2015 年第 4 期。

程保志："北极治理机制的构建与完善：法律与政策层面的思考"，载《国际观察》2011 年第 4 期。

崔凤、刘变叶:“关于完善我国海洋自然保护区立法的构想”,载《中国海洋大学学报(社会科学版)》2008 年第 5 期。

邓颖颖、蓝仕皇:“地中海行动计划对南海海洋保护区建设的启示”,载《学术探索》2017 年第 2 期。

邓颖颖:“21 世纪‘海上丝绸之路’背景下南海海洋保护区建设探析”,载《学术论坛》2016 年第 7 期。

段厚省:“海洋环境公益诉讼四题初探——从浦东环保局诉密斯姆公司等船舶污染损害赔偿案谈起”,载《东方法学》2016 年第 5 期。

傅崐成、崔浩然:“南海 U 形线的法律性质与历史性权利的内涵”,载《厦门大学学报(哲学社会科学版)》2019 年第 4 期。

傅崐成:“对‘南海仲裁案’的反思:中国如何为国际法治做出贡献”,载《中国法学》2016 年第 5 期。

傅崐成:“南海和平社区建设的概念与途径:尊重历史与国际法”,载《中华海洋法学评论》2019 年第 1 期。

甘露:“南极主权问题及其国际法依据探析”,载《复旦学报(社会科学版)》2011 年第 4 期。

高健军:“国际海底区域内活动的担保国的赔偿责任”,载《国际安全研究》2013 年第 5 期。

高圣惕:“论中菲南海仲裁案的不可受理性、仲裁庭裁决的无效性及仲裁庭无管辖权的问题——特别针对菲国在 2015 年 7 月 7–13 日听证会上提出的法律主张”,载《中国海洋法学评论》2015 年第 2 期。

葛勇平、苏铭煜:“南海环境共同保护的困境和出路”,载《生态经济》2019 年第 5 期。

葛勇平、许蓉蓉:“特别敏感海域制度在中国的适用性研究”,载《生态经济》2018 年第 9 期。

葛勇平:“‘人类共同遗产’原则与北极治理的法律路径”,载《社会科学辑刊》2018 年第 5 期。

葛勇平:“论‘人类共同遗产’原则与相关原则的关系”,载《河北法学》2007 年第 11 期。

葛勇平:“南沙群岛主权争端及中国对策分析”,载《太平洋学报》2009 年第 9 期。

葛勇平编著:《国际关系理论与实践》,哈尔滨工业大学出版社 2014 年版。

公丕祥主编:《法理学》,复旦大学出版社 2002 年版。

龚迎春:“专属经济区内的管辖权问题研究——特别区域、冰封区域和特别敏感海域”,载《中国海洋法学评论》2009 年第 2 期。

管建强:“‘南海仲裁案’后续法律应对的关键问题研究”,载《中国法学》2016 年第 5 期。

管建强:“美国无权擅自在中国专属经济区从事‘军事测量’——评‘中美南海摩擦事件’”,载《法学》2009 年第 4 期。

管松:“南海建立特别敏感海域问题研究”,载《中国海洋法学评论》2012 年第 2 期。

桂静等:“国际现有公海保护区及其管理机制概览”,载《环境与可持续发展》2013 年第 5 期。

桂静:“韩国北极综合政策及其实施评析”,载《当代韩国》2014 年第 2 期。

郭红岩:“论西北航道的通行制度”,载《中国政法大学学报》2015 年第 6 期。

郭培清、管清蕾:“北方海航道政治与法律问题探析”,载《中国海洋大学学报(社会科学版)》2009 年第 4 期。

郭培清、管清蕾:“探析俄罗斯对北方海航道的控制问题”,载《中国海洋大学学报(社会科学版)》2010 年第 2 期。

郭培清、卢瑶:“北极治理模式的国际探讨及北极治理实践的新发展”,载《国际观察》2015 年第 5 期。

郭培清等:《北极航道的国际问题研究》,海洋出版社 2009 年版。

郭真、陈万平:“中国在北极的海洋权益及其维护——基于《联合国海洋法公约》的分析”,载《军队政工理论研究》2014 年第 1 期。

国家海洋局海洋发展战略研究所课题组:《中国海洋发展报告(2014)》,海洋出版社 2014 年版。

韩逸畴:“论联合国与北极地区之国际法治理”,载《中国海洋大学学报(社会科学版)》2011 年第 2 期。

何兰："中国的海洋权益及其维护"，载《思想理论教育导刊》2010 年第 10 期。
何志鹏："在国家管辖外海域推进海洋保护区的制度反思与发展前瞻"，载《社会科学》2016 年第 5 期。
洪农："南海争端解决：南海仲裁案的法律解读及政治意义"，载《外交评论（外交学院学报）》2016 年第 3 期。
洪荣标、郑冬梅：《海洋保护区生态补偿机制理论与实证研究》，海洋出版社 2010 年版。
侯芳："分割的海洋：海洋渔业资源保护的悲剧"，载《资源开发与市场》2019 年第 2 期。
胡德坤、邓肖亭："20 世纪初期北极地区领土争端及其解决"，《武汉大学学报（人文科学版）》2011 年第 1 期。
黄惠康：《中国特色大国外交与国际法》，法律出版社 2019 年版。
黄惠康："国际海洋法前沿值得关注的十大问题"，载《边界与海洋研究》2019 年第 1 期。
黄瑶、胡长顺："国家管辖范围外区域海洋遗传资源的管理原则及措施"，载《中国国际法学会 2016 年学术年会论文集》。
黄异、周怡良："人类共同遗产原则的性质及其在区域制度中的落实新论：一个自然法的观点"，载《中国地质大学学报（社会科学版）》2015 年第 3 期。
黄志雄："北极问题的国际法分析和思考"，载《国际论坛》2009 年第 6 期。
惠兰："北极航道之争及其解决途径法律分析"，哈尔滨工业大学 2012 年硕士学位论文。
纪晓昕："国家管辖范围外深海底生物多样性法律规制研究——以人类共同遗产属性为基础"，中国海洋大学 2011 年博士学位论文。
贾宇、密晨曦、张丹："国际海洋法法庭 2010 年案件审理情况概述"，载刘楠来、李兆杰、凌岩主编：《中国国际法年刊（2010）》，世界知识出版社 2011 年版。
贾宇："中国在南海的历史性权利"，载《中国法学》2015 年第 3 期。

金林:“国际海底区域遗传资源利用与惠益分享之法律制度研究”,外交学院 2017 年硕士学位论文。

金永明:“国际海底资源开发制度研究”,载《社会科学》2006 年第 3 期。

金永明:《新时代中国海洋强国战略研究》,海洋出版社 2018 年版。

李凤宁:“我国海洋保护区制度的实施与完善:以海洋生物多样性保护为中心”,载《法学杂志》2013 年第 3 期。

李广义等:“论专属经济区军事活动的权利与义务”,载《中国海洋法学评论》2011 年第 1 期。

李海龙:“中国外交新思路:对‘命运共同体’理念的分析”,载《燕山大学学报(哲学社会科学版)》2014 年第 4 期。

李金明:《南海争端与国际海洋法》,海洋出版社 2003 年版。

李靖宇、詹龙龙:“我国开拓北极东北航道的战略思考”,载《中共中央党校学报》2013 年第 6 期。

李强:“论《月球协定》中‘人类共同继承财产’概念的法律地位”,载《兰州学刊》2009 年第 6 期。

李晓静:“国家管辖范围外海洋遗传资源的定义及其法律地位探析”,载《中国海商法研究》2017 年第 2 期。

梁西主编,曾令良修订主编:《国际法》(第 3 版),武汉大学出版社 2011 年版。

梁咏:“对南极地区的国际法展望与中国立场:人类共同遗产的视角”,载《法学评论》2011 年第 5 期。

林欢:“国家管辖范围外海域海洋遗传资源获取与惠益分享机制之构建”,中国政法大学 2017 年硕士学位论文。

林连钱、黄硕琳:“公海渔业制度浅析”,载《中国渔业经济》2006 年第 5 期。

林全玲、贾欣:“西北太平洋区域海洋溢油合作法律框架构建初探”,载《海洋通报》2016 年第 5 期。

刘丹、夏霁:“渤海溢油事故海洋生态损害赔偿法律问题研究”,载《河北法学》2012 年第 4 期。

刘丹:“中菲南海仲裁案核心程序法问题评析”,载中国国际法学会:《中国国际法年刊2015》，法律出版社2015年版。
刘洪滨、刘康：《海洋保护区——概念与应用》，海洋出版社2007年版。
刘惠荣、董跃：《海洋法视角下的北极法律问题研究》，中国政法大学出版社2012年版。
刘惠荣、胡小明：“主权要素在BBNJ环境影响评价制度形成中的作用”，载《太平洋学报》2017年第10期。
刘惠荣、林晖：“论俄罗斯对北部海航道的法律管制——兼论其与《联合国海洋法公约》的冲突”，载《中国海洋大学学报（社会科学版）》2009年第4期。
刘惠荣、杨凡：“国际法视野下的北极环境法律问题研究”，载《中国海洋大学学报（社会科学版）》2009年第3期。
刘惠荣、杨凡：《北极生态保护法律问题研究》，知识产权出版社2010年版。
刘佳奇：“理论与现实：对澳大利亚诉日本南极捕鲸案的理性审视”，载《国际论坛》2013年第5期。
刘家沂：“论油污环境损害法律制度框架中的海洋生态公共利益诉求”，载《中国软科学》2011年第5期。
刘乃忠、唐凤仪：“渔业资源可持续发展的国际法依据”，载《黑河学刊》2017年第3期。
刘生：“南海渔业资源开发现状与开发对策研究”，载《经营管理者》2016年第4期。
鲁鹏：“中菲仲裁案后中国南海政策的再定位”，载《亚太安全与海洋研究》2016年第3期。
鹿守本：《海洋管理通论》，海洋出版社1997年版。
罗保华：“论平时海上军事行动中《联合国海洋法公约》的运用”，载《法学杂志》2011年第3期。
吕忠梅：“‘生态环境损害赔偿’的法律辨析”，载《法学论坛》2017年第3期。
马得懿：“海洋航行自由的制度张力与北极航道秩序”，载《太平洋学报》2016年第12期。

马慧："国家管辖外深海遗传资源惠益分享问题研究"，大连海事大学 2017 年硕士学位论文。

马金星："论特别敏感海域制度在南海的适用"，载《太平洋学报》2016 年第 5 期。

马婧："国际海洋生物资源保护的新趋势——建立海洋自然保护区"，载《农业经济问题》2007 年第 S1 期。

马明飞："《保护世界文化和自然遗产公约》适用的困境与出路——以自然遗产保护为视角"，载《法学评论》2011 年第 3 期。

马新民、刘洋："《南海仲裁案裁决之批判》评述"，载《亚太安全与海洋研究》2019 年第 1 期。

马新民："'南海仲裁案'裁决缘何非法无效"，载《中国法学》2016 年第 5 期。

梅宏、胡勇："论行政机关提起生态环境损害赔偿诉讼的正当性与可行性"，载《重庆大学学报（社会科学版）》2017 年第 5 期。

梅宏、殷悦："涉海环境案件审判：现状与对策——基于近十八年 418 例涉海环境案件的分析"，载《鄱阳湖学刊》2018 年第 1 期。

潘敏："论中国参与北极事务的有利因素、存在障碍及应对策略"，载《中国软科学》2013 年第 6 期。

Ain Lääne："保护波罗的海：波罗的海环境保护委员会的作用"，祁冬梅译，载《AMBIO-人类环境杂志》2001 年第 4-5 期。

秦天宝："国际法的新概念'人类共同关切事项'初探——以《生物多样性公约》为例的考察"，载《法学评论》2006 年第 5 期。

秦天宝：《遗传资源获取与惠益分享的法律问题研究》，武汉大学出版社 2006 年版。

屈广清、曲波主编：《海洋法》（第 3 版），中国人民大学出版社 2014 年版。

任洪涛："论南海海域环境保护管辖的冲突与协调"，载《河北法学》2016 年第 8 期。

任秋娟："国家管辖范围外区域生物采探环境影响评估"，载《山东理工大学学报（社会科学版）》2017 年第 4 期。

任远喆、刘汉青："南海地区非传统安全合作与中国的角色"，载《边界与海洋研究》2017 年第 3 期。

阮建平："'近北极国家'还是'北极利益攸关者'——中国参与北极的身份思考"，载《国际论坛》2016 年第 1 期。

邵津主编：《国际法》（第 4 版），北京大学出版社、高等教育出版社 2011 年版。

邵沙平主编：《国际法院新近案例研究（1990—2003）》，商务印书馆 2006 年版。

沈雅梅："美国与《联合国海洋法公约》的较量"，载《美国问题研究》2014 年第 1 期。

施通池："从'南方金枪鱼案'看国际渔业争端的解决方式"，载《中国水产》2001 年第 4 期。

石春雷："海洋环境公益诉讼三题——基于《海洋环境保护法》第 90 条第 2 款的解释论展开"，载《南海学刊》2017 年第 2 期。

石春雷："南海建立特别敏感海域问题研究"，载《南海学刊》2015 年第 3 期。

石磊："可持续发展与现代国际法"，载《武汉大学学报（社会科学版）》2002 年第 4 期。

史晓琪、张晏瑲："公海保护区与公海自由制度的关系及发展进路研究"，载《中国海商法研究》2017 第 1 期。

隋军："南海环境保护区域合作的法律机制构建"，载《海南大学学报（人文社会科学版）》2013 年第 6 期。

孙思琪、金怡雯："中国海洋环境民事公益诉讼法律依据论辩——以《海洋环境保护法》第 89 条第 2 款的解释论为中心"，载《浙江海洋大学学报（人文科学版）》2017 年第 4 期。

覃博雅、纪宇、王安琪："'双轨'思路和'五个坚持'是解决南海问题办法"，载人民网：http://world.people.com.cn/n/2015/0804/c1002-27410490.html，访问日期：2015 年 8 月 4 日。

唐建业："南极海洋保护区建设及法律政治争论"，载《极地研究》2016 年第 3 期。

万鄂湘主编，最高人民法院民事审判第四庭编著：《中华人民共和国涉外民事关系法律适用法——条文理解与适用》，中国法制出版社 2011 年版。

汪洋："波罗的海环境问题治理及其对南海环境治理的启示"，载《牡丹江大学学报》2014 年第 8 期。

王风平等："深海微生物多样性"，载《生物多样性》2013 年第 4 期。

王建廷："海洋生物资源养护国际法的新发展"，载《当代法学》2010 年 4 期。

王金强："国际海底资源分配制度演变与美国海底政策的转向"，载《美国研究》2012 年第 3 期。

王俊波、王菁："渤海海域建立特别敏感海域（PSSA）的思考"，载《中国海事》2007 年第 9 期。

王敏敏："国外海洋自然保护区的法律保护研究及对我国的启示"，中国海洋大学 2010 年硕士学位论文。

王明远、陈予睿："公海生物资源保护与公海自由的相对化——基于'南极捕鲸案'的分析"，载《中州学刊》2018 年第 2 期。

王树义、刘静："美国自然资源损害赔偿制度探析"，载《法学评论》2009 年第 1 期。

王铁崖："论人类的共同继承财产的概念"，载邓正来编：《王铁崖文选》，中国政法大学出版社 2003 年版。

王铁崖主编：《国际法》，法律出版社 1995 年版。

王铁崖主编：《中华法学大辞典 · 国际法学卷》，中国检察出版社 1996 年版。

王曦："论国际环境法的可持续发展原则"，载《法学评论》1998 年第 3 期。

王亚宽："试析特别敏感海域制度（PSSA）及其在南中国海的适用"，外交学院 2013 年硕士学位论文。

王一："南极罗斯海被设为最大海洋保护区有效期 35 年"，载环球网：https://world.huanqiu.com/arbicle q CakmJYKxO，访问日期：2016 年 10 月 28 日。

王泽林：《北极航道法律地位研究》，上海交通大学出版社 2014 年版。

王智等："IUCN 保护区分类系统与中国自然保护区分类标准的比较"，载《农村生态环境》2004 年第 2 期。

吴迪："北极地区 200 海里外大陆架划界法律问题研究"，载《极地研究》2011 年第 3 期。

吴海宁、谭振庆："关于在南海诸岛水域建立特别敏感海区的思考"，载《中国海事》2014 年第 2 期。

吴慧："'北极争夺战'的国际法分析"，载《国际关系学院学报》2007 年第 5 期。

吴慧："'南海仲裁案'有关岛礁的裁决与法律和事实不符"，载《中国法学》2016 年第 5 期。

吴琼："北极海域的国际法律问题研究"，华东政法大学 2010 年博士学位论文。

吴士存："当前南海地缘政治环境面临的挑战——在复旦大学第三届中国海洋战略论坛上的主旨发言"，2018 年 9 月 21 日，上海。

夏莹："海洋环境保护区制度的法律分析"，载《经济视角（下）》2012 年第 10 期。

徐靖等："国家管辖范围外海域海洋遗传资源获取和惠益分享机制构建建议"，载《生物多样性》2016 年第 1 期。

徐鹏："台湾海峡海上交通管理措施研究——国际法的视角"，载《台湾研究》2017 年第 2 期。

徐祥民等：《国际环境法基本原则研究》，中国环境科学出版社 2008 年版。

Henrik Selin、Stacy D. Van Deveer："波罗的海的有害物质管理：成果与挑战"，许天虎译，载《AMBIO-人类环境杂志》2004 年第 3 期。

薛桂芳、房旭："我国《渔业法》域外效力的强化——兼论负责任远洋渔业国家形象的维护"，载《太平洋学报》2018 年第 2 期。

薛桂芳："新形势下我国海洋权益面临的挑战及对策建议"，载《行政管理改革》2012 年第 7 期。

薛桂芳编著：《〈联合国海洋法公约〉与国家实践》，海洋出版社 2011 年版。

阎铁毅、李冬："美、俄关于北极航道的行政管理法律体系研究"，载《社会科学辑刊》2011 年第 2 期。
杨朝霞：“论环境公益诉讼的权利基础和起诉顺位——兼谈自然资源物权和环境权的理论要点”，载《法学论坛》2013 年第 3 期。
杨剑：“北极航运与中国北极政策定位”，载《国际观察》2014 年第 1 期。
杨雷等：“《关于建立 CCAMLR 海洋保护区的总体框架》有关问题分析”，载《极地研究》2014 年第 4 期。
杨显滨：“专属经济区航行自由论”，载《社会科学文摘》2017 年第 8 期。
杨泽伟：“论中菲南海仲裁案裁决的无效性”，载《当代世界》2016 年第 6 期。
杨震、杜彬伟：“论戈尔什科夫的国家海上威力论及其现实意义——以海权理论为视角”，载《东北亚论坛》2013 年第 1 期。
姚莹：“南海环境保护区域合作：现实基础、价值目标与实现路径”，载《学习与探索》2015 年第 12 期。
伊民：“全球 20 多个国家宣布将新建 40 个海洋保护区”，载《中国海洋报》2016 年 9 月 22 日。
仪喜峰：“论海权的宪法保护——‘海洋条款’入宪及海权法律保障机制研究”，载《太平洋学报》2014 年第 6 期。
易先良：“构建开放性的南海区域合作机制——外交部边海司司长易先良在博鳌亚洲论坛 2018 年年会南海分论坛上的主旨演讲”，载《边界与海洋研究》2018 年第 4 期。
于昕：“马六甲海峡法律环境初探”，载《中国海洋大学学报（社会科学版）》2010 年第 3 期。
余民才：“担保国责任与义务咨询意见评述”，载《重庆理工大学学报（社会科学）》2012 年第 1 期。
余敏友：“以新主权观迎接新世纪的国际法学”，载《法学评论》2000 年第 2 期。
余潇枫、贾亚君：“论国家主权的当代发展与理性选择”，载《浙江大学学报（人文社会科学版）》2001 年第 2 期。
袁发强：“国家安全视角下的航行自由”，载《法学研究》2015 年第 3 期。
张弛：“国家管辖范围外深海遗传资源获取与惠益分享法律问题研究”，中国海洋大学 2009 年硕士学位论文。

张峰："马克思主义海权思想与马汉海权论的比较研究"，载《太平洋学报》2012 年第 6 期。

张华："论南海争端各方合作的法律义务及前景"，载《太平洋学报》2016 年第 1 期。

张华："争议海域油气资源开发活动对国际海洋划界的影响——基于'加纳与科特迪瓦大西洋划界案'的思考"，载《法商研究》2018 年第 3 期。

张俊杰："极地航行安全之约"，载《中国船检》2013 年第 7 期。

张磊："论国家主权对航行自由的合理限制——以'海洋自由论'的历史演进为视角"，载《法商研究》2015 年第 5 期。

张丽荣、成文娟、薛达元："《生物多样性公约》国际履约的进展与趋势"，载《生态学报》2009 年第 10 期。

张明："中国的北极活动与政策主张"，载中国国际法学会主办：《中国国际法年刊 2015》，法律出版社 2016 年版。

张善宝："国际海底区域生物资源的法律规制"，武汉大学 2014 年博士学位论文。

张硕慧："特殊区域和特别敏感海域"，载《交通环保》2000 年第 4 期。

张文显等："关于菲律宾提起的'南海仲裁案'的法理分析"，载《中国法学》2016 年第 5 期。

张文显主编：《法理学》（第 4 版），高等教育出版社 2013 年版。

张侠等："从破冰船强制领航到许可证制度——俄罗斯北方海航道法律新变化分析"，载《极地研究》2014 年第 2 期。

张小奕："试论航行自由的历史演进"，载《国际法研究》2014 年第 4 期。

张晏瑲：《海洋法案例研习》，清华大学出版社 2015 年版。

张颖："半闭海制度对南海低敏感领域合作的启示"，载《学术论坛》2016 年第 6 期。

张勇健、王淑梅、余晓汉："《关于海事法院受理案件范围的规定》的理解与适用"，载《人民司法（应用）》2016 年第 10 期。

张志文："加强团结协作 促进和平繁荣——东亚合作系列外长会综述"，载《人民日报》2018 年 8 月 5 日。

张志勋、谭雪春："论人类共同继承财产原则的适用困境及其出路"，载《江西社会科学》2012 年第 12 期。

张忠民："典型环境案例的案例指导功能之辨——以最高人民法院公布的 23 个典型环境案例为样本"，载《法学》2015 年第 10 期。

章成："北极的区位价值与中国北极权益的维护"，载《求索》2015 年第 11 期。

赵建文："论《联合国海洋法公约》缔约国关于军舰通过领海问题的解释性声明"，载《中国海洋法学评论》2005 年第 2 期。

赵理海："'人类的共同继承财产'是当代国际法的一项重要原则"，载《北京大学学报（哲学社会科学版）》1987 年第 3 期。

郑崇伟等："经略 21 世纪海上丝路：重要航线、节点及港口特征"，载《海洋开发与管理》2016 年第 1 期。

郑凡："半闭海视角下的南海海洋问题"，载《太平洋学报》2015 年第 6 期。

郑凡："地中海的环境保护区域合作：发展与经验"，载《中国地质大学学报（社会科学版）》2016 年第 1 期。

郑雷："论中国对专属经济区内他国军事活动的法律立场——以'无暇号'事件为视角"，载《法学家》2011 年第 1 期。

郑苗壮、刘岩、李明杰："南海生态环境保护与国际合作问题研究"，载《生态经济》2014 年第 6 期。

郑苗壮、刘岩、徐靖："《生物多样性公约》与国家管辖范围以外海洋生物多样性问题研究"，载《中国海洋大学学报（社会科学版）》2015 年第 2 期。

郑苗壮、刘岩："保护我国海洋生态环境 推动海洋生态文明建设"，载《中国海洋报》2014 年 4 月 20 日。

郑志华："菲律宾南海仲裁案与国际关系法治化"，载《亚太安全与海洋研究》2016 年第 5 期。

中国国际法学会编：《南海仲裁案裁决之批判》，外文出版社 2018 年版。

中国社会科学院语言研究所词典编辑室编：《现代汉语词典》，商务印书馆 1982 年版。

中国自然资源部海洋发展战略研究所编写组：“中国海洋发展报告（2019）”，载《中国海洋报》2019年8月19日。

中华人民共和国国务院新闻办公室：《中国的北极政策》，人民出版社2018年版。

周超：“全球建成1.5万个海洋保护区——世界自然保护联盟发布统计报告”，载《中国海洋报》2017年1月10日。

周超：“世界自然保护联盟等发布统计报告称 全球海洋保护区面积持续扩大”，载《中国海洋报》2019年3月8日。

周鲠生：《国际法》，商务印书馆1976年版。

朱建庚：“区域海洋环境保护的模式探析”，载《海洋信息》2013年第3期。

竺效：“论在‘国际油污民事责任公约’和‘国际油污基金公约’框架下的生态损害赔偿”，载《政治与法律》2006年第2期。

邹克渊：“南极条约体系及其未来”，载《中外法学》1990年第1期。

邹立刚：“‘南海仲裁案’最终裁决研判与我国的对策”，载《中国法学》2016年第5期。

邹立刚：“中菲南海仲裁案剖析与我国的对策”，载《法治研究》2016年第4期。

左凤荣：“俄罗斯海洋战略初探”，载《外交评论（外交学院学报）》2012年第5期。

外文文献

Aldo Chircop, “Regional Cooperation in Marine Environmental Protection in the South China Sea: A Reflection on New Directions for Marine Conservation”, *Ocean Development and International Law*, Vol. 41, No. 4, 2010.

Alex G. Oude Elferink, “Environment Impact Assessments in Areas beyond National Jurisdiction”, *The International Journal of Marine and Coastal Law*, 2012, 27 (2).

W. Appeltans et al., “The Magnitude of Global Marine Species Diversity”, *Current Biology Cb*, Vol. 22, No. 23, 2012.

Bin Cheng, *Studies in International Space Law*, Clarendon Press, Oxford, 1997.

Brendan Gogarty and Peter Lawrence, "The ICJ Whaling Case: Science, Transparency and the Rule of Law", *Journal of Law, Information & Science*, May 2015.

Christina Voigt, "A Precautionary Approach to the Whaling Convention-Will the ICJ Challenge the Legality of 'Scientific' Whaling?", in: I. L. Backer, O. K. Fauchald and C. Voigt (eds.), *Pro Natura-Festskrift til Hans Christian Bugge*, Universitetsforlaget, Oslo, 2014.

D. P. O'Connell, "The International Law of the Sea", Volume Ⅰ, Clarendon Press, London, 1982.

D. Pyc', "Global Ocean Governance", *The International Journal on Marine Navigation and Safety of Sea Transportation*, Number 1, Vol. 10, March 2016.

David Kenneth Leary, "Law, Technology and Science for Oceans in Globalisation: IUU fishing, Oil Pollution, Bioprospecting", in: *International Law and the Genetic Resources of the Deep Sea*, Martinus Nijhoff, Leiden/Boston, 2010.

Erik Franckx, "American and Chinese View on Navigational Rights of Warship", *Chinese Journal of International Law*, 2011, 10 (1).

Graeme Kelleher and Adrian Phillips (eds.), *Guidelines for Marine Protected Areas*, Black Bear Press, 1999.

Henry Schermers, "Different Aspects of Sovereignty", in: Gerald Kreijen et al. (eds.), *State Sovereignty and International Governance*, Oxford University Press, 2002.

Ivan Shearer, "Military Activities in the Exclusive Economic Zone: The Case of Aerial Surveillance", *Ocean Year Book*, 2003, 17.

John H. Jackson, *Sovereignty, the WTO and Changing Fundamentals of International Law*, Cambridge University Press, 2006.

Jonathan G. Odom, "The True 'lies' of the Impeccable Incident: What Really Happened, Who Disregarded International Law, and Why Every Nation (Outside of China) Should be Concerned", *Michigan State International Law Review*,

2010, 18 (3).

Julien Rochette and Raphaël Billé, "Governance of Marine Biodiversity beyond National Jurisdictions: Lssues and Perspectives", *Ocean and Coastal Management*, 2008, 51 (12).

Kemal Baslar, *The Concept of the Common Heritage of Mankind in International Law*, Martinus Nijhoff Publishers, London, 1998.

Laila Medin, "Compensation for Ecological Damage and Latvian Law", in: Franf Maes (ed.), *Marine Resource Damage Assessment, Liability and Compensation for Environmental Damage*, Springer Netherlands, 2005.

Laursen Finn, *Superpower at Sea: U. S. Ocean Policy*, Praeger, New York, 1983.

Nico Schrijver, *The Evolution of Sustainable Development in International Law: Inception, Meaning and Status*, Martinus Nijhoff Publishers, Leiden/Boston, 2008.

Nien-Tsu Alfred Hu, "South China Sea: Troubled Waters or a Sea of Opportunity?", *Ocean Development and International Law*, Vol. 41, No. 3, 2010.

Nihan Ünlü, "Particularly Sensitive Sea Areas: Past, Present and Future", *World Maritime University Journal of Maritime Affairs*, 2006, 3 (2).

R. Douglas Brubaker, "Straits in the Russian Arctic", *Ocean Development and International Law*, 2001 (33).

Raul (Pete) Pedrozo, "Preserving Navigational Rights and Freedom: The Right to Conduct Military Activities in China's Exclusive Economic Zone", *Chinese Journal of International Law*, 2010, 9 (1).

Robin Warner, "Marine Protected Areas- Developing Regulatory Frameworks for Areas beyond National Jurisdiction", *Australian Zoologist*, September 2015.

Rüdiger Wolfrum, "IMO Interface with the Law of the Sea Convention", in: M. H. Nordquist and J. N. Moore (eds.), *Current Maritime Issues and the International Maritime Organization*, Maritinus Nijhoff Publishers, 1999.

Sophia Kopela, "Historic Titles and Historic Rights in the Law of the Sea in the light of the South China Sea Arbitration", *Ocean Development and International*

Law, 2017 (48).

Sue Wells et al. , "Using the IUCN Green List of Protected and Conserved Areas to Promote Conservation Impact through Marine Protected Areas", *Aquatic Conservation: Marine and Freshwater Ecosystems*, Vol. 26, No. 2, 2016.

Susan Gubbay (ed.), *Marine Protected Areas: Principles and Techniques for Management*, Springer, 1995.

Timo Koivurova, "Limits and Possibilities of the Arctic Council in a Rapidly Changing Scene of Arctic Governance", *Polar Record*, Vol. 46, No. 2, April 2010.

William E. Butler, *Northeast Arctic Passage*, Kluwer Law International, 1978.

Xiaoming Liu, " 'Gunboat Diplomacy' Does not Promote Peace", The Daily Telegraph, 20 March 2019.

Zhiguo Gao, "The South China Sea: From Conflict to Cooperation?", *Ocean Development and International Law*, Vol. 25, No. 3, 1994.

后 记 Postscript

本书是笔者主持的中央高校基本科研业务费专项资金资助项目（编号：2015B04014）“国际河流及海洋区域权益维护和争端解决”的成果。

如果没有海洋法的大发展、没有前人的成果、没有单位的支持、没有同事的鼓励、没有同行的研讨和指点、没有学生的协助、没有编辑的把关和排版等，仅仅靠我一个人，这本科研专著难以面世。

衷心感谢海洋法的大发展。中国政府建设海洋强国的愿景和行动表明，中国需要海洋和海洋法。国际海洋法和海洋事业的发展需要中国的参与和贡献。

衷心感谢前人的成果。本书参考并实际使用的中外文著作、论文、法规、文件三百余种。未实际使用的未列入。

衷心感谢单位的支持。衷心感谢河海大学及其法学院和社科处各级领导及行政人员指导、支持笔者申报课题，资助出版。

衷心感谢同事的鼓励。记得 2018 年的某一天中午，在河海大学西康路本部教工食堂，在朴素的长方形小餐桌两边，围坐者有河海大学总会计师张兵教授、法学院原院长、现任校长助理邢鸿飞教授、法学院副院长陈广华教授。针对笔者请教科研方向、吐露科研烦恼，邢老师鼓励笔者，“坚持在海洋法领域搞研究，数年后必有收获”。

衷心感谢法学院院长杨春福教授、孔祥冬书记、副院长晋海教授、国际法研究所所长孙珺教授等同事的关注和支持。

衷心感谢同行的报告和指点。近几年，每年参加国际法年会、海洋法年会时，我有机会当面与许多海洋法学界同行交流，向他们请教；通过微信群、电子邮件和电话，空中连线。

例如，高之国、徐宏、贾桂德、马新民、刘洋、申钦民等先生们的学术报告和指导，帮助我了解了一些海洋法前沿问题。

又例如，至少在两次学术年会上，我都被安排在张海文老师担任主席或者评议人的海洋法小组发言，印象极深的是，张老师对我的研究不甚满意，要求更深入、对实践更有针对性的研究。张老师作为中国政府代表团成员参加了 BBNJ 国际协定谈判政府间大会，在海洋法微信群里提供了“零案文”，供同行探讨，使我受益。

再例如，余敏友老师邀请我向《边界与海洋研究》投稿。杨泽伟老师对我投稿的论文提出建设性意见。与管建强老师讨论钓鱼岛的国际法问题。关于国际海峡的几个实际问题，傅崐成、王泽林等老师给予了指导。关于国际法院和国际海洋法法庭裁决的几个英文词语翻译问题，高圣惕、廖诗评等老师提供了建议，秦天宝老师拨冗提供遗传资源资料给我。

还例如，我向刘惠荣老师、董跃老师、白佳玉老师请教了北极的几个法律问题。与马得懿老师、张磊老师探讨了自由航行问题。听金永明老师介绍了他对海洋强国问题的研究心得。学习了潘俊武老师对《联合国海洋法公约》强制调解程序的理解。与孙法柏老师讨论环境影响评价问题。向吴晓丹老师请教了人类共同遗产的分配方式问题。与张华老师、叶泉老师交流加纳诉科特迪瓦海洋划界案中的默示协议等相关问题。向郑雷老师请教罗斯海海洋保护区问题。与邓云成先生探讨渔业资源保护问题等等。

还有很多很多，恕不一一列举。感谢感谢啊!

衷心感谢学生们的协助。惠兰、王相臣、周宇、郭育彤、许蓉蓉、苏铭煜、田雪、申凯文、张慧、郁冬梅等硕士生们在学习期间，或收集了资料，或研讨了论题，或撰写了文献报告。苏铭煜、许蓉蓉与我合作发表了论文。苏铭煜在高级别刊物上发表了论文。我们在教与学中共同进步，加深了对国际法、海洋法、河流法的理解。

衷心感谢编辑们的工作。在论文投稿方面，车流畅、雷震文、邓文科、吴玲、高虹、许宇鹏、保文秀等老师们给予了笔者专业的指导。

衷心感谢中国政法大学出版社的丁春晖老师，他详细解答例如“做出”和“作出”的用法区别等问题，并与出版社员工们一起精心编审校印，顺利出版本书。

还有很多人值得感谢。

盼望读者批评指点，若有任何反馈，请联系：geyongping2005@163.com.

葛勇平

河海大学法学院教授

2019年12月于南京